漢灘江

# 한탄강에 서면 통일이 보인다

統一

이철우 지음

신광문화사

한탄강에 서면 통일이 보인다

인쇄일 2010년 1월 15일 초판 1쇄
발행일 2010년 1월 20일 초판 1쇄

지은이 이철우
펴낸이 전귀연
펴낸곳 신광문화사

주 소 경기도 파주시 교하읍 문발리 파주출판도시 500-13
Tel (031)955-4211~6 Fax (031)955-4217
donghwae@kornet.net www.donghwapub.co.kr
등 록 1991년 6월 26일/6-130호 공급처 도서출판 동화기술


ISBN 978-89-7432-333-2 03810
값 13,000원

# 저자서문

## 한탄강에 서면 통일이 보인다

대학교 1학년 여름방학. 나는 같은 과 친구 두 명과 함께 한탄강 답사를 계획했다. 그 친구들은 한탄강에 특별한 인연이 없었지만 한탄강 전 구간을 걸어서 답사해 보자는데 의미를 두고 흔쾌히 동의했다. 한탄강은 어릴 적부터 가까이 있으면서도 그 전체를 볼 수 없었기에 한 번 도전해 보고픈 마음이 있었다. 그리고 그때는 어쭙잖게 시를 쓰고 있었기에 답사 후 한탄강을 주제로 한 장편 서사시를 쓰려고 했다. 그 당시만 해도 일반인에게는 한탄강 유원지 정도로만 알려진 운명의 강 한탄강을 나는 좀 더 속속들이 알고 싶었다. 철원벌판과 한탄강, 6 · 25의 처절한 전투가 벌어졌던 한탄강, 분단된 지금 남북으로 나뉘어 흐르는 비운의 강 한탄강, 작지만 반도의 심장부를 흐르는 관상동맥 한탄강은 어쩌면 격랑의 1980년대 대학생활을 보내야 했던 나에게는 운명과도 같은 문학적 고향으로 받아들여졌던 것이다. 숄로호프 Michail Aleksandrovich Sholokhov 의 고요한 돈강, 어린 시절 군인극장에서 봤던 '콰이강의 다리', 최근 조정래의 '한강'처럼 말이다.

9박 10일 동안 철원 민통선에서 출발해 임진강과 만나는 도감포까지 강을 따라 걸었다. 한탄강에 대한 사전 지식도 없이 그저 처음 만나는 심정으로 땀을 흘려가며 그렇게 한탄강을 걸었다. 아마 한탄강을 완주한 최초의 시도인지도 모르겠다. 도감포에서 도도히 흐르는 임진강을 만나고서야 나는 비로소 한탄강을 만나게 되었다. 그 후 한탄강은 나에게도 한동안 가슴속에만 있을 뿐 잊혀진 강이었다.

이유인즉, 1985년부터 대학가는 전두환 정권과의 일전을 시작했기 때문이다. 전국적으로 반독재 투쟁이 확산되고 2·12 총선이 민주당의 승리로 끝나자 대학가는 이제 온통 반독재 민주화 운동의 전장이 되었다. 1980년 광주의 참담함 속에서 우리 시대의 정체성을 찾아보려는 대학생들의 노력은 눈물 나는 것이었다. 마르크스, 주체사상 등 온갖 조류들을 받아들여 보았고 구체적으로 실천해보았다. 지금은 모두 시대성을 잃고 퇴조했지만 당시 학생운동은 이 땅의 민주화와 통일을 위해서라면 무엇이든 도구로 삼을 준비가 되어있었다. 그만큼 절박했다. 당시 학생운동의 한 중심이었던 전대협의 핵심 간부가 된 나는 6월 항쟁의 주역이 되었다.

1980년대를 그런 소용돌이 속에서 마감하고, 1996년까지 자기 정체성의 방황기를 갖게 되었다. 군사독재에 젊은 양심으로 맞서 싸웠지만, 군사정권이 무너지고 찾아오는 변화된 사회에 대한 대안이 없었던 것이다. 숨차게 뛰어왔던 10여 년의 가치가 더 이상 계속될 수 없었다. 필연적으로 나에게는 인생의 커다란 전환점이 필요했다. 그것이 두 번째 감옥이었다. 1992년 세상을 떠들썩하게 했던 '이선실 사건', '민족해방 애국전선'이라는 조직에 잠깐 연루되었는데 그만 4년 2개월이라는 긴 시간을 감옥살이를 해야 했다.

이 사건이 조작사건이라는 것을 알고 역추적을 위해 가담한 나는 처음부터 이 사건을 운명적으로 받아들이고, 지금까지 걸어온 모든 자취를 돌아볼 소중한 기회로 생각했다. 지금까지 배워왔던 모든 것을 다 버리고 원점에서 다시 시작하기로 한 것이 바로 1992년 사건이었다. 30세에 而立이라 했는데 40세의 不惑을 위해 30대 10년을 어떻게 보내야 할 것인가 깊이 생각하지 않을 수 없었다.

4년의 감옥 생활은 새로운 공부의 시작이었다. 그 동안의 사상 이념과 사회 운동에 관한 공부에서 벗어나 보다 근원적인 문제에 대한 책을 읽었다. 하루 잠자는 시간만 빼고는 독서에 모든 시간을 할애했다. 대학시절 사회과학 중심의 독서 편향에서 이제 인문과학으로 옮겨갔다. 동·서양 고전, 한의학, 문학, 과학 등 그동안 읽지 못했던 책들을 섭렵하기 시작했다. 아내가 등짐으로 날라다 준 한의학 서적만 해도 100여 권은 될 것이다. 중국 원서도 한 권 번역을 할 정도로 한동안 침 공부에 빠지기도 했다.

사실 학문의 근본 목적은 우주의 섭리를 이해하기 위함이 아닐까 생각한다. 이성의 힘으로 우주를 정복한다는 인간의 야심을 탓할 수만은 없지만 언제나 바벨탑이 된다는 사실을 깨닫게 됐다. 태풍이 오고, 지진이 나고, 지구의 기후가 변화되는 것을 보면서 그런 생각을 한다. 인문학도 과학도 모두 우주의 섭리를 이해하기 위한 방편일 뿐이다. 여기에 인간의 영성이 남아 있다. 이는 종교의 영역일 것이다.

기독교 집안에서 자란 나는 일찍이(중3 때) 현실 종교의 문제점을 보고 방황하기도 했다. 대학에 들어가서 잠시 민중신학을 공부하기도 했지만 당시 대학생들에게 종교는 아직은 우리의 암담한 조국 현실을 풀어줄 수 없는 사치라고 생각했다. 이성적이고 실천적인 사회과학 이론이 우리에겐 더욱 매력적이었던 것이다.

1980년대의 격랑이 지나가고 포스트모던이 방황하는 젊은 지성들에게 번질 무렵 나는 다시 영성의 문제를 생각했다. 이는 당연한 귀향인지도 모르겠다. 귀향! 내가 살았던 1990년대, 그 길고 추웠던 감옥, 그것은 귀향을 위함이었다. 예수의 비유 중에서도 가장 극적인 비유를 들라면 '탕자의 비유'일 것이다. 자신에게 돌아온 분깃을 나누어 달라고 강변하는 둘째 아들, 기어이 세상으로 나아가 온갖 세파에 지치고 쓰러져 아버지의 땅으로 마지못해 돌아오는 둘째 아들, 그러나 아직 그는 깨달음이 없다. 그러나 아버지는 동구밖에 지쳐 돌아오는 아들을 먼저 발견하고 맨발로 뛰어나간다. 큰아들의 인간적 섭섭함을 무시하고 잔치를 벌인다.

짧은 비유지만 문학적이고 무궁한 상상을 가능케 해주는 대목이다. 우리가 돌아갈 곳! 그곳이 과연 있는가? 나를 받아줄 고향이 있는가? 나보다 먼저 나를 발견하고 맨발로 뛰어나올 아버지가 있는가? 이것은 단순한 회개의 문제가 아니다. 지난 시간, 더 엄밀히 지난 한 세기 동안 우리 민족은 엄청난 갈등 속에서 살아왔다. 식민지와 전쟁, 전쟁으로도 마저 해소하지 못해 분단이라는 끝나지 않는 전쟁을 하고 있다.

사람은 돌아가야 할 고향이 있어야 한다. 나보다 먼저 나를 발견하고 맨발로 달려올 아버지가 그 고향에 있어야 한다. 아버지 없는 고향, 고향 없는 아버지, 이것도 무의미하다.

지난 1세기 동안 우리 민족은 너나 할 것 없이 방황하며 살아왔다. 식민지 백성으로, 전쟁의 유랑 걸식으로, 분단의 미움과 불안 속에서 우리는 고향을 떠나 살아왔다. 한반도에 발을 붙이고 살지만 고향을 떠나 사는 삶과 다를 게 없이 살아왔다.

지난 100여 년 동안 방황하며 살아온 우리 민족에게 가장 큰 불행은 극단주의가 생겼다는 것이다. 극단주의는 적대적 이념에 의해 만들어진다. 이것은 하루아침에 만들어지지 않는 것이다. 돌이킬 수 없는 증오를 축적하고 이것을 합리화하기 위해 만들어지는 것이다.

6 · 25는 이런 극단주의를 만들게 된 계기가 되고도 남았다. 친일, 친미, 반공, 반일, 반미, 용공… 이 모든 단어들이 없어지는 날이 통일의 날이 될 것이다. 지금 우리 사회의 갈등의 뿌리가 바로 이것이다.

아직도 전두환의 광주학살을 당연한 것으로 믿는 사람이 많이 있다. 아직도 북한체제를 옹호하는 사람이 있다. 극단적인 사람들이다. 이들은 서로를 필요로 한다. 말로는 서로 없어져야 한다고 하면서 말이다. 그러나 사실 이들은 서로를 존재하게 하는 필요악이다. 극우와 극좌는 서로를 필요로 한다.

이제 우리가 지난 한 세기의 집단적 방황을 끝내려면 극우와 극좌가 소수가 되어야 한다. 전체 구성비의 1% 이내가 되어야 한다. 그러나 아직 너무 많다. 그것이 끝나지 않는 갈등, 전쟁의 원인이다. 극단적인 증오가 당당한 사회, 이는 불행한 사회다. 깊은 반성이 필요하다. 그리고 돌아가야 할 곳을 만들어야 한다. 통일된 나라 말이다.

우리 민족이 분단의 방황을 끝내고 돌아가야 할 곳, 저 먼저 알고 달려 나와 반겨줄 아버지의 고향은 어디인가? 이것이 바로 귀향이라고 생각했다.

분단된 조국의 한가운데 한탄강가에서 전쟁이 끝난 뒤, 가난과 아직도 본능적 적대감이 우리의 모든 사고를 짓누르는 한탄강가에서 자라고 남다르지 않게 생각하고 행동하면서 유년시절을 보냈다. 늦게 찾아온 사춘기로 인해 늦깎이 대학생이 되고 20여 년을 세상 속에 내던져진 몸으로 방황하다가 찾아가야 할 곳, 그 고향을 떠올리게 된 것! 그것은 내 인생의 당연한 귀결이었다. 귀향을 준비하며 네 번의 겨울을 감옥에서 보냈다. 방 안에 온기라고는 내 몸뚱이밖에 없는 한 평 남짓한 감옥에서 나름의 행복을 찾을 수 있었던 것이 바로 이 때문일 것이다.

서울에서 고향집에 돌아올 때면 항상 축석고개를 넘어야 하고 한탄강을 건너야 한다. 한탄강가에 이르면 고향집 앞산 봉우리가 보인다. 그때쯤 '이제 다 왔구나!' 안도하며 강을 건넌다. 자기가 살던 고향의 강은 자신의 모든 것을 품고 흐른다. 식민지, 전쟁, 분단의 민족사를 고스란히 받아들여 흐르는 한탄강은 곧 나의 역사이고 운명이었다.

한탄강에 서면 고향이 보인다. 그곳엔 먼저 나를 알아보고 맨발로 뛰어나올 아버지가 있다. 한탄강에 서면 통일이 보인다. 그곳엔 우리 모두가 방황을 끝내고 새롭게 가야 할 길이 있다.

이 철 우

# 추천의 글

## 한탄강을 사랑하는 젊은 지도자, 이철우를 생각하며

이제는 분명 시대가 변화하였고, 새 시대가 열려야 하는 절체절명의 시점이다. 지난해 우리는 월드컵과 대선을 거치면서 구체적으로 시대와 의식의 변화가 어떤 결과를 가져올 수 있는지 절실하게 경험한 바 있다. 지난날의 도그마적인 이데올로기나 지역감정이 더 이상 힘을 발휘할 수 없는 상황의 창조도 보았다. 하지만 아직도 무엇이 한국의 역사를 획기적으로 바꿔 놓았는지 이해하지 못하는 사람들이 많이 있다. 지금까지 구시대적인 냉전논리와 권위의식에 의해서 사회를 이끌어왔던 사람들은 새로운 환경변화에 대해서 반신반의하며 심리적 공황에서 벗어나지 못하고 있다. 새 술은 새 부대에 넣어야 보존할 수 있다는 진리에 의거하여 새로운 패러다임의 의식구조를 가져와야 새 시대를 이끌어갈 수 있는 지도자가 될 수 있다는 것을 인식하지 못하고 있는 것이다. 아날로그 시대에서 디지털 시대로 전환하는 시점에서 두 시대를 모두 이해하고 접합하면서 세대 간의 큰 갈등 없이 이어져나갈 수 있도록 도와주고, 올바른 비전을 제시할 수 있는 자만이 우리시대의 지도자가 될 수 있는 것이다.

필자는 너무도 극적인 시점에 인간 이철우를 발견하고, 그가 지닌 우리시대가 요구하는 지도자로서의 덕목에 감탄한 바 있다. 이제 선생으로서, 선배로서, 동지로서 짧은 기간이지만 그와 동행하면서 느낀 바를 소회하고자 한다.

그는 군사정권에 대항하여 민주화를 위해 싸우다 4년여 긴 세월을 뼈아픈 옥고를 치렀다. 출소 후 고향으로 돌아온 그가 새로운 삶을 개척하면서 못다 했던 대학 공부를 하고 있던 때였다. 필자는 대진대학교 교수이지만 서울시립대학교 영문과 비평 과목을 오랫동안 가르쳐왔는데, 그때 수강생으로서의 그를 처음 접하게 된 것이다. 학생이라고 보기에는 너무 완숙한 인상이고, 평범한 사회인이라고 보기에는 아직도 맑은 인상을 지닌 그를, 나는 면담을 청하여 만나게 되었다. 그는 자신이 대학을 십여 년 넘게 다니게 된 사연을 이야기하면서, 중리초등학교 운영위원장으로 있으면서 그들과 함께 만든 밴드 이야기며, 교육청이나 학교당국의 부당한 처사를 시정하기 위해 투쟁한 이야기며, 교회에서 티 없는 아이들과 만든 연극 이야기들을 들려주었다. 나는 시간 가는 줄 모르고 그의 이야기를 들었다.

그의 삶은 이데올로기를 무기로 군사정권에 대항하여 싸우던 시절의 관념적인 인간으로서가 아니라, 자신이 떠나 있었던 고향, 연천 포천 철원을 위해서 진솔한 마음으로 희생하고 봉사하는 인간의 모습을 하고 있었다. 모처럼 밤 새워 이야기하고 싶은 친구를 만났구나 하는 기쁨을 느끼며, 그에게 텍스트속 비평이론보다는 몸으로 부딪치며 경험한 고향의 문제를 제시하고 대안을 마련한다면, 한 학기 어떤 수업보다 가치가 있을 것이라고 말했다. 나아가 부모형제가 지켜온 고향을 재발견하고, 가능하다면 시민운동으로 발전시킬 수 있는 계기를 삼아보자고 제안하기까지 했다. 그때 필자는 엄청난 잠재력을 지닌 존재가 몰고 올 작지 않을 파장을 예감하면서, 마치 호기심 많은 아이가 다락방에 숨어 금기의 실험을 즐기는 기분에 사로잡혔을 정도였다.

얼마 후 이철우가 들고 온 리포트는 동두천 지역의 미군문화와 이로 인해 파생되는 사회문제에 대한 진단과 이에 대한 대안 제시였다. 그때부터 그는 이미 자신을 낳아준 중리마을에 국한하지 않고, 그의 생명의 젖줄이라고 확신하는 한탄강 지역 전체로 관심을 확산시키고 있었던 것이다. DMZ 접경지로서 수구적 냉전논리의 이데올로기에서 벗어날 수 없을 뿐만 아니라, 미군부대와 산재해 있는 군부대 사격장 등의 군 시설 등이 살벌한 분위기를 만들어내는 한탄강 지역이 그의 인식 속에서는 오히려 생명과 평화가 살아 숨 쉬는 지역으로 변화하고 있었던 것이다.

필자는 주저하지 않고 그 즉시 한탄강 환경문제를 위해서 협조할 것을 약속하고, 그가 하고자 하는 생명과 생태계 존중의 네트워크와 대진대학교 사회교육원이 공동으로 추진하는 환경대학설립을 위해 공조할 것을 합의했다.

이철우가 한탄강에 관심을 가지는 연유는 강과 고향의 긴밀한 연관성을 이해하고, 마치 강을 자신의 어머니처럼 느끼는 모성애적 애착을 가지고 있기 때문이다. 그는 자작시 「한탄강의 노래」에서 "사랑해요 한탄강 어머니 같은 생명수"라고 노래하고 있다. 그는 한탄강이 자신을 포함한 고향사람들에게 주어진 하나님의 축복이라는 신앙적 믿음을 지니고 있다. 한탄강이 이 지역에서 이루어낸 생명의 네트워크가 행정적 편의주의에 의해서 인위적으로 재단되거나 잘려서는 안 되는 이유도 이러한 생태계가 지니는 생명성을 철저히 파악하고 있기 때문이다. 이철우의 고향은 한탄강과 상생하고 어우러지면서 존재하기에 댐과 같은 문명적 괴물에 의해서 파괴되는 것은 상상할 수도 없는 것이다.

댐이 풍부한 수자원을 만들어주고 홍수와 가뭄을 막아주는 금세기 최대의 구원책이라고 주민들을 호도하고, 고향을 떠나는 보상비로 평생 호강하며 살 수 있지 않느냐는 단순논리를 제기하는 이도 있지만, 한탄강의 생태계가 파괴되고, 자신의 고향을 떠나야 할 수몰민들의 애환 같은 정서는 안중에도 없는 비생명적 사고를 전파하는 자들의 폭력성에 대해 이철우의 태도는 단호하다. 그의 단호한 태도는 고도의 공동체적 사고에 근간을 두고 있다.

한탄강은 이 지역의 젖줄이고, 이 지역 모든 생명체들의 모태이다. 자신을 키워준 한탄강의 생명의 이음쇠들이 무너져 내리는데도 정보통신의 기계적 도구로 전락하여 생태계의 죽음에 대해서 아무런 책임이나 아픔을 느끼지 못하는 자라면, 지구촌이 결국은 하나이고 세계인들이 함께 어우러져 살아야 할 신이 주신 평화의 터전임을 망각한 이기주의적 존재에 지나지 않는다는 것을 깨달아야 한다. 또한 한탄강은 하나의 강으로 끝나는 것이 아니라 모든 강과 바다와 연결된 지구의 총체적 네트워크의 일부분이다. 먹이사슬로 이루어진 하나의 생명에 이상이 생기면 모든 생명들이 위험에 처하게 된다는 기본적인 진리를 안다면, 댐으로 인한 한탄강의 단절은 지구의 총체적 네트워크에 이상을 가져온다는 사실을 망각해서는 안 된다. 지구환경의 문제가 지구온난화로 연결되고 기후의 변화, 해일, 태풍, 폭우 등을 몰고와 지구인 모두의 생명을 위협하고 있다는 사실은 태풍 매미에 의해서도 실증되고 있지 않은가. 이는 지구가 인간의 몰지각한 개발로 인해 총체적으로 몸살을 앓고 있고, 지구인 전체의 운명을 좌우할 수 있는 중병으로 이어질 수 있다는 경고음을 보내고 있는 것이다.

이철우의 이러한 인식은 결코 관념적 사고에서 안주하지 않았다. 그는 지역주민들과 함께 생태계적, 공동체적 사고를 통해서 한탄강댐의 부당함에 대해 고민하고 투쟁하는 '행동하는 양심'을 보여주었다. 수많은 공청회, 언론방송에의 기고 및 출연, 국회방문투쟁 등으로 몸을 아끼지 않았고 한탄강 생태계의 위험에 대한 예감과 이의 예방을 위한 실천적 투쟁에 나섰다. 이런 태도는 지역공동체의 아픔을 자신의 것으로 수용할 때 가능한 것이다. 많은 지도자들이 지역개발을 내걸고 행정적 정보유출을 통해서 자신의 부동산 가치를 올리는 비양심적인 경우를 우리는 흔히 보았지 않았는가. 보수주의적 시각에서는 공동체적 가치를 위해서 투쟁하는 모습을 학생운동가 출신들의 부정적 투쟁성으로 연결시켜 매도할 수도 있다. 이런 경우, 관념적 도그마에 의해서 이루어지는 정치투쟁과 지역공동체에 대한 무한한 사랑에 근거한 생태적 투쟁을 분명히 구분할 수 있어야 한다.

이철우는 이미 관념적 투쟁에서 공동체적 투쟁으로 발전한 평화운동가의 모습을 하고 있다. 그는 한탄강을 건설함으로써 생기는 보상금에 연연하기보다는 한탄강을 친환경적으로 활용함으로써 생기는 이익이 무엇인가를 철저한 대안 제시를 통해서 설득하고자 한다. 한탄강에서 임진강까지 하이킹 도로를 만들어 세계의 젊은이들이 천연의 자연 축제를 즐길 수 있게 하자는 제안이나, 임진강과 한탄강이 만나는 남계리에 서해의 물산과 연천의 물산이 만나는 옛 나루터를 재창조하자는 제안, 드넓은 평야나 계곡이 수몰지구로 전락하는 것을 막고 기름진 평야로 보존하고자 하는 소망 등은 강은 강대로 평야는 평야대로 그 자연적 역할에 맡기고 자연과 인간의 삶을 균형과 조화 속에 공생시키자는 생태학적 지혜를 담고 있다. 댐이 단순히 농업용수, 공업용수, 생활용수를 확보하기 위한 인간의 이기주의적 사고에 의해서 나온 것이라면, 그것은 인간의 생명의 모태라고 할 수 있는 자연과 생태계에 대한 고려를 전혀 찾아볼 수 없으므로 이철우의 시각에서 댐이란 인간의 문명적 괴물에 불과하다. 포천을 위시한 한탄강 지역 주민들은 자신들의 삶의 터전인 한탄강, 포천천, 남대천 또는 왕방산이나 운악산 등의 모든 자연환경이 자기 생명의 한 세포나 기관이고, 생명을 유지하는데 필요불가결한 혈관과 같은 네트워크라는 인식을 가져야 한다는 것이 환경운동가 이철우의 인식이다. 그러하기에 친환경적 구상을 지역주민 스스로가 할 수 있는 문화적 분위기의 창출이 시급하다고 주장한다. 생태계적 또는 인문학적 시각에서 몰가치적 성격을 가진 획일적 댐 건설보다는 아름다운 상상력을 동원한 인간적 꿈을 나누는 공동체를 만드는데 모두 함께 참여하고 즐겨보자는 것이다.

이철우는 이를 위해서 지역주민들이 참여하는 민주사회 건설이 시급하다고 본다. 그것이 교육이든 문화활동이든 간에 관에서 일방적으로 강요하고 이에 순응하는 관계를 이제는 청산해야 한다고 생각하는 것이다. 이런 시대적 요청을 이해하고 주도해나가는 지도자가 필요하다는 것은 이미 시대와 세대의 변화가 요구하는 당면과제이기도 하다. 이철우는 우리 지역사회의 미래를 엘리트적 사고를 지닌 소수 관료나 기관이 주도하고 제시하는 대안은, 결코 포스트모던적인 사고를 지닌 금시대의 세대에게 적절하지 않다고 주장한다. 적어도 한탄강의 생명의 네트워크로 살아온 자들이 각자의 다양한 시각과 상상력으로 디자인한 대안들을, 참여적이고 민주적인 토론을 통해서 걸러내어 구태의연하고 획일적인 문화가 아닌 다채롭고도 독특한 문화를 창조해야 한다고 보는 것이다.

특히 이철우는 조그만 중리초등학교 운영위원장을 맡았던 시절에 지역사회의 교육문제에 대해서 뼈저리게 느낀 바 있다. 그는 무엇보다 천진난만한 아이들을 사랑할수록 아이들이 건전하게 교육될 수 있는 환경이 절실하다고 보았다. 많은 보수주의적 시각의 소유자들은 요즘의 아이들이 버르장머리가 없고 교사에 대한 존경심도 없는 도덕적 불량아들이라고 소리를 높인다. 그러나 이런 교육문제가 교사나 학생들만의 잘못이겠는가. 지역사회의 필요성에 대한 철저한 연구도 없이 정책을 시행하는 교육청이나, 단지 승진의 징검다리로만 생각하는 교사, 그런 교사들을 불신하는 학부모가 있다면 어찌 제대로 교육이 될 것인가. "정부는 교사들을 경제적 논리만을 내세워 쫓아내려 하고, 거의 전문가에 가까운 학부모들은 교사에 대한 존경심이 없다"라는, 정년퇴직하는 어느 교장선생님의 푸념은 교육의 문제를 피상적으로만 보고 있는 것이다. 교사들 또한 자기 성찰을 통해서 자신들의 교육의 문제를 반성하고, 새롭게 접근했을 때, 문제를 풀어나갈 수 있다. 이철우의 지적대로 아이들에 대한 헌신과 봉사가 실천적으로 이루어질 때, 교사에 대한 존경심이 자연발생적으로 솟아날 수 있는 것이다. 그의 독특한 "21세기형 군사부일체"는 지역민의 필요와 소망을 기초로 해서 교육정책을 입안하고 시행하는 교육청과 아이들에게 사랑을 베푸는 교사, 그들을 믿고 열정을 보이는 학부모가 있을 때 비로소 이루어질 수 있는 것이다.

필자는 이철우가 새 시대의 지도자로서의 잠재력을 지니고 있다는 사실을 '마홀 남성 합창단'에서 함께 활동하고 관찰하면서 확신하게 되었다. 그는 북부비전21을 만들어 바쁜 정치 일정 중에서도 합창연습을 거르지 않는다. 남에게 잘 보이기 위해 활동하는 것이 아니라, 자신의 고향의 삶을 고양시키기 위해서는 문화발전을 위해서만 가능하다는 것이 그의 소신이기도 하다. 그것도 전문가의 문화활동을 간접적으로 방관하기보다는 직접 참여하는 토양이 되어야 한다는 것이다. 일찍이 그는 '포천문학'을 통해서 시와 평론 등을 선보인 바 있다. 그리고 그가 노래하며 합창 지휘자를 넋 놓고 쳐다보는 것은 거친 불협화음적 요소를 아름다운 화음으로 소화해내는 것이 감탄스러워서 그러하다는 것이다. 정치 또한 음악과 같은 속성을 지니고 있다. 정치가는 지휘자처럼 이질적 사회문제를 조화롭게 해결해야 하기 때문이다. 그렇지 못한 지역사회나 국가는 항상 갈등과 싸움 속에서 헤어나지 못한다. 아마도 이철우는 정치적인 비전을 음악적 조화에 두고 있는지 모른다. 그의 문화활동은 또한 그의 투쟁적 이미지가 기우에 불과하다는 것을 증명하고도 남는다. 인간의 삶을 속박하고 왜곡시키는 어두운 시절에는 여기에 맞서 싸우는 투사의 용기가 필요했지만, 이제는 인간의 삶을 아름답게 만드는 문화적 창조자가 필요한 것이다. 이철우는 이런 모습을 단순한 인위적 이미지로 미화시키기보다는 자신의 실증적 체험을 통해서 미래의 문화적 비전을 던져주고 있는 것이다.

매우 순수한 정신의 소유자인 이철우에게는 하나의 결벽증이 있다. 한탄강댐 착공으로부터 고향을 지켜내야 한다는 일념으로 치달아온 시민운동, 한타넷(한탄강네트워크)의 순수성에 대한 자부심이다. 혹자는 시민운동을 하다가 왜 정치가가 되려고 하느냐, 또는 정치하려고 시민운동을 이용한 것 아니냐 하는 식의 공격을 퍼붓는다. 그런 사람들에게 나는 묻고 싶다. 그럼 누가 정치를 해야 한다는 말인가. 지금까지의 행태처럼 돈으로 매수하는 사람, 지역감정을 이용하는 사람, 학자연하면서 지역주민 문제에 대해서는 뒷짐지고 있는 사람, 자신의 화려한 경력으로 중앙정치에 매달려 대통령병에 걸려 있는 사람, 관료의식에 사로잡혀서 지역주민들을 모자란 사람으로 보고 계도만 하려 드는 사람들이 정치를 해야 한단 말인가. 그런 자들은 결국 기업과 결탁하고 비자금을 받고, 그들에게 특혜를 줌으로써 국민경제를 병들게 하지 않았던가.

이 시대는 분명 변화를 요구하고 있다. 정치와 순수한 시민운동이 적절한 긴장관계 속에서 견제도 하고, 정치 쪽에 새로운 인물이 필요할 때면 시민운동측에서 수혈해주면서 건강한 정치가 지속될 수 있도록 버팀목이 되어주어야 한다. 지역주민들을 위해 진정으로 헌신하고 봉사하며 민심이 무엇인지를 읽고, 상부구조보다는 하부구조가 진정한 국가적 토대라는 것을 인식하고 있는 사람이 절실하게 필요한 시기이다. 필자는 이러한 과정을 충분히 거친 젊은 지도자 이철우가 나서야 한다고 격려하곤 했다. 한국정치는 이제 권위적인 정치가들이 목에 힘주고 자리를 틀어쥐고 있어서는 안 된다. 더더욱 한탄강 지역은 한탄강을 아는, 그리고 그 역동적 생명성을 지키기 위해서 시민운동에 앞장을 섰던 자가 나서야 하는 것이다.

그런 의미에서 이 책은 이철우가 살아온 모든 것이 수록되어 있으며, 어떤 미화나 자화자찬이 곁들여진 전기가 아니다. 그가 살아온 어두운 터널과 같은 어린 시절과 청년 시절이 진솔하게 기록되어 있다. 이 책을 통해서 이철우에 대한 투사적 이미지, 거친 혁명가로서의 오해가 풀렸으면 한다. 그는 결코 대안 없는 정치투쟁가가 아니다. 그는 분명 문학과 음악을 사랑하고, 고향의 풀 한포기, 청순한 들꽃을 사랑하는 감성적 휴머니스트이다. 지나간 시대는 강압적 이데올로기로 우리들의 인간성을 왜곡시키고 병들게 하는 군사정권이나 어두운 힘에 대해서 반기를 들게 하였지만, 지금의 시대는 따뜻한 휴머니즘으로 지역주민들의 아픔을 치유하는 평화주의자로서의 이철우의 이미지를 반기고 있는 것이다.

대진대학교 전 대학원장, 영어영문학과 교수

박 정 근 시인

# 차례



## 1 한탄강은 내 삶의 탯줄

## 2 한탄강은 우리민족의 관상동맥

## 3 한탄강에서 바라본 세상

## 4 한탄강의 노래

# 제1부

## 한탄강은 내 삶의 탯줄

■ ■ ■ 1

## 난생 처음 라면 먹던 날

1968년 '국민학교' 2학년 겨울방학이었다. 우리 가족은 6 · 25 때 헤어졌던 큰고모를 찾게 되었다. 전쟁의 끝 무렵 길을 잃어 헤어졌는데 서울공대 앞에서 하숙집을 하고 있다는 것이었다. 반가운 해후가 있어 아버지는 본적지에 가서 호적을 정리하시는 모양이었다. 우리 가족의 본적지는 강원도 철원군 갈말읍 문혜리 160번지. 본래 이북이었는데 아버지가 월남한 이북5도민 가족이다.

우리 집에서 철원까지는 보통 먼 길이 아니었다. 아이들의 행동반경이라는 것이 넓어야 해거름에 돌아올 수 있는 거리. 모험을 한다 해도 10리 안에서 노는 게 보통이다. 그런 아이의 눈에 철원은 신비의 땅이다. 그때만 해도 버스는 아침, 저녁 두 번 다녔다. 철원 가는 버스는 관인에서 있었는데 아침 8시 30분 차이기에 아버지와 나는 20리 길을 걸어서 관인까지 가야 했다. 검정고무신을 신고 아버지의 큰 걸음을 부지런히 따라가는 내 모습. 어쩌면 내 기억 최초로 아버지와 먼 길을 동행한 잊지 못할 기억이다.

추운 날씨였음에도 나는 신이 났다. 모든 것이 새로움 그 자체였다. 아버지의 넓은 등을 쳐다보며 걸어가는 내 마음속에는 든든함, 자랑스러움, 행복감이 꽉 차 있었다. 그렇게 처음 철원엘 갔다. 아버지가 호적정리를 하는 동안 나는 면사무소의 이곳저곳을 돌아보고 철원의 방송 중계탑을 연신 올려다보며 감탄사를 연발하고 있었다.

점심때가 지나서야 일이 끝나고 아버지는 내 손을 이끌고 허름한 식당으로 들어가셨다. 식당 안에는 작은 연탄난로가 놓여 있었고 드럼통 식탁과 때 절은 나무의자와 정 많게 생긴 할머니가 이내 아는 체를 하며 반겼다. 아버지는 인사를 나누더니 라면을 하나 시키셨다. 금세 노란 냄비가 연탄난로 위에 올라가고 세상에 처음 보는 라면이 넣어지고 있다. 국수만 먹어보던 시골 아이의 눈에 라면은 진기함 그 자체였다. 꼬불꼬불 생김새며 입안을 적당히 자극하는 몽글몽글함, 스프 맛이 가져다주는 그 희한한 자극, 난생 처음 먹어본 라면에 대한 잊을 수 없는 강렬한 기억이다.

'롯데라면 왈순마'였던가, 아니면 '삼양 쇠고기라면'이었던가 자신할 수 없지만 둘 중에 하나였던 것만은 틀림없다. 그러나 이렇게 라면에 취해 있을 때 아버지는 보리차만 마시고 있었다는 사실을 알게 된 것은 정신없이 국물까지 마시고 난 후였다. 아버지는 우리가 꽤 커서까지도 바깥일을 보시면 으레 점심을 안 드시는 것이었다. 지금 생각하면 눈물 나는 일이지만 그때는 그걸 몰랐다. 난생 처음 라면 먹던 날을 지금도 잊지 못하는 것은 이 때문인지도 모른다.

돌아오는 길에 아버지는 작은 건빵 두 봉지를 사셨다. 하나는 집에 있는 동생을 위한 것이었다. 건빵을 들고 아버지와 함께 집에 돌아온 나는 부쩍 커버린 느낌이 들었었다. 지금까지도 그때의 라면보다 맛있는 라면은 먹어본 일이 없다. 그리고 앞으로도 없을 것 같다.

## 2

# 중학교 때 우리 학교의 구호는 '유신'이었다

1973년 중학교에 입학했다. 새까만 교복, 노란 단추, 큼직한 이름표, 그것은 신분 상승이었다. 전혀 다른 세계였다. 아마 그 일본식 교복을 입었던 세대들은 모두 중학교 진학 때 이런 기분이었을 것이다.

2학년 새 학기에 새로운 교장선생님이 오셨다. 그 당시에 250cc 오토바이를 타고 의정부에서 출퇴근하는 '정열'적인 교장선생님이셨다. 학교에 부임하자마자 교장선생님은 거수경례할 때 구호를 외치게 했다. 그 전까지는 그냥 손만 올리면 됐는데 이제부터는 구호를 외치면서 하라는 것이었다. 그런데 그 구호가 바로 '유신'이었다. '한국적 민주주의', '통일시대를 위한' 유신헌법이 한창 기세를 날리던 때였다. 우리는 멋도 모르고 유신! 유신! 하면서 다녔다. 상급생을 보아도 선생님을 보아도, 학교에서도 길거리에서도… 나는 20리 길을 자전거로 통학을 했기 때문에 자전거를 타고 가다가도 마주 오는 상급생을 보면 냅다 '유신!'을 외쳤다. 관인은 온통 '유신!'으로 메아리쳤다. 교장선생님은 2년 만에 가시고 새로운 교장선생님이 오시더니 곧바로 '충성!'으로 바꾸셨다. 나중에 생각한 것이지만 그 교장선생님은 유신에서 충성으로 바꾸는 데도 많은 고뇌를 했을 것이고 여러 가지 씁쓸한 기분이었을 것이다.

1,000여 명의 학생들이 하루 종일 외쳐대는 '유신!'의 구호 소리를 생각해보면 지금도 만감이 교차한다. 그때 함께 했던 선생님들은 어떤 마음이었을까? 훗날 대학에 가서 이런 이야기를 하면 모두들 "너무 심했다. 뭐야, 역시 전방이구만" 하며 웃어버리곤 했다. 그러나 누가 더 나을 것이며 누가 유신으로부터 자유로웠을까?

모두 동시대를 살았던 사람들의 아픔이었을 뿐이다. 그러나 그때 그 기성세대는 우리에게 지금 미안한 마음을 가지고 있는지 모르겠다. 아무것도 모르는 까까머리 중학생에게 '유신!'을 외치게 했던 역사의식, 우리는 지금 많은 생각을 할 수밖에 없다. 물론 유신이 정당했다면 상관없다. 당시에도 90% 이상의 국민이 찬성한 헌법이니까 법적으로는 아무런 잘못이 없을 수 있다. 이것은 역사의식의 문제이다. 10%의 사람들, 유신을 반대했던 사람들, 그들이 훗날 한국의 민주주의의 밑거름이 되었다는 사실을 알게 된 것은 유신을 외치던 소년이 10년의 세월을 더 보내고 광주의 진실을 알고 난 후였다.

지금도 중학교 앨범을 뒤적이다가 문득 그 시절을 떠올려본다. 우리는 아이들을 어떻게 교육해야 할까?

3

## 내 꿈은 유정회 국회의원이었다

초등학교 시절 책받침, 공책은 그 당시 국회의원인 오치성 의원의 이름이 박힌 것을 많이 받아썼다. 아마 선거 때가 되면 그렇게 주었던 것 같다. 가난하므로 학용품 구입을 제대로 할 수 없었던 우리들은 무조건 좋은 것이고, 국회의원은 그렇게 학용품을 나누어 주는 사람이라고 생각했다.

우리 동네는 포천(그 당시에는 연천이었다)에서도 가장 오지여서 전기가 들어온 것이 초등학교 5학년이 끝날 무렵이었다. 마을 사람들이 동원되어 전봇대를 세우고 슬레이트 서까래에는 사기단자가 박히고 빨간 선이 이 방 저 방을 넘어 다녔다. 이렇게 해서 집집마다 전기가 들어왔다. 공사가 끝나고 마을에 무대가 만들어지고 군악대가 왔다. 국회의원이 가운데 서고 군수, 면장, 마을 대표들이 한 줄로 섰다. 저녁 땅거미가 지고 어두워졌다. 군악대 팡파르가 울리면서 점등식이 이루어졌다. 매일 등잔불에 익숙해 있던 우리의 동공은 놀라지 않을 수 없는 섬광에 일순 충격을 받았다. 온 마을이 대낮같이 밝아졌다. 군악대는 신나는 노래를 연주하고 집집마다 30촉 전구가 빛나고 있었다. 그 한가운데 국회의원이 있었고, 그는 일장 연설을 했다. 모두 환호했고 마을 사람들은 두고두고 칭송을 아끼지 않았다. 그리고 그 이듬해 유신헌법이 만들어졌다.

그전엔 국회의원을 선거로 뽑아서 됐지만 유신헌법으로 인해 1/3을 대통령이 임명하는 국회의원이 생기게 되었다. 이를 유정회 의원이라 했다. 어린 마음에, 국회의원은 가난한 사람들에게 많은 것을 베풀 수 있지만 선거에 나가기는 어렵고, 유정회 의원은 교수나 그 외 다른 일 하는 사람 중에 임명되는 것이니 그게 쉽겠다 싶었던 모양이었다.

'공부 열심히 해서 대학 교수가 된 다음에 유정회 의원이 되어 고향에 와서 좋은 일을 해야겠다.'고 생각했던 중학교 시절, 유신의 세계에 살 수 밖에 없었던 그 꿈은 박정희 시대의 종말과 함께 사라지고 말았다. 우리는 아이들에게 어떤 꿈을 꾸게 할 것인가?

■ ■ ■ 4

# 숯불 다리미와 필립스 다리미

맏아들을 중학교에 보낸 어머니는 아마 나보다도 더 행복해하고 좋아하신 것 같았다. 20리 길을 자전거로 가려면 새벽밥을 하셔야 했다. 나무를 때서 밥을 해야 하기 때문에 밥 하는 시간도 오래 걸리고 힘이 들었다. 겨울이면 모두 캄캄한데서 등교시킬 준비를 하시는 것이다. 밥상을 차려주고 어머니는 내 교복을 다리신다. 밥 할 때 만들어 둔 숯을 다리미에 담아 다린다. 전기는 들어왔지만 아직 전기다리미는 서울에서나 있을 법한 얘기였다. 경운기가 보급되어도 쟁기로 밭을 가는 사람이 있듯이 말이다. 숯불 다리미로 정성스레 다려주신 교복을 입고 자전거를 타고 학교로 가면 산모퉁이를 지나도록 들어가지 않고 바라보시는 어머니였다. 나는 어머니가 그제까지 보고 계시는 걸 힐끔 보고는 냅다 페달 질을 힘차게 한다. '엄마, 걱정 마세요' 하는 맘으로 말이다.

학교에 가면 다림질한 교복은 자전거와 씨름하느라 그저 그렇게 되어버리고 만다. 그래도 숯불 다리미로 다려주신 그 교복! 누가 그 뜨거운 사랑과 정성을 알랴.

지금은 아침이면 나와 아내, 그리고 중학교 2학년인 딸이 출근과 등교를 위해 온통 법석이다. 학교 교사로 있는 아내가 밥을 하면 나는 다림질을 한다. 딸아이가 조금이라도 더 자보겠다고 이불을 뒤집어쓰면 아내는 온갖 재촉을 한다. 매일 아침 벌어지는 행복한 소동이다. 딸의 교복과 셔츠를 다리면서 어머니의 숯불 다리미를 생각한다. 그러나 너무나 편리한 필립스 다리미는 그만큼 정이 없는 것 같다.

까만 교복을 군용 담요 위에 펴고 물수건으로 싹싹 문지른 다음 빳빳하게 줄을 세우던 어머니의 숯불 다리미와 필립스 스팀다리미의 차이를 우리 딸아이가 알까?

...5

## 내 동생은 진짜 군인

세 살 터울의 남동생이 있다. 어려서부터 쌍둥이처럼 자랐는데, 머리가 좋고 과묵한 아이였다. 동생은 학교에서 자기 교실로 가는 것 외에는 거의 나를 따라다녔다. 산골에서 자란 우리는 철마다 산에 가는 것도 정해져 있다. 겨울에 토끼 올가미를 놓는다고 (지금은 큰일 날 일이지만) 가면 따라오고, 이른 봄 칡 캐러 갈 때도, 여름철 산딸기 따러 갈 때도, 머루 다래 따러갈 때도 어김없다. 동네 어귀에서 친구들과 온갖 놀이를 할 때도 동생은 늘 따라온다. 아마 친구들보다도 형들하고 노는 게 재미있는 모양이다. 그래도 나는 동생이 내 친구들하고 노는 게 썩 좋지는 않았다. 왜냐하면 동생이라고 봐주지 않기 때문이다.

내가 초등학교 5학년인가 6학년 때 학교에서 실수로 유리창을 깼다. 그때는 유리창을 깨면 물어내야 하던 시절이었다. 집에 돈이 없는 것도 알지만 야단맞을까봐 전전긍긍하고 있는데 내 동생은 "제가 유리창을 깼어요. 300원 가져가야 돼요." 이렇게 말하고 부모님께 받은 돈을 슬그머니 나에게 주었다. 또 한 번은 중학교 때 500원짜리 지폐를 고이 간직하고 있다가

형에게 선뜻 건네주기도 한 기억이 있다. 언제나 1등을 놓치지 않던 동생은 육군사관학교에 우리 동네에서는 처음으로 합격했다. 자신은 법대에 가고 싶었는데 가난이 그를 육사에 보냈는지도 모른다. 내 생각에도 군인 체질은 아닌 것 같았는데 임관하여 벌써 400~500명을 휘하에 둔 대대장이 되어 있다.

뒤늦게 대학에 가서 학생운동을 하려고 하는데 동생 때문에 3년을 두고 고민했다. 군사독재에 항거하는 투사가 될 것인가? 아니면 조용히 나 자신을 억누르며 살 것인가? 이 생각으로 숱한 밤을 지새울 때마다 떠오르는 얼굴은 바로 갓 임관한 육군소위 내 동생이었다. 아마 그 때의 답답한 심정은 누구도 알 수 없을 것이다. 투사의 길을 택하는 순간 너무도 뻔한 일들이 기다리고 있기 때문이다. 제적, 투옥, 온갖 멸시, 가족의 고통… 이런 일들은 어김없이 나를 찾아왔다.

첫 번째 감옥에 갔을 때 대위 진급을 한 동생이 찾아왔다. 오히려 나보고 걱정 말라고 위로를 하고 갔다. 돌아서는 동생의 뒷모습을 바라보며 얼마나 가슴이 메어지던지….

세월이 흘러 지금은 모두 추억거리로 이야기하지만 그렇게 우리 형제는 분단 조국의 아들로서 겪어야 하는 고통을 감내하며 살아왔다.

동생은 지금 훌륭한 대대장으로 인정받으며 조국의 청년들을 훈련시키고 있다. 우리 형제가 조국의 자랑스러운 아들이었다는 것, 결코 다른 길을 간 것이 아니었다는 것을 언젠가는 사람들이 알게 될 것이라고 믿었던 사람은 아마 우리 어머니

밖에 없었을 것이다.

하나회, 알자회가 사라지고 군대도 많이 민주화되었다. 군부 통치가 사라지면서 군인도 본연의 임무를 수행하게 되었다. 군인이 독자적 의지를 가지고 국민을 대하는 시대는 갔다. 이제 통일 시대를 맞이하며 군인은 더 큰 꿈을 가져야 한다. 4천만의 군대가 아니라 7천만의 군대로, 통일을 대비한 군대로, 동북아의 평화와 세계 평화의 파수꾼이 되는 대한민국 국군으로 성장해야 한다. 그 한가운데 내 동생이 있다. 모든 아픔을 다 겪은 자랑스러운 대한민국 육군 중령 내 동생이 있다. 그는 진짜 군인이다.

— 지금은 대령으로 전방 연대장을 마치고 장군 진급을 눈앞에 두고 있다 —

■ ■ ■ 6

## 양복 입고 입학식 간 사연

나는 유난히 키가 작았고, 성性적 성장도 친구들보다 많이 늦었다. 친구들은 중2, 3 때 벌써 수염도 나고 거시기도 커졌는데 나는 중3 때도 별로였던 것 같다. 그러다가 고2 때 갑자기 키가 크고(워낙 작아서 그래도 앞쪽에 서지만) 성적 발달이 이루어졌다. 그리고 고3 때 사춘기가 찾아왔다. 1학기까지 학년 1등을 했는데 도무지 공부가 손에 잡히질 않았다. 지금까지 모범생으로 살아온 자신을 돌아보면 왠지 바보 같은 느낌이 든 것이다. 술도 먹어보고 담배도 피워보고 친구들과 놀러도 다녀보고 아무튼 내 고3은 학교에서 작은 사건이었다. 1등 하던 철우가 완전 날라리가 되었으니 말이다.

대학입시는 불을 보듯 뻔한 일, 아예 원서 접수도 하지 않았다. 졸업하던 해 10 · 26이 났다. 세상은 '광주사태'로 어수선하고 뭔가 모르지만 어지러운 느낌이었다. 재수를 했지만 생각했던 대학(원래 지리 선생님이 꿈이었다. 그 다음에 유정회 국회의원이었고)에 떨어지자 그냥 군대(보충역)에 갔다. 1979년은 재수를 했고, 1980년은 신체검사와 군대 때문에 방황을 했다. 철원에서 탈곡 일도 하고 겨울 동안은 서울 망우리 섬유공장에도 다녔다. 그냥 별 의미 없이 말이다. 1981년 보충역

(방위)으로 14개월 복무를 했다. 아직도 방황은 끝나지 않았다(아마 방위 마음은 방위만이 알 것이다).

그러나 세상에는 공짜가 없다. 아픈 만큼 성숙한다. 고3 때부터 시작된 사춘기 열병은 1983년 봄에야 끝이 났다. 방위를 마치고 이젠 공부를 해야겠다는 생각이 들었다. 그래 공부하자! 아버님께 염치없는 간청을 드렸다. 5개월만 공부하고 오겠습니다. 서울에 독서실을 얻고 밤낮 공부만 했다. 9kg이 빠지고 체력장에서 어지러워 못 뛸 정도였다. 그도 그럴 것이 ABC부터 다시 해야 했던 것이다. 덕분에 점수가 괜찮게 나와서 서울시립대 영문과에 갔다. 서울시립대 영문과는 순전히 아버님에 의해서였다. 효도 한 번 해보자고 말이다.

나이 스물다섯에 대학 입학식! 별로 감정 표현이 없는 어머니였는데도 그 날은 유난히 기분이 좋아 보이셨다. 아침 일찍 쇠죽을 끓이시고 한편에서는 아침 식사를 준비하는 부모님이 나누는 말소리가 보통 명랑한 게 아니셨다. 뿌듯한 마음으로 자리에서 일어나 준비를 했다. 아버님은 정장, 어머님은 한복, 나는 그동안 공장일 할 때 월급 타서 맞추어놓은 콤비 양복을 입고 한껏 멋을 냈다. 이웃집에서 카메라까지 빌려가지고 서울시립대에 갔다. 그런데 이게 웬일인가. 입학식장에는 다른 부모님들 모습이 없을 뿐 아니라 복장은 모두들 청바지 아니면 간편한 캐주얼 일색이 아닌가? 얼마나 멋쩍던지…. 그 후로도 부모님께 그날의 느낌은 여쭈어보지 않았다.

7

## 금반지와 은반지

우리 어머니의 손으로 만들어낸 모든 것을 쌓아놓으면 아마 남산만은 할 것이다. 그 손으로 일궈낸 땅은 모두 옥토가 되어 있고 그 손으로 만들어낸 음식은 자식들을 모두 이 나라의 일꾼으로 성장시켰다.

우리어머니는 크고 작은 행사가 있을 때에는 늘 두 개의 반지를 끼고 나가신다. 평상시에는 그 흔한 가락지 하나 끼시지 않는다. 아마 일하는 데 불편하거나 반지가 닳는 게 아까워서 그러실 것이다. 그렇지만 대·소 행사에는 반드시 반지 두 개를 중지와 약지에 끼고 나가신다. 반지 하나는 루비가 박힌 금반지다. 또 하나는 어쭙잖게 생긴 은반지다. 루비 반지는 내 동생이 육사 졸업 기념으로 해드린 아무나 낄 수 없는 반지다. 은반지는 내가 학생운동 하면서 졸업도 못했는데 동기들이 서울시립대라고 찍힌 은반지를 만들어주었다. 보잘것없는 반지다. 그러나 어머니 손에는 늘 두 개의 반지가 끼워져 있었다. 어느 날 감옥에 면회를 오셔서 면회창 위에 올려놓으신 손에서 두 개의 반지를 처음 발견했다.

그래! 금이든 은이든 그것은 우리 어머니 손에서 모두 귀한 보석이고 똑같은 보물이다. 비록 처지는 달라도 이 땅 조국에서 나와 내 동생은 똑같이 귀중한 일꾼이요, 보배 아니겠는가? 이것을 어머니 손에서 깨달았다.

평생 일밖에 모르던 그 손에 끼워져 있는 금반지와 은반지! 분단된 조국, 할 일 많은 조국에 우리 두 형제 모두 그 반지처럼 살아야 할 것이다. 오늘도 어머니는 새벽마다 그 손을 모으고 기도하신다.

8

## 옥중 예배

내가 살았던 감옥은 서울구치소, 안양교도소, 김천교도소, 그리고 순천교도소 네 군데이다. 물론 잊지 못할 남산 지하실에도 40일을 살았다. 그 40일은 40년만큼이나 긴 시간인지도 모른다. 지하실에서 검찰로 송치될 때의 기분이 새색시 시집가는 느낌이었으니 말이다.

서울과 안양은 미결수 때 있었기 때문에 임시거처였다. 형이 확정되고 김천 소년교도소에 갔다. 정치범이라 소년수도 아닌데 그곳에 수감되었다. 소년수들은 일반수보다 더 힘든 생활을 한다는 사실을 안 것도 그때다.

감옥 생활을 하면서 '무엇을 배울까' 아무리 징역살이지만 아까운 시간을 허송할 수는 없기 때문에 이 궁리 저 궁리 해보았다. 독서를 많이 하는 것은 미결수 때부터 이미 소문이 나 있었는데 오히려 너무 앉아 책만 읽다보니 무릎 관절이 안 좋아지는 것 같았다. 그래서 교도관에게 혹시 옥중 교회에서 청소도 하고 봉사를 하면 안 되겠냐고 물어보았다. 사실은 피아노를 배우고 싶은 마음이 있었기 때문이었다. 그러나 보기 좋게 거절당했다. 어찌하랴. 매일 책읽기가 하루 일과의 전부였다.

만기를 1년 6개월 정도 남기고 나는 다시 교도소 측에 요구했다. 매주 월요일마다 모이는 기독교 집회에 참석하겠다고 정식으로 요구했다. 그러나 관구 교사가 "참 희한한 공안수(정치범을 공안수라 부름)입니다." 하며 다른 사람들은 안 그러는데 왜 그러냐는 식이다. 종교의 자유를 달라는 내 주장은 급기야 법무부 교정 당국에 보고되어 조건부 허락을 받았다. 교도관 2명과 함께 기독교 집회에 참석하는 것이었다. 2명 아니라 20명이라도 상관없다고 했다. 월요일 나는 두 명의 교도대와 함께 예배에 참석했다. 푸른 수의를 입은 300여 명 재소자들이 이미 찬송을 부르고 있었다. 나는 맨 앞자리에 양쪽의 교도대와 함께 앉아 기도를 했다. 예배는 재소자들이 이끌고 나갔고 외부에서 전도사님이 오셔서 설교를 했다.

예배 중에 재소자들로 이루어진 '갈멜' 성가대가 무척 인상적이었다. '나도 출소하면 성가대를 해야지'하며 결심한 것이 이때였다. 이 세상에서 가장 어둡고 소외된 곳, '죄인'들로 가득 찬 곳 교도소야말로 하나님이 계실 곳이라 생각했다. 이후로도 매주 월요일이면 집회에 갔고 네 번인가 다섯 번째부터는 교도대도 따라오지 않아 혼자 갔다 오곤 했다.

집회가 끝나면 외부에서 들어온 떡이며 초코파이, 우유 때로는 과일까지 푸짐하다. 내가 나머지 4명의 공안수들 몫까지 챙겨서 돌아오면 한바탕 잔치가 벌어진다. 그러면 "주님의 은혜로 알고 먹겠습니다." 하면서 즐거운 시간을 보낸다. 이렇게 공안수의 신앙의 자유는 이루어졌다. 지금도 교회에 앉아 예배를 드릴 때면 가끔씩 그때를 떠올리곤 한다.

■ ■ ■ 9

# 소년수 용선이

안양교도소 미결사동에 있을 때 용선이를 처음 만났다. 나이는 자신도 잘 모르지만 소년수니까 스무 살은 안 된 모양이다. 죄명은 '폭행치사'였다. 보통 죄수들이 구치소에 들어오면 변호사를 구해서 자신을 변호하는데 용선이처럼 부모가 능력이 없으면 그냥 국선변호인을 선임한다. 그러나 국선변호인이 적극적으로 변호를 하는 일은 없다고 믿는 게 상식이다.

하루는 용선이를 운동장에서 만나 자초지종을 들어보니 딱 유전무죄에 걸린 것이다. 또래의 아이들과 휩쓸려서 초등학교 어린아이를 때렸는데 자신은 끼어들지도 못하고 다른 아이들이 때렸다는 것이다. 그런데 그 아이들은 경찰서에 부모님들이 찾아와 다 나가고 자신이 모든 걸 저지른 것으로 되어버렸다는 것이다.

용선이는 한글도 모르고, 엄마는 집을 나가고, 아버지는 생활무능력자였던 것이다. 그래서 그런지 처음에 폭행치사에 3년형을 받았다. 경찰서에서 금방 나올 수 있다며 순댓국도 사주고 잘해줘서 멋도 모르고 안양까지 온 것이다. 허나 어찌하랴! 이것이 용선이의 운명인 것을…

나는 용선이를 위해서 담당 판사에게 탄원서를 대신 작성해 제출했다. 그래서인지 항소심에서 6개월 감형이 되었다. 그해 가을 나는 형이 확정되어 김천 소년교도소로 이감을 갔다. 일반수들이 없는 병사에 방을 받은 나는 독서와 운동으로 나날을 보냈다. 김천이 포천보다 훨씬 남쪽이면서도 포천만큼 춥다는 걸 절실히 느낀 게 이때였다.

그러던 어느 날 운동 시간에 용선이가 있는 걸 발견했다. 용선이가 먼저 달려와 헤벌쭉 웃으면서 "철우 아이씨"(아저씨를 이렇게 발음한다) 하는 게 아닌가? 어찌나 반갑고 안쓰러운지 덥석 안아주었다.

용선이도 병사에 있었다. 그때부터 나는 용선이의 보호자가 되었다. 용선이는 좀 모자라 징역에서 죄수들끼리 칭하는 말로 '좆밥'이었다. 소위 왕따다. 약육강식의 사회 바로 소년교도소이다. 힘이 있거나, 돈이 있거나, 약삭빠르거나 해야 살아남는다. 허나 용선이는 아무것도 가진 게 없다. 방에서도 설움뿐이다. 무시당하는 게 어쩌면 자연스런 삶처럼 보인다.

나는 먼저 용선이 방에 가서 그 방의 소년수들에게 단단히 경고를 했다.

"만약 용선이를 괴롭히면 누구든지 전방* 보낸다.
알았지?"

* 방을 옮기는 것. 방을 옮기면 졸병이 되기 때문에 징역에서는 고통스러운 일이다.

그들은 일제히 "네!"하고 대답한다. 허나 어찌 알겠는가? 서로 볼 수 없으니. 운동장에서 만나면 그저 잘 산다고 한다. 면회 와서 영치물품들이 오면 용선이와 나눠 쓴다. 메리야스며 먹을 것이며 뭐든지 용선이 몫을 챙긴다. 용선이도 같은 사동에 힘센(?) 왈왈이 공안수 아저씨가 후견인으로 있다는 게 큰 의지가 되었을 것이다.

징역에서 아무래도 가장 큰 소일거리 중의 하나는 독서다. 그것은 일반수도 마찬가지다. 그러나 용선인 책을 봐도 그림만 봐야 한다. '바깥에서도 글을 모르니 얼마나 답답했을까?' 이제 용선이에게 한글을 가르쳐야 할 때가 되었다고 생각했다.

교도관에게 하루에 한 시간씩 용선이에게 한글 공부를 시키겠노라 부탁을 했다. 좋다고 해서 그날부터 가르치는데 이건 보통 힘든 일이 아니었다. 한글의 원리를 이해하려는 게 아니라 그냥 외우는 것이었다. 박용선이라는 글씨를 외우고 다른 문장에서 '박'자나 '용'자, '선'자가 나오면 모르는 것이었다. 윽박지르기도 하고 달래도 보고 숙제도 무진장 내주었건만, 한글을 깨우치기 힘들 것 같은 느낌이 들었다. 가르치는 나도 징역에서 괜한 스트레스를 받고 사는 셈이 되었다.

그러던 어느 날 용선이는 무슨 이유에서인지

"철우 아이씨, 출소하면 아이씨 만날 수 있겠죠?"

묻는 것이다. 나는 "그럼, 그래야지!" 그냥 지나가는 소리로 받아넘기고 그날 저녁 곰곰이 생각해보니 '그래도 정이 드는 모양이구나' 하는 생각을 했다.

다음 날 나는

"용선이가 한글도 알고 숫자도 알아야 편지도 쓰고, 전화번호를 알아야 전화도 하지. 그래야 만날 수 있는 거야."

라고 말을 했다.

그날부터 용선이의 한글 공부는 확실히 달라졌다. 한글 공부를 시작한지 6개월 만에 용선이는 한글을 터득했다. 숫자도 물론이다. 스스로도 기쁜 모양이다. 한결 달라진 용선이! 그에게 어쩌면 새로운 세상이 펼쳐졌을 수도 있다. 만화책도 읽고 잡지도 뒤적이게 되었다.

그런 용선이가 내가 출소한 지 얼마 되지 않아 전화를 했다. '아! 용선이!' 담장 밖에서 용선이 목소리를 들으니까 생경한 느낌마저 들었다.

1996년 12월 31일 나는 속초엘 갔다. 용선이가 속초에 살기 때문에. 용선이는 작은 농장에서 숙식만 해결하며 살고 있었다. 물어물어 찾아가 본 용선이의 모습은 차라리 감옥이 낫겠다 싶은 정도였다. 우선 가까운 목욕탕에 데려가 목욕시키고 이발시키고, 싸구려 잠바를 사주었다. 무얼 먹고 싶으냐 물었더니 '탕수육'을 먹자는 거였다. 그러자고 용선이가 손수 안내하는 곳으로 따라갔더니 보신탕집 아닌가? 그 집 간판에 "탕 · 수육"이라고 씌어 있는 것이었다. 그런 용선이다.

그 후로 용선이를 만나러 1년에 두 번, 겨울에 한 번 여름에 한 번 속초에 간다.

지난겨울엔 약속을 지키지 못했다. 지금도 언제 올 거냐고 3일에 한 번 전화가 온다. 어쩌면 가족을 빼고 유일하게 나를 찾는 용선이는 내 유일한 친구인지도 모른다.

모두 주고받는 게 있어야 관계를 맺는 세상에서 용선이는 나를 시험하며 오늘도 속초에 있다.

■ ■ ■ 10

# 터부 없는 세상을 위하여

호기심은 어린아이의 특권이다. 세상을 조금씩 알아가기 시작하는 아이들에게는 모든 것이 신기하기만 하다. 호기심은 성장을 위한 출입구일 것이다. 그러나 호기심 뒤에는 항상 위험이 도사리고 있다. 어린아이가 뜨겁다는 것을 알게 되기까지 뜨거운 맛을 보지 않고는 알 수 없는 것처럼, 아무리 부모가 말로 해도 한 번 만져보고 "앗, 뜨거!"를 외쳐봐야 비로소 이성적 판단이 생기는 것이다. 즉, 어린아이가 어른으로 성장하는 동안 크고 작은 상처들은 바로 호기심으로 인해 발생한다고 볼 수 있고, 그 상처들이 어른이 되기 위한 훈련의 한 증거랄 수 있는 것이다. 육체적인 것만이 아니라 정신적인 면에서도 인간은 많은 터부를 가지고 있다. 미신적인 것에서, 관습적인 것에서, 사회적인 이데올로기에서 우리는 많은 터부를 가지고 있다.

기독교 가정에서 자란 나는 지금도 절에 가면 울긋불긋한 단청이 자연스럽게 받아들여지지 않는다. 지금은 장려되는 일이지만 남자가 부엌에 들어가면 큰일을 못한다는 가부장적 이데올로기도 있었다. 우리에게는 북한이라는 터부가 있다. 우리가 자라던 시절 "때려잡자 김일성, 무찌르자 공산당, 쳐부수자 북괴군"이라는 구호가 있었는데 이 구호는 우리의 모든 삶을 압도했었다. 거리, 건물 곳곳에 붙어 있던 구호였다.

대학에 갔을 때 온통 학원가는 광주학살에 대한 새로운 사실들을 알리고 이를 규탄하는데 세상이 흔들리고 있었다. 물론 나는 광주 폭도를 진압한 전두환은 나라를 위기에서 구한 사람이라고 알고 있었다. 그것은 상식이었다. 그러나 또 다른 세상의 상식이 있었다. 광주는 민중항쟁이고 전두환은 살인자라는 상식 말이다. 25년을 살아온 내 상식으로 이러한 현상들은 가치관의 혼란을 가져올 수밖에 없었다.

유난히 책읽기를 좋아했던 나는 결심했다. '그래, 터부에 대해 알아보자.' 마르크스도 읽고 주체사상도 읽었다. 이 세상에 존재하는 모든 종교의 경전도 훑어보았다. 어떠한 터부도 없다. 스스로 자유인임을 선언했다. 휴전선이 가까운 전방지역에서 25년간 나는 무엇을 보고 들었는가? 그로 인해 세상을 얼마만큼 있는 그대로 이해하고 있는가?

그로부터 20년이 지난 오늘 사람들은 자의든 타의든 자신의 생각을 수정해야 했다. 사회적 통념이 바뀐 것이다. 전두환이 살인자고 광주폭도가 민주화운동이라는 통념의 변화, 북한이 한 동포이고 함께 살아야 할 운명공동체라는 사회적 통념이 되기까지 지난 20년 얼마나 많은 상처가 있었는가?

아직도 우리 사회는 엄청난 갈등 속에 있다. 우리 사회는 작은 차이에도 금방 적대감의 옷을 입는다. 미개한 사회일수록 터부taboo가 많다. 터부는 어쩌면 권력자들이 만들어 놓은 통치 수단이었는지도 모른다. 그러나 터부가 깨지기 위해서는 누군가의 아픔이 필요하다. 천동설을 지동설의 통념으로 바꾸기 위해 인간은 갈릴레이의 독배를 마셔야 했다.

이제 터부 없이 개명된 세상에서 살 수는 없을까? 마녀를 만들어놓고 마녀와 가까이 하면 안 된다고 지금도 소리치는 인간의 모습들을 보면, 그건 어쩌면 속성인지도 모르겠다는 생각을 했다.

닫힌 세상 그곳에는 터부가 있게 마련이다.

■ ■ ■ 11

## 마음을 닫아버린 세대를 위하여

일제 강점기가 끝날 무렵까지 10여 년을 처절한 삶을 살 수밖에 없었고, 외세의 힘에 의해 해방된 이 나라는 또다시 분단과 전쟁으로 얼룩져야 했다. 이 와중에 태어나고 자란 세대는 그 어떤 세대들이 이해할 수 없는 아픔을 가지고 있다. 풀뿌리로 연명해야 하는 가난과 전쟁이 어쩌면 눈앞의 모든 것이었는지도 모른다.

휴전이 되고 전쟁의 잿더미 위에서 생존을 위해 몸부림쳐온 세대! 지금 50대 이후 세대들은 다른 것은 생각할 여유가 없었는지도 모른다. 전쟁의 카운터였던 북한을 철저히 미워하는 것, 우방인 미국에 대해 새로운 나라를 세우는 은인이라는 것, 절대적 빈곤으로부터 벗어나야 한다는 것, 그리고 자식을 교육시켜야 한다는 것, 이 네 가지가 50대 이후 세대의 인생관이라고 나는 보아왔다.

대한민국이 세계 14대 경제 대국이 되었다. 정치, 문화적인 면을 제외하고는 선진국에 뒤질 것이 없다. 아니 이미 선진국이다. 제3세계는 그렇게 보고 있다. 다만 정신적인 영역, 즉 정치, 문화적으로 후진적인 요소가 많고, 분단이라는 잠재적 갈등이 대한민국의 이미지를 업그레이드 시키지 못하고 있다.

아무튼 30년 만에 100위권 밖에 있던 나라가 14대 경제 대국으로 성장한 것은 세계사에 없는 일이다. 무엇이 이것을 가능케 했을까? 이 질문에는 여러 가지 대답이 있을 것이다.

나는 50대 이상 된 세대들의 피와 땀의 결과였다고 말하고 싶다. 우리 어머니, 아버지가 살아온 모습을 보라. 더 이상 설명이 필요 없지 않은가? 세계에 이렇게 부지런한 민족이 있는가? 농촌은 노부부들이 아직도 이 땅 농업의 파수꾼들이다. 이 땅에 살고 있는 50대 이상의 세대, 전전세대들의 전투적인 생활이 30년 만에 이 나라를 이렇게 만들었다. "100억불 수출, 1,000불 소득" 그들이 1980년대에 달성하고자 하는 목표였다. 새마을운동은 절대빈곤의 탈출구였다. 이제 1,000억불 수출에 10,000불 소득의 시대가 되었다. 여기에는 전후세대의 역할, 즉 전전세대의 교육열로 키워진 전후세대의 엄청난 힘이 작용했다.

전전세대와 전후세대의 차이는 어디에 있을까? 전전세대가 그렇게 증오하던 북한과 대화해야 하는 현실, 전전세대의 은인이었던 미국도 대등한 관계로 만들고자 하는 노력들, 전전세대의 전통적 질서를 깨는 자유분방함, 전전세대의 정보사회에 대한 부적응, 이런 요소들이 전전세대를 불안하게 하고 있는 것이다.

과거의 전통으로 보면 가산을 일구고 자손을 번창케 하면 권위 있고 뿌듯한 노후가 보장되었는데 각박한 현실은 너무나도 동떨어져 있지 않은가? 자식들은 뿔뿔이 흩어지고 그들은 외로움에 시달려야 한다. 굳게 믿어왔던 가치관이 흔들리는 세상에서 자신을 지키는 방법은 마음을 닫는 것이다. 외부세계의 변화를 외면하는 것이다. 가까이 다가가려 해도 냉정한 그들의 눈빛, 힘 있던 리더들이었는데 어느새 삼삼오오 모여 세상을 한탄하는 그들…. 어떻게 하면 마음 문을 열게 할 수 있을까? 우리도 얼마 있지 않아 우리 자식들로부터 그런 관계를 맺지 않으려면 마음을 나누는 세대의 교감이 있어야 한다.

노령화되어가는 사회, 그저 노인복지의 문제만으로 단순화시키지 말고 세대의 교감과 지속성을 생각하는 철학이 필요한 때다. 대화하고 싶다. 마음 문을 여는 어른들과 만나고 싶다. 아니 만나서 마음 문을 열어드리고 싶다. 그렇게 하여 그분들이 자랑스레 옛일을 이야기하게 하고 싶다.

외로움과 미움을 그분들 마음속에서 털어버리도록 하고 싶다. 여유 있는 그분들의 눈매를 마주하고 싶다. 그리고 나도 다음 세대에게 먼저 마음을 여는 사람이 되고 싶다.

■ ■ ■ 12

## 중 · 고등부는 영원한 스승

감옥에서 나가면 어떻게 살까? 이 궁리 저 궁리를 했다. '고향으로 가야지. 거기서 농사짓고 아이들을 만나며 살아야지' 좀 더 구체적으로는 '교회에서 아이들과 함께 살아야지'였다.

고향에 돌아와 중리교회(아버님이 40년 전 세우신 교회이다) 중 · 고등부 교사를 맡았다. 아이들이라야 고작 6~7명으로 집사, 장로의 아들딸들이었다. 이들과 함께 어색하나마 인사를 하고 매주 만나기를 거듭했다. 제일 먼저 하고 싶은 것은 일단 학생들을 늘리는 것이었다. 중리 지역의 중 · 고등학생들을 모두 만났다. 1년 만에 20여 명으로 늘어났다. 이제 관인까지 나가서 전도(?)를 했다. 30명을 육박했다.

주일이면 농구하며 하루 종일 그들과 놀고, 시간만 나면 버스를 태워 이곳저곳 돌아다녔다. 추수감사절, 성탄절이면 연극도 하고 노래도 했다. 그러면서도 이 친구들은 마음 한구석을 닫고 있었다. 오지에 사는 친구들이라 수줍음도 많았지만 엄마, 아빠가 없는 아이도 있고 여러 가지로 어려운 아이들도 많았다. 연극 연습을 하면, 이건 완전히 나를 위해 해주는 느낌이었다. 제시간에 모인 적은 한 번도 없고 산만하기가 이를 데 없었다. 그래도 연극을 무대에 올리고 서로들 대견해하는 걸 보면서 보람도 느끼게 되었지만 그만두고 싶은 생각이 한두 번이 아니었다.

아무 생각 없이 연기를 하는 것만 같은 그 아이들에게 나는 속으로 '아 아이들과 마음을 나누는 것이 이렇게 힘들구나' 자조하면서 3년여를 보냈다.

처음에 만났던 아이들은 모두 졸업해서 사회에 나가거나 군대에 갔지만 잊을 수 없는 아이들이다. 3년째 되면서 밴드를 만들어보고 싶었다. 적막한 시골에서 이들이 무엇을 하면 좋을까 생각하다 5인조 락밴드Rock Band가 좋겠구나 생각하고 집에 있던 키보드와 싸구려 드럼과 기타를 사서 세팅을 했다. 이때가 우리 지역에 최초로 밴드Band가 결성되는 날이었다. 물론 엉터리 악단이지만 말이다.

그 후 중리초등학교 운영위원장을 하면서 중리초등학교에 정식으로 밴드를 만들고 영중중학교 밴드를 만들어 지금은 전국 최고의 초·중학교 밴드가 되었다.

연극, 농구, 밴드, 수련회, 견학 등으로 중·고등부는 내 생활의 칠 분의 일을 차지하게 되었다. 주일날은 아침부터 저녁까지, 성가대 연습부터 중·고등부 친구들을 집에까지 바래다 주면 늦은 저녁이 된다.

이렇게 세월이 흐르고 나서야 아이들은 마음 문을 열었다. 고향선배이지만 20년 만에 돌아온 '이방인'인 내가 그들에겐 아직 낯선 사람일 뿐이었는지 모른다. 아니 그들에게 무언가 베풀어준다는 교만이 없어지는 시간이었다는 게 정확한 표현일 것이다. 더 배우고 경험했다고 하여 무언가 가르쳐주고 개화시켜 보겠다는 마음이 내 마음 구석에 조금이라도 남아있는 한 아이들은 마음을 열지 않는다. 아니 그것은 내 마음이 닫혀 있다는 증거였는지도 모른다. 인간관계는 나눔이기 때문이다. 이제는 중·고등부 친구들에게 무엇을 주어야겠다는 생각은 없다. 오히려 그들이 무슨 일이든 알아서 기획하고 연출한다. 연극도 춤도 노래도 밴드도 나보다 훨씬 잘한다. 나는 그냥 그들이 배고프다고 하면 라면 끓여주고 집에 태워다주고 행사가 끝나면 한 턱 쏘는 일만 있다. 이제 비로소 그들과 한 식구가 된 기분이다.

닫혔던 내 마음, 교만했던 내 마음을 열어주고 겸손하게 하고 인내하게 한 중리교회 중·고등부 친구들은 분명 나의 스승이다. 아니, 하나님이 내게 보내신 천사들이다. 호균이는 엇그제 전경 제대를 했고, 봉주는 산업체 근무 중, 상용이와 성용이는 대학에 진학해서 지금은 군대에 가 있다. 말썽쟁이 석형이는 지금 확실한 직장인이 되어 있다. 꼬맹이 효재는 어느새 꺽다리가 되어 직장에 다니고 유나, 수정이, 현정이, 옥렬이… 모두 다 예쁘게 자라 이 사회의 귀한 일꾼이 되었다.

추수감사절 일기문을 읽으면서 펑펑 울어대던 아이들, 그들이 스쳐 지나가는 사춘기를 함께했던 나는 세상에서 가장 행복한 사람일 것이다.

지금은 내가 처음에 왔을 때 유치원 꼬맹이들이었던 아이들이 중학생이 되어 매주 만나고 있다. 명랑하기가 이를 데 없는 아이들이다.

"선생님, 국회의원 되면 우리랑 못 만나겠네요?"

"무슨 소리야, 국회의원은 헬기 하나씩 주거든.
그러면 주일날 날아오면 되지."

"에이, 선생님은 뻥쟁이!"

나는 중·고등부 아이들한테 뻥쟁이로 통한다. 어디든 데리고 갈 때 좀 부풀려 얘기하기 때문에 갔다 와서는 늘 나를 비난(?)하면서 부르는 별명이다. 그래도 다음에 또 속는(?) 아이들이다. 내 스승인 중·고등부 친구들, 오늘도 그들을 위해 기도하면서 하나님께 그 친구들을 맡긴다.

## ...13

# 담배 끊는다고 약속하면 면회 올게요

아내, 엄마, 며느리, 교사인 내 아내가 있다. 감옥에 갔을 때 첫 번째는 애인으로 매일 면회를 왔다. 대학 4학년 때이니 벌써 15년이 넘었다. 두 번째는 결혼하고 아이가 세 살 때부터 초등학교 입학할 때까지 4년 2개월을 꼬박 매주 천리 길 면회를 왔다. 서울로, 안양으로, 김천으로, 순천으로….

토요일 밤 11시 50분 기차를 타고 밤새 달려와 순천역에 도착하면 6시. 겨울엔 아직도 사위가 캄캄하다. 대중목욕탕에서 시간을 보내다 일요일 특별면회를 하는 것이다. 먼 지역 수인들을 위해 일요일에도 일부 접견이 허용된다. 아내는 그렇게 5년여를 살았다. 면회 올 때면 책을 배낭으로 하나씩 메고 와야 한다. 염치없는 나는 책 욕심이 많아 무조건 편지에 책제목만 적어 보낸다. 그러면 어김없이 아내는 그 다음 주에 사온다. 내가 읽은 책들은 모두 아내의 땀과 정성이 깃든 것들이다. 모두 천리 길을 등짐으로 날라 온 책들이다.

5년 동안 동양의학(한의학)에 심취해 중국원서를 읽을 정도로 많은 책을 보았다. 의원이 되기 위해서가 아니라 우주론적인 고찰을 위해서 빠져들었다. 침 끝의 크기와 몸의 체면적의 비교는 어쩌면 내 한 몸과 우주의 크기와 비례한다고 생각했다. 의사가 그 작은 침 끝을 어디에 꽂을까 결정하기 위해 고려해야 할 것은 너무도 많다. 이 한 몸이 넓은 세상에서 어디에 몸을 두어야 하는지도 마찬가지일 것이다.

감옥에서 「고금중의명언록古今中醫名言錄」을 번역하기도 했다. 아내의 고생 덕분에 4년간 참 깊은 독서를 했다. 이전에 격동의 세파를 헤쳐 가느라 공부하지 못했던 시간을 보충했다고 생각한다.

그런데 어느 날 아내가 면회를 와서 심각한 표정을 지으면서 약속을 한 가지 해야 한다고 말하는 것이었다. 뭐냐고 묻자 아내는 나와서도 담배를 끊어야 계속 면회를 온다는 거였고, 그걸 약속하라는 거였다. 나는 두말도 않고 그렇게 하겠다고 했다. 나가서야 어찌됐든 감옥에서 무슨 약속인들 못 지키겠냐 하면서 으쓱대면서 큰소리를 쳤다. 그렇게 순진하고 착한 아내다.

결국 감옥에서 나와서 나는 다른 약속은 몰라도 담배만은 확실히 끊었다. 벌써 12년째가 되었으니 말이다. 건강에 좋고, 돈 안 들어 좋고, 아내와 약속을 지키는 신용 있는 사람이 되었으니 일석삼조 아닐까?

14

# 정치가는 합창단의 지휘자

매주 화요일이면 송우리에 간다. 송우리 백합 미술학원 원장님이 마홀합창단의 주무이사고 남편인 박원장님은 합창단의 부단장이다. 그 학원에서 매주 화요일 합창단원이 모여 연습을 한다.

사실 노래를 잘하는 편이 아닌 나는 시골 교회의 성가대밖에는 노래를 해 본 경험이 없다. 그런데 우연히 합창단 공연을 보았고 최치선 단장님을 만나게 되면서 합창단과의 인연이 만들어졌다.

마홀합창단은 내가 참여하는 모임 중에 가장 정기적으로 참여하는 모임이다. 회비도 매월 5만원이나 된다. 그래도 모두들 화요일이면 억척스러우리만큼 모인다. 단지 노래만 하고 헤어지는데 말이다.

합창단의 무한한 매력에 가장 큰 역할을 하는 것은 누가 뭐래도 지휘자 선생님일 것이다. 늦깎이로 러시아에서 합창지휘를 전공할 정도로 열정이 있는 실력파 지휘자 김영철 선생님이시다. 의왕시에 살면서 매주 먼 길을 달려온다. 연습이 시작되면 지휘자는 땀을 뻘뻘 흘리며 음악에 몰입한다. 이를 쳐다보는 단원들은 너무도 자연스럽게 하나가 되어 서로의 목소리를 섞으려고 애를 쓴다.

합창은 각인각색의 목소리를 아름답게 섞는 일이다. 블렌딩에 비유하기도 한다. 지휘자는 선곡을 해야 하고, 그 노래를 단원들에게 어떻게 이해시킬 것인가 생각해야 하고, 단원들 마음 하나하나도 헤아려야 하고, 단원들보다 한 걸음 앞서 열심이어야 한다. 권위적이어서는 안 되지만 위엄이 있어야 하고, 한 목소리를 내야 하지만 개성이 무시되어서도 안 된다. 마홀합창단 지휘자 선생님은 이 모든 것을 몸으로 체득하고 있다.

매주 두 시간 우리는 세상 모든 걸 잊고 노래한다. 합창! 그것은 단순한 합合이 아니다. 새로운 창조이다. 지휘자의 마음과 단원들의 마음이 일치되는 예술이다. 이 새로운 창조자가 바로 지휘자인 것이다. 여기에서는 아무리 능력 있는 가수도 자신만을 드러내서는 안 된다. 섞여야 한다. 각양각색이 섞여 전혀 새로운 소리를 창조하는 것이다.

합창단원의 직업에는 사농공상이 섞여 있다. 합창단원의 외모 또한 천차만별이다. 그러나 아름다운 일치가 가능하다. 지휘자의 능력이다. 고통스런 노력이 있어야 득음을 할 것이고 인생사의 깊고 오묘함을 깨달아야 사람이 따르는 법. 합창단 지휘야말로 그런 일인 것 같다.

지휘자가 불협화음을 하모니로 만드는 염금술사라면 정치가 또한 인간이 사는 동안 있을 수밖에 없는 갈등의 조정자 아닐까? 나는 매주 두 시간 합창단에서 정치를 배운다. 그것도 노래하면서….

# 제2부

# 한탄강은 우리민족의 관상동맥

1

## 한탄강, 최초의 강 네트워크 선언

강은 네트워크입니다. 강물은 하나입니다. 골짜기 골짜기 모여 강물은 그들의 세계인 바다로 이어집니다. 우리의 지리서 「산경표」에서도 '산자분수령山自分水嶺'이라 했습니다. 산은 스스로 물을 나누는 '嶺'이라 했습니다. 사람들은 물길을 따라 길을 만들었고 공동체를 만들어 왔습니다.

부산에서 낙동강을 따라 올라오면 끝에 새재가 있고, 이 고개를 넘으면 다시 한강을 따라 내려와 서울에 도착합니다. 낙동강은 경상도를 만들고, 새재를 경계로 한강은 경기 땅을 만들었습니다. 이렇게 8도는 물길을 따라 이루어졌습니다.

물결이 모이는 포구는 물산이 모이고 큰 도시를 만들었습니다. 때문에 전 세계 어디를 가도 역사 깊은 큰 도시는 모두 큰 강 하구에 있는 것입니다. 교통수단으로 혹은 각종 용수로 이용되었고 인구가 증가할수록 강은 더욱 중요한 삶의 조건이 되었습니다. 낙동강, 영산강, 금강, 한강, 임진강, 예성강, 대동강, 두만강, 이렇게 8대강이 8도를 만들었습니다.

8대강은 다시 수많은 지천을 거느리고 있습니다. 한탄강도 바로 임진수계의 지류입니다. 연천, 포천, 철원을 아우르는 물길입니다. 다시 한탄강은 영평천, 포천천, 차탄천, 남대천 등 크고 작은 지천을 가지고 있습니다. 우리가 버린 물이 바로 그 지천들로 가며 그 지천들이 모여 한탄강을 이룹니다.

21세기는 지방화 시대라 합니다. 또 세계화 시대라 합니다. 글로벌 Global 과 로컬 Local 이 동시에 우리에게 영향을 주고받는다는 뜻입니다. 정보, 통신, 교통의 발달이 이를 뒷받침합니다. 세계의 모든 강은 바다로 흘러듭니다. 바다는 하나입니다. 그래서 모든 강들도 이어져 있습니다. 우리는 한국에서 최초로 강 네트워크 network 를 제창하여 실천하고 있습니다. 강물은 그 자체로 네트워크입니다. 그러나 우리의 행정구역은 이것을 나누어 놓았습니다. 윗물에서는 공장을 짓고 축사를 세우며(철원) 아랫물에서는 상수원 보호구역이라고 묶어 놓는(포천) 불합리가 그 대표적인 예입니다.

이미 한강에서는 행정구역을 넘어 국가적 차원에서 강을 관리하기 시작했고, 우리는 장기적으로 강 중심의 행정구역 개편까지 연구하고 있습니다. 그러기 위해서는 강 유역의 주민들이 강을 대하는 발상이 전환되어야 하고 이를 이끌어갈 시민운동을 전개해야 합니다.

한탄강은 평강에서 발원하여 철원, 포천, 연천을 거쳐 임진강과 만납니다. 지질학적으로 가장 젊은 지질구조를 가졌으며 한반도의 한가운데로 흐르는 한탄강은 우리에게는 운명적이라고 해야 할 만큼 많은 사연을 가진 강입니다. 구석기에서부터 시작해서 일제, 남북분단, 전쟁, 그 고난의 역사를 속 깊이 간직한 채 오늘도 벌판 가운데로 흐르고 있습니다. 뒤에는 자연생태의 보고 DMZ를 끼고 있습니다. 평화와 통일, 그리고 깨끗한 환경을 꿈꾸는 사람들에게 무한한 가능성의 땅이기도 합니다. 우리는 한탄강이 품고 흐르는 역사적 운명을 이해해야 합니다. 한탄강이 우리민족에게, 아니 전 세계인들에게 웅변하는 메시지를 전해야 합니다. 한탄강과 DMZ는 평화의 상징입니다. 인간의 야만과 탐욕으로 인해 만들어진 일류 최대의 설치미술인 DMZ와 철조망. 그러나 그곳은 다시 인류에게 생태보호구역으로, 평화의 상징으로 되돌아오고 있습니다.

한탄강 또한 더 이상 무분별한 탐욕에 의해 개발되는 것은 중단되어야 합니다. 한탄강과 DMZ는 새로운 발상에 의해 디자인되어야 합니다. 그 새로운 발상은 평화, 생태 관광입니다. 평화의 땅이요 생태계의 보고요 관광특구여야 합니다. 한반도의 중심이자 세계인에게 인류의 미래를 보여주어야 할 공간으로 디자인되어야 합니다.

이러한 일들은 지금의 자치 단체들로는 불가능한 일입니다. 시민이 나서야 하고 전 국민이, 온 세계가 네트워킹 되어야 할 일입니다. 작게는 내 집 앞, 개울을 깨끗이 하는 운동에서 시작하여 세계인의 평화까지, 함께 이루어져야 할 공간입니다.

이에 '한탄강 네트워크HANTANET'는 회원들의 뜻을 모아 한탄강과 DMZ의 새로운 디자인을 시작했습니다.

1) 한타넷은 21C형 생활 조직이며 새로운 공동체입니다.

① 21C의 새로운 지역사회의 모델링 Modeling 을 시작했습니다.

② 연천, 포천, 철원의 인재 풀 pool 을 형성(지식기반 조성)할 것입니다.

③ 개혁적 NGO는 시대적 요구입니다.

④ 각 지천별로 한탄강을 책임지며 새로운 마을을 만들 것입니다.

2) 한타넷은 세계인과 연대하는 조직입니다.

① DMZ를 포함한 한탄강 유역의 국제적 평화지대화

② DMZ를 포함한 한탄강 유역의 생태환경 구역 설정

③ ①, ②를 기반으로 한 국제적 관광지역화

3) 한타넷은 개혁적 NGO이며, 다음과 같은 일을 합니다.

① 21C의 새로운 지역사회 Design을 위한 토론회(인터넷 홈페이지, 지역토론) 및 연구사업

② 한탄강 백서 발간

③ 반부패 연대

④ 생태환경 보호구역 지정 연구

⑤ 한탄강 사랑 고취 사업(다양한 event)

⑥ 평화와 통일을 위한 국제 연대

⑦ 국내외 NGO 및 정부기구와의 연대

⑧ 한타넷 뉴스 – '한탄강' 발간

한탄강 네트워크는 강물 같은 조직입니다.

골짜기 골짜기 시냇물이 모여 큰 강물이 되듯 지역의 인재들을 모아 역사의 큰 물줄기를 만들 것입니다. 20세기가 질풍노도의 불같은 시대였다면 21세기는 강물같이 흐르는 부드럽지만 극단을 조화시키는 힘의 시대입니다. 우리는 좌·우의 극단주의를 배제하며 새로운 시대정신을 창조해 나갈 것입니다. 한탄강을 세계적인 강으로 그리고 평화의 땅으로 만드는 일이 우리 앞에 있습니다.

■ ■ ■ 2

## 물, 생명 그리고 인간

사막 한가운데로 흐르는 요단강에서 세례 요한은 외친다. "회개하라. 천국이 가까워왔다" 부연하면 "이리와서 사막의 흙먼지를 씻고, 새로운 세상을 맞으라"고 했는지도 모른다. 갠지스강가의 수많은 침례 의식들, 장독가에 떠 놓은 정한수에 이르기까지 인간의 종교의식들은 물과 깊은 연관을 맺고 있다. 왜 그들은 물을 절대자에게 이르는 경로라고 생각했을까? 왜 물은 영원한 생명을 얻는 속죄제라고 생각했을까?

NASA의 거대한 우주계획은 바벨탑을 쌓던 후손답게 열심히 생명의 근원을 찾으러 간다. 코스모스 어딘가에 하나님은 우리와 같은, 아니면 비슷한, 최악의 경우 스타워즈의 외계인처럼 인류보다 월등할지도 모르는 창조물이 있을 것이라는 '있어서는 안 될' 일을 집요하게도 확인하는 것이다.

인류의 기아를 해결하고도 남을 막대한 돈을 들여 화성으로 쏘아 올린 우주선이 기껏 확인하고픈 것은 거기에 한 방울의 물이 있는가? 그걸 확인하는 데 있다.

왜 그들은 집요하게 한 방울의 물을 찾고 있는가? 그들은 물 속의 단백질이 어떤(?) 전기적 충격에 의해 원시적인 생명의 코드Code를 형성했으리라 굳게 믿고 있기 때문이다. 수억 겁의 세월 속에서 그런 충격의 연속으로 인해 오늘날의 인간 종이 형성되었으리라 믿는 것이다. 이것이 최신 과학의 믿음 체계이다. '물 = 생명'이라는 등식은 원시 종교의 직관이나 최신 과학의 확신(?)이나 그 결론은 같다는 게 희화적이다.

철원 벌판에 서서 4월의 팍팍한 메마름을 느껴보았을까? 곧이어 한줄기 봄비가 내리고 거미줄같이 이어진 수로를 통해 벌판은 촉촉이 물을 빨아들이며 드디어 살아난다. 해마다 반복하는 대지의 긴 호흡이다. 물이 흙살을 헤집으며 풀어 헤칠 때 그 속에 있는 헤아릴 수 없는 생명들은 그들 본연의 약동을 시작한다. 그 숨소리들을 들어본 적이 있는가?

엄청난 산불이 지나가 모든 생명이 사라져버렸을 것 같은 고성의 산과 들에도 한줄기 봄비가 생명의 사슬들을 일깨운다. 보라, 조심스럽게 머리 내미는 고사리의 환희를!

영원한 생명의 자궁, 물, 우리는 이렇게 외친다. 신은 물을 만들었고 물은 생명을 잉태시켰노라고 말이다.

잿빛 한탄강 물을 바라보며 저 물이 도대체 무엇을 잉태할 수 있을까? 폐경을 눈앞에 둔 초로의 여자에게 드리운 황혼의 슬픔이 이런 것일까?

세계의 양심들은 '물의 날'까지 만들었다. 물을 단순히 자원의 문제로만 바라보는 그들의 인식의 한계는 안타깝지만 인간이 물을 한 번쯤은 생각해봐야 한다는 데는 박수를 보낼 일이다. 우리도 2007년부터는 물 부족 국가가 될 것이라 자랑스럽게 예언한다.

인간의 역사가 인간의 이성적 판단과 결정으로 방향을 바꾼 적이 있는가? 짧은 역사를 보더라도 '인간은 갈 때까지 가고 난 후에야 자신의 생존을 위해 U턴하는 종이 아닐까?' 하는 패배적인 생각을 해본다. 점점 탁해져가는 한탄강 물을 바라보면서 말이다.

최단기간에 최악의 수질이 되어버린 한탄강을 바라보는 심정은 모두 같을 것이다. 답답함. 속수무책, 원망, 분노, 이런 마음들을 강물로 던지면서 지금도 자신이 한탄강 오염의 일원이라는 사실 때문에 무력해져야 하는 기막힌 우리 삶의 모순된 구조가 오늘 우리 삶의 화두가 되고 있는 것이다.

아직은 더 기다려야 하는 것일까? 아직 행동으로 나서지 않아도 될 만큼 우리에게 물이 충분히 준비되어 있는 것일까? 아직 몸부림칠 만큼 답답하진 않을까? 물이 오염되면 산소 요구량이 많은 물고기부터 죽어간다. 3급수, 4급수에서도 끄떡없는 물고기들은 아직도 활개를 친다.

외계 어딘가에 있을지도 모를 생명체를 불안한 마음으로 찾아 나서는 어리석은 영장류 인간이 단 하나밖에 없는 지구를 깨닫기까지 치러야 하는 통과의례는 얼마나 더 필요할까.

오랜만에 한탄강을 답사했다.

산 벚꽃, 진달래, 돌배꽃, 개살구, 개복숭아. 조선의 봄꽃들이 잔치를 하고 있는 산만 보다 왔다. 양안에 피어 있는 꽃들을 비출 수 없는 강물을 외면하여 한탄강엘 다녀왔다. 서너 명의 천렵객이 아직도 투망을 던지고 이에 질세라 왜가리 한 마리가 검은 물에 다리를 담그고 먹이를 응시하고 있다. 바로 오늘 한탄강의 모습이다. 한탄강의 유일한 오염원은 인간이다. 그리고 바로 나다. 이것이 물을 얻는 이 시대의 속죄의식 아닐까? 물과 생명, 그리고 인간을 생각해본다.

## ...3

# 임진강, 북한강 그리고 한탄강은 두 개의 나라를 흔든다

유럽에서 강네트워크가 활발히 활동하게 된 동기는 유럽 국가들의 특성상 강들이 여러 나라에 걸쳐 있기 때문이다. 다뉴브가 그렇고 라인강이 그렇다. 상류에 위치한 나라는 하류에 위치한 나라에 대한 고려 없이 강을 왜곡할 수 없기 때문에 각 나라는 국경선과는 관계없이 강을 통하여 일정한 이해관계를 공유할 수밖에 없게 된다. 동남아의 메콩강도 7개국을 거쳐 태평양으로 들어간다. 양자강이나 황하는 세계 10대 하천에 들지만 중국 한 나라를 흐르기도 한다. 남미대륙의 아마존, 아프리카의 나일 등 대형 하천들은 모두 다 다국적 하천이라는 특징을 갖는다. 미국 같은 경우도 거의 미국 내에서 발원하여 대서양, 태평양으로 흐르지만 연방제 국가의 특성상 각 주정부가 강에 대하여 공동의 이해를 가지지 않을 수 없다. 이런 취지에서 미국에서도 강네트워크는 활발한 활동을 한다. 다국적 강을 가질 수 없는 나라는 일본과 영국이 대표적인 경우다. 이렇게 섬나라를 제외하고는 많은 국가들이 강과 바다를 공유하며 살 수밖에 없다. 모든 강은 결국 바다로 흐르게 되어 있고 바다는 하나다.

유고 내전 당시 다뉴브강의 오염이, 불가리아를 거쳐 흑해로 들어가는 강의 특성상 심각한 국제적 환경문제가 되었던 적이 있다. 과거와는 달리 전쟁은 최악의 환경 재앙을 수반한다. 각종 화약과 강에 연해 있는 화학 공장의 파괴, 심지어는 유고 내전에서 사용되었던 우라늄탄 논란은 우리에게 많은 것을 시사해준다.

그러면 한국의 강들은 어떤가? 중국과 공유하는 강이 압록강과 두만강이다. 이 강은 국경선을 대신하기도 하는 운명적인 강이기도 하다. 그러나 압록강과 두만강 이외에 두 개의 국제하천이 더 있다. 바로 임진강과 한강이다. 더 엄밀히 말해서 임진강과 한탄강과 북한강이다. 남과 북은 이제 두 개의 독립적 국가다. 최소한 국제법상으로 그렇다. 유엔의 정식 회원국이며 각자 독자적인 헌법이 있다. 그러나 정서적으로는 한 민족이요, 한 나라이다. 특히 이념적 적대성이 강한 사람일수록 그렇다. 반공민주 정신에 투철한 사람은 북한을 점령하여 하나의 국가를 만들어야 한다고 생각하고, 또 공산주의 사상에 투철한 사람도 남한을 적화하여 통일국가를 세워야 한다고 주장해왔고, 심리적으로도 남북한은 아직 완전한 국가가 아니라고 생각한다.

이러한 생각들은 그 정도는 다르지만 남북에 사는 7천만이 가지고 있는 사고의 편린들이다. 그러나 남북은 엄연히 두 나라이다. 물론 국가보안법에는 북한이 반국가단체이지만 여기서는 국제법을 전제로 생각해보자. 남북이 유엔의 회원국이며 국제법상 엄연한 독립국이라는 이성적 사고가 없이, 그저 감성적으로만 대하는 우리의 통일관이 남북을 가로질러 흐르는 임진강, 한탄강, 북한강을 대하는 자세에서도 어김없이 드러난다.

평화의 댐과 북한강을 예로 들어보자. 북한강은 국제하천이다. 국제하천은 공유하고 있는 국가와 그 이용을 협의해야 한다. 아무런 협의 없이 북한이 북한강 상류의 물길을 동해로 수로 변경하여 남쪽으로 흐르지 못하게 한다면 이는 명백하게 위법이다. 상류의 국가는 하류의 국가에 피해를 주지 않는 범위에서 강을 사용하고 관리해야 하며 그렇지 못할 경우 당사국의 협의가 필요한 것이다. 그러나 1996년 북한에 댐 공사의 징후가 있었을 때 우리의 대응은 어떠했는가?

"북에는 금강산댐이 공사중이고, 이는 남침을 위한 댐으로 수공 水攻 을 감행할 경우 63빌딩의 반이 잠긴다"

는 황당한 언론 보도를 연일 보며 사람들은 남녀노소 할 것 없이 줄을 서서 '평화의 댐'을 세우자고 아우성을 친 적이 있다. 하류 쪽 국가의 이해와는 아랑곳없이 유역변경식 발전을 위한 댐을 세운 북한의 몰지각함과 평화의 댐을 위한 성금행렬에서 우리의 자화상을 그려보였다.

15년이 지난 오늘 '평화의 댐'은 2단계 공사를 마무리했다고 발표하고 있다. 어쩌면 평화의 댐 높이와 남북간의 불신은 비례할지도 모른다. 경의선 철도가 이어지고 남북의 응원단이 오고가는데 스스로 이어진 하천은 오히려 자연스럽게 흐르지 못하게 하는가?

이제 금강산댐이 수공水攻을 위한 것이 아니라 전력난으로 허덕이는 북한이 남쪽으로 흘러야 할 수자원을 동해로 변경하는 유역변경식 발전을 위한 댐이라는 것을 인정했다. 단지 금강산댐이 붕괴될 경우 이를 대비하여 평화의 댐을 보강하자는 논리에서 평화의 댐 증축이 이뤄지는 것이다. 북한은 자국에 있는 하천을 맘대로 변경하고 사용하는 것을 무슨 자주권의 발동이라고 착각하면 안 된다. 이는 국제사회에서 있을 수 없는 일이다. 남한 또한 이를 수공水攻을 위한 남침용이라고 엉뚱한 발상을 하여 댐의 목적이 평화라는 세계 유일의 희한한 댐을 만들어서는 안 된다.

국제적인 시각으로 보면 남과 북 모두 희극적으로 보일 수 밖에 없다. 한 마디로 웃기는 민족이 되는 것이다. 이제 남북 공유하천 이용과 보존에 대한 논의의 장table이 상시적으로 있어야 한다. 이것은 그 어떤 남북관계보다 중요한 일이요, 실질적인 공동기구의 설치가 절실한 시점이다.

금강산댐 문제를 협의하자고 했는데 무슨 이유에서인지 결렬되고 평화의 댐 2단계 공사를 시작한다고 발표했다. 금강산댐의 안전성을 신뢰할 수 없다는 것이다. 북은 북대로 자국의 필요에 의해 하천을 왜곡하고 남은 남대로 흉측한 평화의 댐으로 왜곡하면 남는 것은 무엇일까? 남북의 이념적 적대와 감성적 불신과 증오는 자신들의 삶터인 국토를 유린하는 결과를 가져오지 않는가? 임진강으로 가보자. 임진강 유역 면적의 63%가 북한 지역이다. 수량은 유역 면적에 절대적 영향을 받는다. 임진강의 치수를 위해서는 북한과의 협상이 필수적인 과제다.

국토의 한가운데를 흐르는 임진강! 더 이상 북한강의 전철을 밟아서는 안 된다. 그 임진강의 지류인 한탄강도 국제하천이다. 세계에서 가장 작은 국제하천일지도 모른다.

오늘도 창랑정 앞으로 평강에서 내려오는 맑은 물이 남쪽의 한탄강으로 어김없이 흐르고 있다. 강물의 흐름은 변함이 없다. 그러므로 우리는 남북의 하천, 즉 국제하천인 임진강, 한탄강, 북한강을 좀 더 이성적으로 대할 필요가 있다. 하루 속히 남북 공유 하천 이용과 보전에 관한 기구를 설치하고 우리 민족의 귀중한 재산인 임진강, 한탄강, 북한강을 이용하고 보전해야 할 것이다.

댐이 능사가 아니다. 강물은 결코 막을 수 없다. 지나치게 감정적인 사람들은 무언가 그 뒤에 욕심을 감추고 있는 경우가 허다하다.

적대감! 얼마나 추한 욕심인가?

■ ■ ■ 4

# 한탄강과 DMZ의 새로운 Design I

## -한탄강에 국제적인 평화 대학을 세우자

" 한반도에서 한때 '남북조 시대'가 있었다. 그때는 낮은 수준의 이념으로 인해 많은 희생을 감내해야 했다. 채 100년이 되지 않아 그 이념들은 사라지고 새로운 국가가 탄생했다. "

역사에 있어서 가정이란 것은 있을 수 없지만 지금부터 몇 백 년이 흐른 후 우리의 후손들은 지금 우리들의 절박함을 대수롭지 않은 듯이 그저 몇 줄로 기억하고 말지도 모른다. 후삼국의 혼돈과 피 흘림이 '태조 왕건'의 흥미로움으로 나타나듯이 말이다.

그러기에 우리는 어쩌면 이 시대를 최선을 다해 사는지도 모르겠다. 지나고 보면 아무것도 아닌 일에 목숨 걸고 피 흘리며 사는 우리의 모습들도 수천 년을 이어온 조상의 그것과 하나도 다르지 않다.

우리는 지난 50여 년 동안 긴장감 속의 평화를 지켜왔다. 전쟁의 참혹함을 경험했기에, 그 기억이 아직 몸속에 생생하기에 그 어떤 대가를 지불하더라도 전쟁만은 막아야 한다는 게 합의된 우리 모두의 의견이다.

전쟁만은 막아야 한다고 지불한 우리의 피와 땀은 어떤 물질적 가치로도 계산될 수 없는 막대함 그 자체였다.

그렇게 50여 년을 살아오면서 우리가 그토록 믿어왔던 모든 조류들이 퇴조하면서 인류는 새로운 평화의 상을 그리기 시작했다. 155마일을 물 샐 틈 없이 대치하고 있는 우리의 현실이 어쩌면 우리에게 더 많은 인류적 과제를 부여하고 있음을 웅변해주고 있는지도 모른다.

세계 3대 분쟁(반평화)의 원인을 들라면 종교, 인종, 이념일 것이다. 이스라엘과 아랍, 유고나 남아프리카, 그리고 한반도, 하지만 그 어느 대립에도 순수하게 종교, 인종, 이념만이 작용하는 것은 아니다. 그 안에 있는 수많은 대립 요소들을 종교, 인종, 이념이 포장하고 있을 뿐이다. 그래서 수십 수백 년을 끌어오고 있는 것이다.

종교, 인종, 이념이라는 포장 중에 그래도 가장 풀기 쉬운 것은 이념이 아닐까 생각해본다. 다양한 형태의 이해관계가 이념이라는 포장으로 싸여 있지만 이제 세계는 지난날의 이념을 붙잡고 살아가기에는 너무 다변화되어 있다.

이제 남이나 북은 좀 더 대승적 관점이 필요하다. 서로 다른 체제에서 살아온 남과 북은 아마 그 분단의 시간만큼이나 더 많은 시간이 필요할 것이다. 이산가족 상봉에서 우리가 핏줄이라는 것의 그 불가해성을 체험했듯이. 사실 북한 기득권 세력의 자신의 권력을 유지하기 위한 정치적 이해와 우리의 평화적 노력이 접점을 형성했지만 우리는 이런 기회에 서로 전쟁의 의사가 없음을 확인해야 한다.

세계 전략 구도 속에서 보면 이런 바람이 유치한 평화주의일지도 모르지만 진실은 언제나 생명력이 있는 법이다.

김대중 대통령에게 주어진 평화상의 의미는 그만큼 한반도가 평화스럽지 못하다는 반증일 것이다. 이미 한반도의 평화는 국제적 화두가 된 지 오래고 한반도를 둘러싼 복잡한 관계가 형성될 수밖에 없는 이유도 이 때문이다.

접경지역에 사는 우리들의 삶은 이제 하나하나가 이런 국제적 화두 속에 놓여있다. 분단이 심화되고 적대감이 극에 달하던 시대에는 영남, 호남이 중요한 지역이 되었겠지만 이제 관심의 이동이 자연히 우리 지역으로 옮겨오게 되었다.

그러기에 우리는 우리가 사는 지역의 그 역사적 중요성을 인식해야 한다. 평화를 염원하는 국민으로서, 그 최전선에 사는 사람으로서 좀 더 깊이 있는 역사 인식과 판단이 중요한 때이다. 전쟁과 쓰라린 역사를 경험한 우리만이 평화의 소중함을 절감하고 세계인에게 주장할 수 있을 것이다. 그대들이 알고 있는 미움의 절반은 아무것도 아닌 것이라고 말이다.

고대 사회에는 '소도'라는 평화구역이 있었다. 전 세계인의 '소도'가 바로 우리가 살고 있는 지역이 아닐까 생각해본다. 아직은 성숙되지 않았지만 한반도의 평화가 우리들의 행동 하나하나에 달려 있음을 알아야 하고 우리들의 작은 노력하나하나가 그 밑거름이 된다는 것을 인식해야 한다.

이에 우리는 철원에 국제적인 평화 대학을 세워서 남·북의 평화 애호가와 국제적인 석학들을 불러 인류 평화의 한 축이었던 한반도를 평화의 성지로 만들기를 제안한다. 이는 국가적 사업이어야 하고 우리는 이를 유치하기 위한 제반 준비를 해야 한다. 국제적인 평화 대학의 설립은 세계인에게 큰 상징으로 작용할 것이고, 우리에게는 새로운 시대정신을 창조하는 요람이 될 것이다.

...5

## 한탄강과 DMZ의 새로운 Design 2

### -DMZ와 민통선은 지자체의 것이 아니다

철원군 김화읍 생창리 북한의 오성산이 주산인 옛 김화의 아늑한 마을에 생창이 났다. 한마디로 긁어 부스럼의 정도가 아니라 치유할 수 없는 종창이 났다.

문제는 철원군이 김화 일대의 수돗물 공급을 위해 남대천 상류 민통선 지역 내에 1,000mm 집수정 3개를 묻고 집수장 및 정수장 공사를 시작한 데서 시작한다. 주민들은 지하수 고갈과 남대천 환경 파괴를 들고 몇 달째 시위중이다.

철원군은 사전 환경영향평가도 없이 무조건 공사부터 시작했다가 주민들의 반대에 부딪혀 일시 중단된 상태이다. 지난해 7월 '접경지역 지원 법안'이 통과되었을 때 철원군 일대에는 수많은 환영 현수막이 나붙었다. 무조건 개발이 될 수 있다는 한 가지 이유만으로 말이다.

그러나 '접경지역 지원 법안'의 정신은 그동안 소외되어왔던 접경지역 주민들을 위해 포괄적으로 개발하겠다는 것을 말한다. 여기서 포괄적이란 말은 기존의 무분별한 개발, 즉 공장이나 설립하고 관광시설이나 짓고 아파트 단지나 짓는 것이 아니라 접경지역이 가지고 있는 재원을 잘 활용하자는 데 그 의의가 있는 것이다. 이를 일부 몰지각한 지자체와 사업자들은 무슨 규제가 완전히 풀리는 줄 알고 호들갑을 떨었고 지역구 의원들 역시 눈앞의 인기만을 위해 이를 이용했다.

하지만 누누이 강조하지만 민통선과 DMZ, 그리고 접경지역은 남쪽의 개발과는 달라야 하는 이유가 있다. 좀더 길게 내다보고 계획하고 가꿔 나가야 한다.

생창리의 예를 다시 들어보자. 생창리는 물론 행정 구역상으로 철원 땅이다. 철원군이 언제든지 개발할 수 있다.

그러나 이미 우리의 민통선과 DMZ는 더 이상 일개 지자체의 것이 아니다. 우리 모두의 것이고 인류의 소중한 자산이다. 그것을 지켜오기 위해 받았던 고통과 불이익을 이제 더 크게 돌려받아야 한다. 지자체가 들어가서 여기 쑤시고 저기 쑤셔서 볼썽사납게 만들어 놓으면 그동안 자의든 타의든 힘들여 지켜온 것은 하루아침에 물거품이 된다. 이집트의 피라미드는 더 이상 이집트인들의 것이 아니다. 그러기에 이집트인들에게 더 큰 이익을 준다. 수천만 명이 피라미드와 스핑크스를 다녀간다. 만약에 이곳에 아파트 짓고 빌딩 짓고 우리 식대로 마구 파헤친다고 생각해보자. DMZ와 민통선을 우리는 20세기 인류 최대의 설치 미술이라고 하지 않았는가? 고대 이집트의 피라미드도 얼마나 많은 노예들의 피땀으로 이루어졌겠는가?

철원은 더 이상 철원만의 것이 아니라는 걸 우리는 절실히 깨달을 필요가 있다.

김화 물을 다 오염시켜놓고 그래도 깨끗한 물을 먹고 싶은 것이 인지상정인지라 500억 이상의 막대한 예산을 들여 민통선 안의 물을 끌어오고자 한다.

서울의 인구 집중과 수도권의 난개발이 가능한 것은 팔당댐의 무궁무진한 물 때문이다. 만약 팔당댐이 없었다면 인구 2,500만의 한국의 수도권 메트로폴리탄은 불가능했을 것이다. 하지만 철원의 그것은 그것과 다르다. 반지하수 물을 끌어오는 것이다. 단지 남대천 중상류인 김화읍의 물이 오염되었다는 이유 하나만으로 최상류로 올라가는 것뿐이다. 어리석은 일이다. 우리는 철원군의 생창리 상수원 개발을 막아야 한다. 왜냐하면 철원의 민통선과 DMZ는 더 이상 철원의 것이 아니기 때문이다.

이제 DMZ와 민통선의 개발과 사용은 철저히 국가 관리로 해야 한다. 국가정책으로 DMZ와 민통선 그 외곽까지 인류의 소중한 문화유산으로 만들기 위한 프로젝트를 세워야한다. 그것이 철원 사람들에게 긍정적으로 이익이 되는 것이다.

군수와 몇몇 업자와 그저 깨끗한 물을 당장 먹을 수 있다는 여론을 업고 무분별하게 개발되는 최초의 민통선 개발을 우리는 막아야 한다.

옹진, 강화, 김포, 파주, 연천, 철원, 화천, 양구, 인제, 고성 10개 시 · 군 지자체의 그 천박한 개발을 우리는 어찌할 것인가? 이 대목에서 우리는 우리민족이 온갖 슬픔과 고난을 겪으며 만들어온 문화유산 DMZ를 어떻게 바라보아야 하는지 느낄 수 있을 것이다. 철원군수는 용감하다. 그리고 무식하다. 민통선 내에 상수원 시설을 환경영향평가도 없이 시행부터 하는 철원군. 이에 대한 아무런 대책도 없는 이 사회의 시스템을 어찌할 것인가. 지자체의 장은 모든 파괴를 자기 맘대로 할 수 있다. 지자체의 장의 운명은 임기 중이기 때문에….

이제 민통선 개발의 잘못된 첫 단추가 될 생창리 상수원 개발은 백지화되어야 한다. 김화읍을 위한 상수원은 얼마든지 있다. 지금도 김화읍은 물을 먹고 있지 않은가.

한반도의 한 중심선이 교차하는 곳 철원의 김화, 오성산의 웅장한 자태가 우리의 가슴을 설레게 하는 곳 김화, 그 생창리에 우리는 더 이상 상처를 내어서는 안 된다.

DMZ와 민통선은 더 이상 지자체의 것이 아니다.

■ ■ ■ 6

## 한탄강과 DMZ의 새로운 Design 3

### -DMZ는 20세기 인류최대의 설치미술

20세기 최대의 설치미술(한타넷이 최초로 사용한 표현임) 'DMZ와 철조망'을 유네스코의 세계 문화유산에 등록하라는 언급이 대통령의 문화체육관광부 방문 때 있었다. 대통령이 'DMZ와 철조망'을 문화유산으로 사고한다는 것은 아주 중요한 의미가 있다.

그동안 DMZ와 철조망을 바라보는 우리의 시각은 시대를 따라 다양하게 나타났다. 냉전과 군사독재가 서슬 퍼런 시절에는 그곳은 국경이었다. 그것은 전운이 감도는 금단의 땅이었다. 초병의 날카로운 눈초리와 격양된 스피커 소리만 초목과 들짐승에게 스트레스를 받게 하던 시절이었다.

1980년대 격랑의 시대를 통해 철권통치는 그 종말을 고하고, 우리 사회는 제도적으로 민주화되고 사람들의 사고가 많이 부드러워졌다. 남북의 현격한 경제적 격차는 전쟁의 가능성을 감소시켰고, 이를 현실로 인식하게 되었다. 서로가 내부통치를 위해 분단위기를 부추긴 면도 있었고 전쟁의 깊은 상처가 우리의 모든 상황을 이분법으로 사고하게 하였지만, 이 깊은 분단의 골짜기를 지나 이제 남북은 화해와 통일의 이정표를 세우려 한다.

7 · 4 공동성명, 1992년 남북교류협력에 관한 합의서, 6 · 15 선언, 남북 이산가족상봉, 앞으로 예견된 면회소 설치와 김정일 국방위원장 서울 답방 등 일련의 사건들은 언제 위기상황으로 치닫게 될지 모르는 한반도의 특수한 상황에도 불구하고 한반도의 냉전구조를 약화시킨 것이 사실이다. 한반도의 통일은 정치군사적, 외교적, 경제적, 사회문화적 차원의 다양한 접근이 필요하지만 한반도의 한가운데에 동서로 걸쳐 있는 155마일 휴전선(DMZ)을 구체적으로 사고하지 않으면 안 된다.

DMZ에 대한 다양한 견해들을 보면서 통일에 대한 각 인의 편차를 발견하게 된다. 접경지역 주민들은 한 치의 땅이라도 더 개발하고 싶고 여러 가지 규제(군사 · 환경)에서 벗어나고 싶은 마음이 우세하다. 철원에서 철새보호구역에 반대하기 위해 논을 일찍 갈아엎는 일이라든지, 연천에서 민통선 내 화전 농업 지역을 확대하는 일 등이 대표적이다. 또 낭만적 평화주의자들은 DMZ 내에 평화도시 혹은 평화마을을 세우자고 한다. DMZ는 우리가 생각하는 것만큼 생태계가 잘 보존되어 있지도 않다. 물론 다른 지역의 오염보다는 훨씬 낫지만 군사적 행위에 의한 훼손과 다른 지역과의 단절로 인한 왜곡 또한 심할 것이다. DMZ를 바라보는 정돈된 시각이 필요한 시점이다.

얼마 전 경의선 복구공사가 진행되어 DMZ의 문화유적 지표조사를 갔다 온 연구자에 의하면, 무원칙한 설계변경과 정치적 일정에 맞추는 복구공사는 우리의 근시안적인 접근자세를 보여주는 좋은 예라고 한다. 또 한편에서는 경의선이 복구되면 기차를 타고 인민군이 쳐들어온다고 공사를 중지해야 한다는 웃을 수도 없는 기막힌 얘기를 하는 극우집단도 있다. 그들이 과거에 만든 교과서에 "철마는 달리고 싶다!" 하는 장면을 넣은 통일 교육이 있지 않았던가. 그런데 이제 와서 그걸 송두리째 부인하면 그걸 배운 이 세대는 어찌해야 하는가? 확실히 그들은 분단 구조 속에서 정신착란 증세를 보이는 극단적인 집단에 불과하다. 여기서 그런 논점은 논외로 하기로 한다.

대통령이 문화체육관광부 방문에서 DMZ를 세계문화유산으로 등록할 수 있도록 하라고 한 것은 의미 있는 사고의 전환이다. 한국전쟁과 분단 50년 동안의 피와 땀과 눈물과 청년들의 숱한 세월, 아니 남북의 모든 가족들은 자식을 전방에 보내지 않은 사람이 없으니 이집트 피라미드의 노예노동 그것이 이보다 더할 수 있을까? 피라미드가 고대사회의 모든 것을 보여주는 문화유산이라면 DMZ에는 20세기 인류가 만들 수 있는 모든 것이 있다. 그래서 문화유산이다. 그것은 세계인의 문화유산이다. 한반도가 한반도만의 문제가 아닌 것은 역사적 상식에 속한다. 세계인은 DMZ에 숨어 있는 코드를 읽고 내일을 열어야 한다. 이제라도 이런 중요한 역사적인 문제를 인식한 것은 다행한 일이지만 그것을 유네스코에 등록한다고 될 일만은 아니다.

남과 북은 통일의 과정에서 DMZ에 대한 종합적이고도 면밀한 플랜을 공동으로 작성해야 한다. 경의선 복구, 경원선 복구 등 개별적 사안에 따른 접근은 근시안 일 수밖에 없다. 또 접경지역 지원법 같은 남쪽만의 법 또한 마찬가지이다.

DMZ 절반은 남이요, 또한 북이다. DMZ의 새로운 디자인을 위해, 이 인류의 유산을 위해 새로운 시각의 남북 공동 노력이 필요하다. 다양한 전문가들로 구성된 'DMZ 위원회' 혹은 포럼, 재단 등을 구성해서 장기적인 연구와 계획이 필요하다. 물론 국제적 연대도 필요하다. DMZ를 한반도 전체와 연관시키는 거시적인 접근을 해야 할 것이다.

50년 동안 인류가 지켜보는 가운데 만든 이 회한의 DMZ, 우리는 한반도 전체의 무게만큼이나 크게 다가오고 있는 DMZ를 통해 우리의 미래를 열어야 할 것이다. 더 이상 DMZ는 생태의 보고만도 아니고, 개발의 군침을 삼킬 만한 처녀지도 아니고, 극우인사들의 국경도 아니다. DMZ는 인류의 소중한 재산이다. 우리는 그 관리인이다.

7

## 한탄강과 DMZ의 새로운 Design 4

–DMZ 위원회

부시 정권의 탄생과 김대중 정부의 약화로 인해 남북화해 무드는 일단 퇴행길에 접어들었다. 남북관계에는 다양한 스펙트럼이 있을 수 있으나 김대중 정부의 포용정책이 경기 침체와 그로 인한 반대세력의 목소리가 커지면서 다시금 회복되기란 스스로의 힘으로는 불가능해 보이는 듯하다. 이는 북한을 변화시키면서 나아가자는 통일방식 자체를 거부하는 힘들이 만만치 않다는 반증이기도 하다. 북한 자체를 인정할 수 없고 오직 북한의 붕괴만이 유일한 통일방법이란 것이다. '국민의 정부'의 대북정책을 그 기본부터 의심하기 때문에 어떤 타협의 여지도 없어 보인다. 결국 다음 대선에서 국민들은 점진적 통일, 즉 포용정책을 선택할 것인지 아니면 고립정책을 통한 북한의 붕괴로 통일을 할 것인지 다시 미뤄야 할 시점이다.

국민의 정부는 이미 힘이 쇠해 있다. 정권 재창출을 위해 뛰기 바쁘다. 야당도 마찬가지다. 국민의 정부가 내세우는 유일한 치적인 남북화해마저도 잘못된 노선으로 평가받을지도 모른다.

모든 것은 한순간에 원점으로 돌아갔다. 남은 것은 노벨상뿐이다. 이것이 우리 분단의 현실이다. 지나치게 통일을 원하지 않는 것도 삶의 방편일지도 모른다는 생각이 든다.

아무튼 남북이 화해를 하던 냉전을 하던 DMZ는 여전히 그 모습 그대로 있고 한탄강 또한 그 깊은 사연을 간직한 채 오늘도 흐르고 있다. 통일이 정권의 이해에 따라 달라지는 현실을 우리는 지난 50년 동안 보아왔다.

이제 이런 통일 방식은 버려야 할 때가 오지 않았을까? 남과 북 주변국들이 자신들의 이익에만 매달려 대립하고 증오하고, 통일은 기껏해야 정치적 수사 정도로 치부돼 정권마다 구색 갖추기에 불과했던 50년이다. 물론 1970~80년대 그 험했던 시절에 비하면 국민의 의식이 많이 변했지만 말이다. 이승만의 북진통일을 빼고는 단순한 통일 논리는 하나도 없었다. 그 이후 모든 정권은 평화통일을 외쳤다. 평화통일을 외치면서 우리는 50년을 살았다. 그 숱한 세월의 변화와 인간들의 속내를 오직 DMZ만이 알고 있을 것이다.

사람은 미워하면서 닮는다고 한다. 북진통일을 외치는 자나 적화통일을 외치는 자나 알고 보면 똑같다는 생각이 든다. 극우와 극좌는 통하기 때문에. 「조선일보」와 「노동신문」이 과연 다를까?

지금 국내의 많은 환경단체들이 저마다 DMZ로 달려오고 있다. 뭔가 얘깃거리가 되는 모양이다. 환경 · 생태 · 평화 · 통일… 그런 단어들을 가지고 자기 목소리를 내보고 싶은 마음 때문일까?

뭔가 얘기가 된다 하면 우르르 몰리는 건 너와 내가 없는 모양이다. 이제 우리가 예상했던 대로 남북화해 무드는 다시 원점으로 돌아갔다. DMZ로 몰려오던 우리들도 다시 제 고향으로 갈 것이다. 좀 차분해져야겠다.

아무런 고민도 없이, 대안도 없이, 마치 고지를 점령하듯, 개똥참외 맡듯 벌이는 일은 이제 모두에게 너무 많은 엔트로피를 만들어줄 뿐이다.

앞에서 잠깐 언급했지만 DMZ는 그렇게 간단한 생태 보전구역이 아니다. 인류의 현대사가 응축되어 있는 운명의 땅이다. 이 거대한 땅을 일개 환경 단체들이 달려들어 왈가왈부할 일이 아니다.

남과 북의 통일은 동·서독의 통일과는 또 다른, 아니 차원이 다른 역사의 갈림길이다. 인류문명의 새로운 전환이 될 남북통일은 그렇기 때문에 간단한 문제가 아닌 것이다.

자신의 기득권을 유지하기에 급급한 「조선일보」나 「노동신문」은 그래서 보잘것없는 무리라는 것이다.

이제 남북의 통일은, 아니 인류사의 새로운 출발은 바로 이 DMZ에서 시작해야 한다. 그래서 우리는 DMZ 위원회를 제안하는 것이다. Committee of DMZ in Korea Peninsula(한반도 DMZ 위원회). 약칭 CDKP이다.

구성은 남과 북, 그리고 유엔, 정부와 NGO의 라운드 테이블이어야 하고, 사무소는 DMZ 내에 두는 것이 바람직할 것이다. 이 위원회는 평화, 지속 가능한 지구 환경, 새로운 인류문명의 대강을 제시하고 DMZ의 생성과 보전의 문제, 인류의 보편적 가치의 문제를 심도 있고 영향력 있게 논의하는 권위 있는 위원회가 되어야 한다.

노벨 평화상 수상자는 이 정도의 비전과 꿈이 있어야 하지 않을까? 매일 당쟁에 휩쓸리고 이념과 밥그릇 싸움의 진흙탕 싸움을 계속하는 한국의 정치 상황에서 이런 고상한 위원회가 나오리라고는 기대할 수 없지만, 언젠가는 만들어야 할 우리 세대의 몫이 아닐까 생각해본다.

남북의 정상과 세계의 지성과 책임 있는 NGO, UN이 현대 인류 문명의 소도인 DMZ의 구체적 공간을 화두로 내일을 설계하는 것이다.

세계평화, 지속적인 지구 환경, 민주주의와 삶의 질을 높이는 인류의 염원을 DMZ에서 뽑아 올리는 것이다. DMZ는 이념과 국제 관계의 충돌지대로서 세계평화의 큰 전선이고 지뢰, 재래식 무기, 핵무기를 비롯한 대량 살상무기 등 인류가 만들어온 전쟁의 표본실이기도 하다.

중부권역에서 원시적인 생태환경이 남아 있기도 하고, 가장 인위적으로 왜곡되어 있기도 하고, 철저히 통제될 수도 있는 유일한 지역이다. 사람들이 마음먹기에 따라 얼마든지 생태의 보고로 만들 수 있다.

그밖에 인권, 문화예술 및 산업사회 이후의 삶의 형태까지 다양하고 열린 사고로 숙고하는 공간이 되어야 한다. 이를 남북정상이 주도적으로 이끌어가야 하고, 우리 민족이 고난의 세기를 살면서 가꿔온 평화애호와 다양한 동양적 가치를 세계화할 수 있는 매개가 되어야 한다. 그렇게 되면 남과 북이 가지고 있는 자기중심의 통일 방식은 제3의 길로 하나 둘씩 풀어질 수 있을 것이다.

20세기의 절반을 바쳐서 만들어온 DMZ!

엄밀하게 그 이전 일제 강점기의 시기까지 거슬러 올라가면 일세기를 피와 땀으로 만들어온 DMZ!

전 세계 열강이 모든 걸 다 바쳐 각축했던 DMZ!

이제는 새로운 시대를 출발하는 전진 기지가 되어야 한다. 그 운명의 공간 위에 남북의 정상이 협력하여 DMZ 위원회를 만들어야 한다.

21세기 DMZ 위원회는 지난 세기 '로마클럽'이나 '리우회의'와는 전적으로 다른 새로운 문명을 논의하는 포털 사이트가 되어야 할 것이다.

8

# 한탄강과 DMZ의 새로운 Design 5

– 철원평야

" 숯불에 이밥 먹으려면 철원으로 시집가라.

김일성이 철원을 빼앗기고 일주일을 밥을 못 먹었다. "

철원평야를 말할 때 흔히 하는 말이다. 중부 내륙에서는 가장 큰 평야이며 평강 고원까지 이어지는 용담대지가 풍화된 우리나라의 유일한 평야이다. 물이 풍부하고 땅이 비옥해서 단위 면적당 소출도 전국 평균을 훨씬 넘는다. 지금 북한에 있는 봉래호는 일제 때 축조된 저수지로 제비가 건너다 떨어졌다는 우스갯소리가 있을 만큼 크고, 그 외 토교저수지를 비롯한 많은 저수지들이 철원평야의 젖줄이다. 대교천, 남대천이 철원벌을 적시고 한탄강으로 내려간다. 강원도 쌀 생산의 1/5을 담당하는 철원평야! 바로 철원의 힘이다.

이 평야 위에 놓여 있는 역사의 흔적들은 그 자체로 우리 민족의 역사이다. 구석기 유물들이 평야와 한탄강이 만나는 양안에 널려 있고, 삼국시대의 석성들, 너무도 잘 아는 궁예와 태봉의 자취들, 전쟁과 영화를 함께 겪어온 철원의 의미는 6·25

의 잿더미 속에 지워진 듯했지만 우리에게 또다시 엄청난 무게로 다가오고 있다.

김제 만경평야가 동학을 노래하고, 김해평야가 가야국의 애달픔을 얘기하고, 논산벌이 백제의 애수를 읊조릴 때 철원평야는 이 민족에게 무얼 웅변하고 있을까? 봄이면 밀려오는 안보관광객들이 밟고 지나가는 단순한 안보관광지일까?

이제 철원 평야가 노래하는 서사시의 첫 장을 써야 한다.

국적 없는 태봉제, 각종 개발에 의해 좀먹어 가는 철원 벌판, 그에 따른 환경오염, 수해복구로 인해 개악된 철원의 젖줄 대교천과 남대천, 철원군의 관광 상품 정도로만 인식되는 6·25의 전적지들, 복원되지 않은 궁예의 전설, 철새마저 거추장스러운 개발논리, 군사지역 특유의 메마른 문화정서 등….

철원의 내일을 어둡게 하는 주류들의 생각이다. 철원에서 바라보는 철원평야와 철원 밖에서 바라보는 철원평야는 정말 다르다. 한탄강과 DMZ를 합해야 철원평야라는 깨달음을 이제야 얻는다.

한탄강과 DMZ를 새롭게 디자인 하는 일은 곧 철원평야를 지키는 일이다. 역사가 살아 숨쉬고, 문화가 생동하며, 넓은 철원벌에서는 환경농업으로 청정한 쌀을 생산하고, 남대천, 대교천에서는 다시 물고기가 넘치며, 많은 습지들, 겨울이면 떼 지어 나는 철새들, 아름다운 한탄강까지 철원평야를 머릿속에 떠올리기만 해도 가슴이 설렌다.

철원평야를 하나의 살아 숨 쉬는 생명체로 보는 운동을 해야 한다. 이는 철원 사람들의 몫이다. 철원에만 갇혀 사는 사람은 결코 철원평야를 온전히 볼 수 없다. 철원 벌판같이 마음을 확 열고 나와야 한다. 궁예의 패배는 철원의 풍요에 자신을 가뒀기 때문이 아닐까 싶다. 철원평야는 6·25로 인해 이미 세계화된 평야이다.

철원평야가 살아야 한탄강이 살고, 그래야 인구 5만의 철원이 세계인을 향해 당당히 자랑할 수 있는 재산을 갖게 되는 것이다. 정작 소중한 재산은 버리고 눈앞의 작은 이익만 탐하는 오늘의 현실을 우리는 철원평야를 하나의 생명체로 만드는 운동을 통해 극복해 나가야 할 것이다. 여기에는 너와 내가 없다. 통일 시대를 향해 가는 철원의 무궁한 잠재력은 바로 철원평야에 있다.

금학산, 효성산, 고암산, 서방산, 오성산, 덕령산, 명성산, 고남산으로 둘러싸인 철원 평야에 너울거리는 6월의 푸르디푸른 벼들을 바라보면 우리는 철원을 사랑하지 않을 수 없게 된다.

■ ■ ■ 9

# 한탄강에는 이 시대의 모든 것이 녹아 흐른다

## 1. 강의 우주론적 이해

강은 그 자체로 네트워크network이다. 지구를 하나의 생명체로 볼 때 강은 동맥이다. 지구의 모든 강물은 바다를 매개로 이어져 있다. 그러기에 이 지구의 모든 물방울은 철저히 이어져 있다. 지표면을 흐르지 않는 물일지라도 바다로 통천涌泉하여 결국 하나가 된다. 드넓은 바다에서 수증기는 비가 되어 육지에 내리고 땅을 적시고 다시 바다로 간다. 끝없이 반복해온 순환이다. 이 순환의 한가운데 인간이 자리잡기 시작한 것은 그리 오래되지 않는다. 사람이 이 지구에서 살기 시작한 이래로 강은 그 사람들이 만들어낸 문명이라는 작위의 시작이었고 끝이다.

인간의 문명을 구분할 때 돌을 어떻게 사용했느냐에 따라서 시대적 구분을 한다. 처음엔 그냥 주워서 썼고, 그 다음엔 깨뜨려서, 급기야는 갈아서 썼다. 이 단순한 변화에 수십만, 수백만 년의 시간을 필요로 했다. 인간은 여기에서 그치지 않는다. 다루기 좋고 마음대로 원하는 모양을 내고 싶었다. 이제 돌 속에 있는 청동, 철, 온갖 쇠붙이를 뽑아 썼다. 돌을 깨뜨리고 갈아서 쓰던 것과는 비교도 되지 않는 짧은 시간에 엄청난 문명을 건설했다. 지금에 이르러서는 돌이 단순한 도구가 아니라 정보를 보관 전달하는 칩chip이 되었다. 장석류의 돌을 원료로 한 반도체가 그것이다. 돌을 보고도 그것을 사용할 줄 모르던 때부터 반도체 정보화시대인 지금까지 인간은 엄청난 변화를 가져왔지만, 그럼에도 불구하고 인간은 변함없이 강 주위를 떠나지 못하고 있다. 아니 더 강가로, 강가로 이동하여 살고 있다. 세계적인 메트로폴리탄metro politan이 모두 큰 강의 하구에 존재하고 있는 것이 이를 입증한다.

처음에는 물과 물고기를 얻고 강가에 널려진 돌멩이 몇 개만 있으면 되었지만 이젠 그 모든 것이 필요치 않고 오로지 강물만이 필요하다. 농업용수, 공업용수, 발전용수! 용수, 용수, 용수…. 반대로 그 썼던 물을 버리기 위한 하수구로서의 강이 필요할 뿐이다.

문명은 강에서 시작해서 강에서 끝난다. 그러나 강이 처음의 그 강이 아니다. 심각한 위기에 있다.

## 2. 한탄강의 생성과 그 역사

고 인류학계에 아슐리안형 주먹도끼의 발견을 보고함으로써 인류학에서마저 백인우월주의를 은연 중 주장하던 서구의 학계를 일거에 뒤집은 쾌거가 바로 한탄강의 한 지점에서였다면 새삼 놀랄 사람이 많을 것이다. 바로 전곡리 구석기유적지의 역사적 사건이었다. 미군 병사 그렉 보웬이 우연히 한탄강을 산책하던 중 주먹도끼를 발견한다. 우리의 문명사를 27만 년 전으로 끌어올리는 '역사적 우연'이었다. 우리의 국사책 첫 장에 어김없이 등장하는 '사건 1호'가 되었다.

이렇게 태고의 이야기를 엮어 한탄강은 흐르기 시작했다. 3,000만 년 전 평강의 오리산에서 이상한 화산 폭발이 있었다. 흔히 화산 폭발을 연상할 때 뾰족한 산봉우리에서 불기둥이 솟고 화산재가 하늘을 뒤덮고 뒤이어 용암이 흐르는 모양을 그릴 수 있다. 백두산, 한라산, 후지산, 폼페이의 베수비우스….

그러나 오리산의 화산은 특이했다. 화려한 불기둥도 번거로운 화산재도 없이 그저 꾸역꾸역 뜨거운 용암을 아래로 흘려보냈다. 평강대지를 만들고 철원평야를 만들고 연천으로 내려오다가 파주의 임진강에 이르러 적벽을 만들어 놓고는 멈추었다. 6~11차례에 걸쳐 켜켜이 다른 현무암층을 만들었다. 뜨거운 용암이 식어 철원·평강 용암대지를 빚어놓았고 그 사이로 빗물은 어김없이 흐르게 되었고, 4차례에 걸쳐 빙하기가 찾아왔을 때 빙하는 결정적인 한탄강의 단초를 열어놓았다. 철원평야의 한가운데를 흐르는 한탄강이 고생대 노년기 지형의 경동지형을 흐르는 우리나라의 다른 강들과 전혀 다른 경관을 보여주는 것도 이 때문이다.

작지만 남과 북에서 나뉘어 흐르는 한탄강의 역사는 생성의 연원보다도 더 뜨거운 인간의 드라마를 아직도 한탄강의 힘찬 여울소리에 실어 우리에게 보여주고 있다.

27만 년 전 아슐리안형 주먹도끼를 쓰던 이래로 한반도의 역사적 전환의 대목에서 늘 한탄강은 생생하게 살아 움직인다. 마치 소리 없이 흐르던 저 용암처럼 말이다. 아직도 그 여울에 귀 기울여 보면 민족상잔의 총소리, 대포소리, 날카로운 비명소리, 민중들의 한이 맺힌 절규가 들리고 있다. 그것도 생생히….

그 대사건을 똑똑히 본 사람들이 아직도 그 강 언저리에 살고 있다. 낙동강전투가 어찌 한탄강의 그 수많았던 전투와 비교될 수 있으랴? 인류역사상 한탄강은 가장 많은 사람의 피로 얼룩졌던 강일 것이다. 세계 전쟁사에 유례없는 살상이 이 한탄강가에서 이루어졌기 때문이다. 아슐리안형 주먹도끼의 후예들답게 너무나도 극적인 사건들을 만들며 살아왔다. 삼국시대의 최대의 각축지가 바로 한탄강이었고 궁예와 왕건의 운명도 이 강에서 갈렸고 병자, 임진의 최대 격전지였던 곳! 한탄강은 신생대 제3, 4기의 활동적인 지층의 강렬한 기운 탓인지 아직도 분단의 깊은 골짜기 한가운데에 놓여 긴장과 갈등으로 흐르고 있다. 한탄강의 역사는 이렇게 우리 역사의 가장 역동적인 부분만을 차지하여 흘러왔다.

8대 강이 조선의 대동맥이라면 한탄강은 작지만 조선의 심장을 감싸고 있는 관상동맥이었다. 심한 경련과 압박감, 숨 막히는 역사 속에서 한탄강은 관상동맥의 역할을 충실히 해왔다.

## 3. 강을 대해온 우리의 발자취(한탄강에서 본 강과 인간)

1960~70년대 경제 개발이 모든 삶의 기준이 되었을 때 사회과부도에 나와 있는 환상적인 다목적 댐을 지금도 생생히 기억한다. 푸른 산과 강, 그 사이의 커다란 댐, 그리고 산 너머로 아스라이 사라지는 송전탑, 댐 아래로 펼쳐지는 바둑판같은 드넓은 평야, 흰 연기를 힘차게 뿜으며 돌아가는 공장들, 시원하게 뚫린 고속도로. 이런 장면들을 우리는 개발의 청사진으로 가슴 뿌듯하게 보아왔다. 그 개발의 한 중심에 댐이 존재하고 있었고 이론의 여지가 없어 보였다.

동·서양을 막론하고 수리와 관개는 치세治世의 기본이었고 토목기술의 발전에 맞추어 다양한 형태로 변화해왔다. 서양의 댐은 석조 댐이 주종이었고 동양, 특히 우리나라의 댐은 흙댐이었다. 우리나라의 모든 전통적 저수지가 바로 이 흙으로 쌓아진 제방이었다. 현대적 의미의 콘크리트 댐은 1930년대 후버댐이 그 신기원을 열었고 우리나라에는 수풍댐이 그 첫발이 되었다.

일제 강점기와 6·25의 폐허 위에서 경제 개발은 어느 누구도 반대할 수 없는 강력한 리더십의 근본이었다. 관개용, 생·공용수, 발전용 댐과 다목적 댐이 줄줄이 건설되었다. 1965년 춘천댐을 시작으로 1973년 소양댐과 팔당댐, 1976년 안동댐, 1980년 대청댐, 1985년 충주댐, 1987년 낙동강 하구둑, 그 후 금강 하구둑까지 우리나라 모든 강에 빼곡히 들어섰다. 그 덕분에 수도권에는 2천만 명이 한강 물을 먹고 살 수 있도록 되었다.

개발 드라이브의 경제는 1980년을 고비로 새로운 단계로 접어들었다. 1990년대 들어서면서 경제는 환경보존이라는 엄청난 화두를 만나게 된다. 큰 강의 본류에 댐을 막아오던 수자원공사는 이제 지천이나 지방하천으로 옮겨갈 수밖에 없다. 이미 큰 강에는 댐이 들어설 곳이 없기 때문이다. 이젠 댐 건설의 명분도 다양하다. 홍수예방과 수량조절, 새만금이나 시화호에서처럼 간척지 확보나 농업용수 등 온갖 명분으로 댐은 건설되거나 계획되고 있다. 현재도 30여 곳이 계획 중이고, 그 중 12곳이 우선 계획 중이라고 수자원공사는 발표하고 있다.

1990년 9월 9~11일 사이에 영월 단양 지방에는 평균 369mm의 폭우가 내렸다. 이 우연한 기회를 수자원공사는 놓칠 수 없었다. 이때 나온 계획이 그 이름도 유명한 동강댐이었다. 동강댐의 역사적 가치는 개발과 보존이 처음으로 전선을 형성해 일단 보존론의 승리로 일단락된 최초의 사건이라는 데 있다. 그 이후 우리의 댐 건설은 새로운 단계로 접어들었고 치수治水 정책에 일대 전환이 불가피하게 되었다.

최근의 가뭄으로 건교부와 수자원공사는 대대적인 댐 건설을 외치고 있으나 이는 철 지난 장타령에 불과하다. 오히려 조직적 반발만 불러올 것이며, 수자원의 효과적 관리를 위해 수자원공사와 농업기반공사 등의 개혁의 계기가 될 것이다.

1990년 들어 세계은행의 댐 건설 차관도 전면 중단되었고,

댐의 경제적 가치가 급격히 하락된 시점에서 (엄청난 예산을 비효율적인 인프라에 투자할 것인가? 라는 거시 경제적 차원에서) 댐 중심의 수자원 정책은 전환될 수밖에 없는 필연을 안고 있다.

## 4. 오지는 문명의 근원이다. 정신의 고향, 오지는 살아야 한다

강물은 이름 없는 골짜기에서 시작하여 시냇물이 되고, 지천이 되고, 강이 되고, 바다와 만나 포구가 된다. 포구는 물산物産과 정보가 풍부한 곳이다. 그 시대의 문화가 꽃피는 곳이다. 그러나 그곳은 강물이 모이는 것같이 물산이 모일 뿐 생명력 있는 창조가 이루어지지는 않는다.

하구에서 이루어지는 창조라고 해야 그것은 포구 수면 위에 떨어지는 빗방울 정도에 불과하다. 그 지역의 정신적 뿌리는 그 강을 거슬러 올라가 최초의 시냇물이 시작되는 곳에 가 보면 원형이 보존되어 있다. 그 뿌리에서 끊임없이 새로운 것이 창조된다. 시대를 달리해도 그 지역의 생명은 거기에 있다. 이는 우리만의 일이 아니다. 저 이스라엘 척박한 광야의 영혼은 로마제국의 공허한 정신을 채웠으며, 티베트와 히말라야의 설산에서 양자강과 인더스 문명은 시작되었다. 우리가 오지라고 일컫는 곳이 강의 근원이듯이 인류 사상사의 근원이 되는 것이다.

큰 강을 가로막을 곳이 없게 되자 이제 댐은 상류로 상류로 거슬러 올라오고, 그 오지를 물에 넣기 위해 각 지천에도 계획되고 있다. 동강은 정선아라리를 물속에 넣으려 했다. 아리랑의 그 기막힌 한이야말로 우리 민족의 쉼 없는 생명의 근원 아닌가?

낙동강의 상류인 태백산 골짜기 골짜기에 경상도가 살아 있고, 그 산 너머 골짜기에는 영산강으로 가는 전라도의 혼이 있다. 이제 더 이상 댐이 필요치 않음은 그 오지를 수장시킬 수밖에 없기 때문이다.

한탄강엔 수천 년에 걸쳐온 우리 민족의 격랑의 역사가 숨쉬고 있다. 아니 수십만 년에 걸쳐 만들어진 이중나선형의 코드가 한탄강 양안에 있다. 지금도 분단의 그 깊은 사색들은 용해하여 흐르고 있다.

그 한탄강에 장애물을 설치한다는 것은 관상동맥 경화를 가져오게 하는 것이다. 경제 개발과 대규모 토목으로 이루어지는 국가 경영시스템은 이제 그 한계에 도달했다. 엄청난 예산이 투입되는 것에 비해 경제적 가치는 보잘것없다. 새만금, 시화호 등 대형 방조 댐에서 보이고 보령댐, 밀양댐 등 최근에 세워지는 댐들도 담수가 되기도 전에 오염으로 인한 문제가 드러나고 있다.

중국 공산당도 그들의 정체성과 경제 개발 사이의 딜레마를 탈출하기 위해 한편으로는 중화사상의 뿌리인 티베트의 탄압과 과시욕에 불타는 샨샤三陜 댐을 건설하고 있다. 이제 한탄강은 새로운 한국의 사상이 만들어질 만한 우여곡절의 오지 아닌 오지이다. 어쩌면 통일 조국의 대강령이 여기서 나올지 모른다. 마치 고려가 그랬듯이.

한탄강은 늘 그런 오지인 것이다.

## 5. 댐은 모든 네트워크를 단절시킨다

동강 댐 건설계획이 발표되자 수몰지역 주민들은 둘로 쪼개졌다. 나무를 심고 가건물을 짓고 한 푼이라도 보상을 더 받으려고 애쓰는 사람들(물론 이들도 겉으로는 반대한다)과 댐이 건설되어서는 안 되는 이유를 조목조목 들어가며 치열하게도 강을 지키려는 사람들로 나누어졌다. 그런 현상이 한탄강에서는 더 극명하고 또 우울하게 나타난다. 1999년 홍수 이후 한탄강댐 건설 계획이 간간이 신문에 오르내리고, 지표 조사를 위해 용역회사 조사원들이 나타난 후 급격히 주민들은 반으로 나뉘었다. 댐을 찬성하는 사람들의 변은 "나라에서 하는 일인데 어떻게 막겠느냐?" 하는 정도이다. 하지만 그 내면의 이유들은 단 한 가지 '보상'이다.

농촌경제가 피폐해지는 과정에서 늘어난 것은 농가 빚이다. 그 중에서 마을에서 여론 형성에 주도적 역할을 하는 사람들이 더 빚이 많다. 그 이유는 모든 정책 자금은 그들이 우선 받았기 때문이다. 그들은 좀 더 적극적으로 투자를 했고 이는 늘 실패로 돌아갔으며, 그 적극성으로 인해 더 많은 빚을 지게 되었다. 이제 그들에게 있어 댐 건설이라는 운명적 사건은 그동안 뒹굴었던 논과 밭, 고향을 버리는 대신 빚 없이 맘이라도 편히 살고 싶은 너무나도 인간적인 바람의 계기가 될 수도 있다는 믿음을 갖게 했다.

그들이 고향과 환경, 나아가 오지가 가지는 깊은 뜻을 알기에는 너무나 현실은 저 멀리 가 있다. 이 대목이 어려움이다. 언제나 개발론자들의 선전은 단순하고 명쾌(?)하다. 가뭄과 홍수예방은 곧 댐이다. 바로 교과서의 위력이다. 마치 서정주가 「국화 옆에서」 하나로 가장 유명한 시인이 될 수 있듯이 말이다.

댐 건설 계획의 발표만으로도 이미 사람들 사이에는 넘지 못할 댐이 가슴속에 쌓이고 말았다. 서로 솔직히 속내를 털어놓지 못한다. 찬성은 찬성끼리, 반대는 반대끼리 또 이 눈치, 저 눈치 보면서 어정쩡한 슬픔까지 댐은 모든 네트워크를 철저히 파괴해나간다.

댐 건설은 어쩌면 이런 단절과 파괴 뒤에 그 사실을 확인해주는 절차에 불과한지도 모른다. 논밭을 버리고 고향을 버리고 이제는 맘 편히 살 것 같지만, 결국 그들이 돌아올 곳은 물속에 잠긴 고향을 먼발치에서만이라도 바라볼 수 있는 곳이라는 걸 우리는 전국의 수몰민들에게서 발견할 수 있었다. 물질만능과 부도덕한 리더십으로 수십 년을 살아온 우리의 현실은 그렇지 않아도 단절과 메마른 인정으로 인해 물질적 풍요와는 달리 질 낮은 삶을 살게 되었다. 그래도 오지에서 공동체의 원형을 찾아볼 수 있었지만 마을이 한순간에 깨어져 버린다. 여기에 댐의 무서움이 있는 것이다. 수자원공사와 건교부의 지속적인 할 일을 위해 몇 백 년, 아니 몇 십 년 만에 찾아온 홍수를 위해 투자해야 할 우리들의 땀과 단절의 고통은 너무 비효율적이고 비생산적이다.

우리는 단절의 '댐'을 넘어 생명의 이음으로 가야 한다. '소리 없는 강!'은 공동체의 단절을 의미한다. 강이라는 역동적 생명의 네트워크를 단절시키고 아무리 정보통신을 발전시킨다 해도 우리들 사이의 단절은 회복되지 않을 것이다.

## 6. 치수(治水)는 치국(治國)이다.

우왕 禹王 의 치수 治水 는 자연 지형을 이용해 큰 호수를 만들어 홍수에는 물이 에돌아가고 가뭄에는 호수로부터 물길을 내어 관개를 했다. 자연 지형을 이용한 치수야말로 치수의 이상 理想 이다.

팔당댐의 건설은 수도권에 2천만이 모여 살 수 있게 한 원인이었다. 난개발의 원인은 엄밀히 팔당댐의 물을 얼마든지 공급할 수 있기 때문이다. 그리고 사회안전망 개념으로 보아도 취약하기 그지없는 시설이 팔당이었다.

인류는 댐 하나로 아주 기형적인 삶을 살고 있는지도 모른다. 4대 강 대형댐에서 공급되는 물은 생용수가 아니다. 허드

렛물이나 공업용수로 쓰인다. 생용식수는 또 다른 방법으로 구입한다. 결국 댐과 농업용수는 댐 하류 지역 일부만 제외하고는 무관하다. 한탄강도 본류의 물은 댐이 있으나 없으나 양수시설로 퍼 올려야 한다. 이번 청평댐이나 화천댐 상류의 가뭄에 한강 물은 별 도움이 되지 못했음을 알아야한다.

우리의 치수 정책은 댐으로 인해 심각하게 뒤틀려 있다. 아직도 댐을 유일한 치수라고 생각하는 정부 관리들과 언론, 그리고 교과서 수준을 넘지 못하는 국민 의식이 있는 한 치수 정책은 더 깊은 왜곡과 돌이킬 수 없는 재앙의 원인이 될 것이다.

치수 정책의 대전환은 새로운 패러다임을 필요로 하는 내일의 의미 있는 첫 시작이 될 것이다.

이것이 한탄강댐 대안이다.

■ ■ ■ 10

# 한탄강에 144km 세계 최장의 하이킹 도로를 건설하자

댐 대신….

한탄강 전 구간에 세계 제일의 하이킹 도로를 만들자. 한탄강은 우리나라에서 가장 아름다운 강이다. 한탄강은 우리나라에서 남북으로 걸쳐 있는 3大 강이다. 그 하나가 한강이요, 둘째가 임진강이요, 셋째가 한탄강이다. 이들은 국토의 한가운데 DMZ를 타고 넘어 서해로 흐르는 임진과 어우러지는 역사적 숙명을 안고 흐르는 강이다. 우리는 이 강을 일컬어 일찍이 우리민족의 '관상동맥'이라 명명했다.

이 아름다운, 우리민족의 역사가 강 양안의 이중 나선형에 모조리 기록되어 있는 숙명의 강에 한 개발론자의 발칙한 상상으로 댐이 계획되었지만 이는 애초부터 무리수였음이 이제 낱낱이 밝혀졌다. 엄청난 국민의 혈세를 낭비하고 천혜의 자연을 돌이킬 수 없이 훼손하고도 아무런 경제성이 없다면 당연히 한탄강댐은 백지화되어야 한다. 이 백지 위에 한타넷은 새로운 그림을 그리려 한다. 그 첫 공정으로 한탄강 전 구간에 폭 3m의 하이킹 도로를 만드는 것이다. 한탄강의 총 연장은 본류가 144km이다. 144km의 전 구간은 그야말로 구간구간 절경이 아닌 곳이 없다. 민통선 북방의 한탄강의 모습을 가보라. 창랑정(정연 8경 중 하나) 맞은편의 창랑적벽과 눈이 시리도록 맑은 물은 아직도 잊을 수 없다. 그뿐인가. 굽이굽이 빚어 놓은 화산 지형의 기묘한 풍경들과 사계절이 빚어내는 다양한 변화들을 어찌 글로 다 표현할 수 있을까?

요즘같이 살이 통통히 오른 산하와 기암절벽에 핀 철쭉이 어우러지는 한탄강은 봄의 마술이 아닐 수 없다. 녹음이 우거져 꼭꼭 숨어버린 푸른 물결이 넘실대는 한탄강의 장하長夏! 절벽마다 매달려 있는 빨간 담쟁이와 온갖 단풍의 한탄강 144km는 설악의 단풍과는 또 다른 맛이 아닐 수 없다. 꽁꽁 얼어붙은 한탄강, 매서운 바람이 부는 눈 덮인 대지를 가로지르는 한탄강을 낀 하이킹 도로를 이제 젊은이들이 배낭을 메고 걸어가는 평화의 행진을 한 번 상상해보라.

우리는 세계 최장(144km)의 하이킹 도로를 그리고 있다. 평강의 장암산 기슭에서 연천의 군남면 남계리 임진강과 만나는 지점까지 전 구간을 친환경적인 소재를 써서 하이킹 도로를 만드는 것이다. 상상해보라! 절경의 한탄강을 끼고 자전거를 타는 젊은이들의 모습을! 세계 최장의 하이킹 도로! 그들은 그 도로를 달리고 걸으면서 인류의 마지막 분단의 현장에서 평화의 의미를 배울 것이며, 두루미 날아오르는 철원 평야에서 자연과 어우러지는 우주의 섭리를 느낄 것이고, 한탄강에 널려 있는 인류문화의 시원을 이해하게 될 것이다. 27만 년 전 아슐리안 주먹도끼를 사용하던 그 시절부터 최첨단의 무기와 정보기기가 집중되어 있는 접경지대! 그 한가운데를 흐르는 한탄강을 끼고 세계의 젊은이들이 모여든다면 이 어찌 장한 일이 아니겠는가?

하이킹 도로는 철원평야 구간에서는 평야에 넘실대는 벼들을 바라보는 사람들에게 생태농업과 연계한 현장체험의 장을 선사할 수 있다. 겨울에는 장관인 철새의 군무를 바라보며 트래킹을 한다. 철원평야 구간이 끝나면 험준한 산악과 계곡 구간이 다락대 사격장이 끝나는 고문리까지 이어진다. 이곳은 수많은 아치형의 현수교가 놓이고 비경의 한탄강과 어우러질 것이다. 이 난코스가 끝나면 마치 강물처럼 하류의 완만함과 평온함을 느끼는 전곡과 남계리 구간이 될 것이다. 여기서 임진강 나룻배를 타고 서해로 가면 기막힌 여행이 될 것이다.

자, 그럼 임진강과 한탄강이 합수되는 군남면 남계리에서 거슬러 올라가며(하이킹 도로를 따라) 한탄강의 무한한 경제적 가치 창출을 계산해보자.

임진강과 한탄강이 만나는 남계리에는 서해의 물산과 연천의 물산이 만나는 옛 나루터를 재현하고 각종 해산물, 민물고기, 잡곡, 산채가 어우러지는 흥성거리는 관광시장을 만드는 것이다. 여기서 배를 채우고 조금 거슬러 올라가면 전곡리 유적지를 만날 수 있다. 인류사의 중대한 사건인 아슐리안 돌도끼*, 여기서 한탄강의 시간을 강을 따라 거슬러 올라간다. 좀 더 올라가면 우리는 신천과 포천천이 뱉어내는 문명의 찌꺼기들을 보면서 구석기인과 반도체인의 적나라한 모습을 상상하게 될 것이다. 이쯤에 국제적인 문명 박물관과 기타 학습장을 만드는 것도 좋을 것이다.

여기서 다시 거슬러 올라가면 동양 최대의 다락대 사격장터(여기서는 훗날 사격장이 없어질 때를 가상함)를 발견하게 될 것이다. 재인폭포와 다락대 앞 한탄강의 감입곡류를 보고 신흥리 늪지대를 가로지르며 원시의 신비함을 발견하고는 그 절경에 모두 넋을 잃고 말 것이다. 더 올라가보자! 지금은 민간인 통제구역이지만 굽이굽이 얼마나 절경인가? 문배 뜰, 지금은 이한동 전총리의 땅이라 명명되는 이 들판을 거치면 하이킹은 최대의 산악구간이 된다. 중리 벌판을 지나면 아슬아슬 다리 구간이 많아지고 깎아지른 절벽을 감상하며 한탄강 단풍의 절정구역을 지나게 된다. 비둘기낭에 내려가 용암이 만들어 놓은 절경을 감상하는 것도 괜찮을 듯싶다.

영평 8경 중의 하나인 화적연이 나오고 이즈음에서 목을 축이며 겸재가 화폭에 담았던 볏가리의 운치를 느껴봄도 낭만적인 코스가 될 것이다. 이 지역을 통과하면 한탄강은 철원평야의 남단인 냉정리 벌판에 다다르면서 시원한 지평선을 만나게 된다. 반도 한가운데 이렇게 넓은 벌판이 있다는 것, 작지만 한탄강의 위력이다.

전국 최고의 소출을 자랑하며 최고 최적의 벼농사 입지와

* 문명사적으로 지금의 컴퓨터만큼이나 중요한 의미를 가진다.

기후 조건을 가진 철원평야가 산속 깊이 감추어놓은 한탄강이다. 여기서부턴 일사천리다. 봄철 모내는 농부와 여름철 짙푸른 벼들의 출렁임, 가을의 황금벌판, 눈 덮인 철원평야의 창량함과 그 위를 떠도는 철새들의 군무 이 모든 걸 상상해보라. 필자는 이 글을 쓰면서도 스스로 가슴이 설레고 있다. 샘소부터 순담계곡까지의 절경은 래프팅이 아니면 볼 수 없는 비경이다. 순담, 고석정, 마당바위, 직탕폭포, 남대천과 만나는 한탄강까지 아름다운 자태는 숨쉴 틈을 주지 않는다.

이 어름에 우리는 평화대학과 연구소 등을 세우고 세계의 마지막 이념의 대결장을 길이길이 간직해야 할 것이다. DMZ와 철조망, 이 '인류' 최대의 설치 미술을 감상하며 인간의 무한 욕망과 타락, 어리석음을 철저히 반추해보자. 이즈음이 되면 금강산 가는 철원역으로 갈 수도 있고 계속해서 정연팔경을 감상하며 평강까지 하이킹을 할 수도 있다.

금강산에서 기차 타고 철원역에 도착하거나 아니면 평강역에서 내려 자전거를 타고 한나절이면 남계리에 닿는다. 여기서 나룻배를 타면 금세 한강 하구에 닿는다. 볼거리, 배울 거리가 지천이다. 다양한 공연도 있다. 일 년 내내 한탄강 페스티벌이 열린다. 전 세계의 젊은이들이 몰려온다. 한탄강 지역은 지금까지 갖춰놓은 역사적, 지리적 조건만으로도 엄청난 관광자원을 가지게 된 셈이다. 주말이면 전국의 하이킹 마니아들이 몰려든다.

그 이후의 상상은 독자에게 맡기고자 한다. 그러면 이런 사업을 어떻게 할까? 한탄강 사람들이 나서야 한다. 이제 행정구역은 거추장스러울 뿐이다. 재원은 한탄강댐 건설비 1조원이면 충분하다. 관광 인프라가 되는 철원 금강산 철도, 한탄강 하이킹 도로, 임진강 뱃길은 국가의 기본 투자이고 그 중 한탄강 하이킹 도로는 댐 건설비용 1조원이면 충분하다.

한탄강을 죽이고 홍수조절 능력도 없고 모든 네트워크를 단절시키는 한탄강댐에 1조원 이상을 낭비하고 20~30년 후 이 댐을 헐어야 하는 결정을 내린다면 어떨까?

이 돈으로 한탄강 하이킹 도로를 만들고 전 세계인에게 자랑하면 어떨까? 어떤 상상이 우리를 즐겁게 하는가? 무궁무진한 상상의 소재를 주지 않는가? 무한한 부가가치를 창출하게 하지 않는가? 한탄강댐 백지(화) 위에 우리는 한탄강 하이킹 도로를 밑그림으로 멋진, 너무도 멋진 청사진을 그리고 있다. 이것이 한탄강댐에 대한 대안이다.

— 이 글이 쓰인 뒤 중랑천을 시작으로 전국의 모든 하천에 하이킹 도로가 만들어지고 있다 —

11

# 정치혐오증의 실체

## –그 이중성을 말한다

한국인만큼 정치를 미워하고 한국인만큼 정치 지향적인 국민도 드물 것이다. 이는 하루아침에 이루어진 일이 아니다. 정국이 실타래처럼 꼬이고 파국으로 치닫다가도 어느 일순간 아무 일 없었다는 듯 돌아갈 때 사람들은 흔히 정치적으로 해결했다고 한다. 초법적 문제 해결 방식이다. 소위 '핵폐기장' 문제만 봐도 여론이 들끓으면 언제나 법은 무력화되고 정치적 해결만이 남는다. 그래서 사람들은 그런 정치에 대해 더 매력과 혐오, 이 동전의 양면을 오가는 모양이다.

춘추전국시대 송宋나라에 저공狙公이 살고 있었다. 그는 원숭이를 많이 기르고 있었는데 자기 식구들 양식까지 퍼다 먹일 정도로 원숭이를 좋아했다. 워낙 많은 원숭이를 기르다 보니 이젠 먹이를 줄일 요량으로 원숭이들에게 이렇게 말했다.

"오늘부터는 도토리를 아침에 세 개, 저녁에 네 개 줄 생각인데 어떠냐?"

원숭이들은 난리가 났다. 발을 구르고 괴성을 지르고 우리를 차며 흥분하고 있었다. 이때 저공은 만면에 웃을 띠며 말했다.

"자~자, 이제 그만.
그렇다면 아침에 네 개, 저녁에 세 개를 주마."

그러자 원숭이들은 모두 기뻐했다.

사람들은 이 우화가 인간의 변덕을 비웃는 것이라 생각하지만 사실은 아주 정치적인 우화인 것이다. 원숭이들은 당장 아침에 네 개가 중요했던 것이다.

눈앞의 이익에만 몰두해 있는 원숭이들이 있는 한 우리의 저공은 승승장구 수십 년을 득의만만할 수 있다. 만약 그 중 한 원숭이가 "얘들아, 아침에 네 개든 세 개든 우리가 하루 먹는 것은 고작 7개뿐이야"라고 한다면 그 원숭이는 쫓겨나거나 아니면 왕따 당할 것이 분명하다. 그러면서도 이 원숭이들은 하나같이 저공을 부러워하고 그처럼 되고 싶어 한다. 그래서 이 우화에서도 주인의 이름으로 원숭이 저 狙 자에 공 公 자를 붙여주었을 뿐이다.

미국의 대통령 선거가 한창이다. 아침에 네 개 주겠다는 고어와 세 개 주겠다는 부시의 한판 겨루기이다. 한국의 수구세력이나 보수층은 부시를 경향적으로 지지하고 개혁세력들은 고어를 선호한다. 필자의 주관적 판단이지만 틀리지 않으리라. 한국의 권력층들은 미국의 대선 결과에 예민할 수밖에 없다. 하지만 조삼이든 모사든 미국은 미국의 이익에 충실할 뿐이라는 것은 어쩌면 진리일 것이다.

이제 한국 정치사를 일별해보자.

김춘추, 왕건, 이성계. 이 세 사람이 당·송·명이라는 중국의 원심력을 어떻게 이용했는가?

예나 지금이나 여전히 때로는 종속변수로, 때로는 한국사회를 경쟁적으로 뒤흔들어놓는 왜(일본)라는 제3세력과 어떻게 긴장을 유지했는지 그 평가는 뒤로 하자. 하지만 언제나 승자는 역사를 자기 좋은 대로 쓸 권리가 주어진다. 비록 왜곡일지라도 말이다. 조선조 500년을 이어온 힘이 정치사상적 기반인 유학과 관료제도였다. 서양의 제문물이 들어오면서 때론 같이 하여 유학이념 내의 심각한 이완현상이 일어났다. 그때부터 조선사회는 문란해지고 조선말과 일제와 분단으로 한 세기에 걸쳐 우리 민족은 고난과 역경의 길을 걸어왔다.

지금의 관료제도의 원형이 조선의 관품제도라면 놀랄지도 모르지만 부인할 수 없는 사실이다. 어느 것이든 조선사회의 관료제도에 대입해보라. 이젠 또 다른 놀라움을 맛볼 것이다. 대과급 제도를 통해 관리가 되는 것이 최고의 가치였던 조선, 오늘날 금배지를 향해 줄서는 것과 다를 것이 무언가?

사회가 다원화되었지만 역시 그 본질에서는 같다. 사법시험에 패스하는 것도 언젠가는 금배지를 달 수 있는 좋은 교두보를 마련하는 것이고, 교수가 되어 저명해지는 것도, 돈을 벌어 성공하는 것도, 데모해서 이름을 내는 것도, 크건 작건 길은 오직 한길이다. 그렇지 않은 사람이 훨씬 많다고 주장하는 사람도 있겠지만 그런 사람들은 단지 자신의 불가능을 인정할 뿐이지 자신도 그 조건에 근접한다면 또 생각은 달라질 것이다.

이렇게 만들어진 정치환경 속에서 한국사회는 주변강국과 늘 함께 뒹굴어야 하는 정치현실을 깊이 이해하거나 그 속에서 올바른 정치전통을 마련치 못하고 언제나 '저공狙公'과 '저狙'들의 모습만 보여준 역사였다. 물론 독립군도, 반공투사도, 민주투사도 없었던 것은 아니다. 그러나 세상 현실은 눈앞의 이익을 탐하는 자를 당할 수 없다. 왜냐하면 그곳에 사람이 많을 수밖에 없기 때문에. 정치란 지극히 현실적인 시스템이다. 공자가 수레를 타고 다니면서 그의 정치적 비전을 피력했지만 진채陳蔡의 모욕만이 그를 기다리고 있었을 뿐이다. 가장 현실적인 세력과의 팽팽한 밧줄을 타는 재인才人이 곧 정치가이다. 그럴듯한 포장을 위한 비전도 있어야 하고, 지나치게 도덕적이어도 안 되고, 그렇다고 퇴폐적이어도 안 된다. 돈이 없어도 안 되고 많아도 문제다.

결국 정치인은 자신의 존재를 늘 사람이 많이 있는 곳에 두어야 하기에 가장 현실적이고 속세적이다. 그래서 '저狙'들은 본질적으로 '저공狙公'에게 손가락질할 수밖에 없는 것 아닐까? 이를 더욱더 부채질한 것은 근세 100년 정치사 속에서 외세가 언제나 그들에게 유리한 정치인을 세웠고 대중들 또한 그들을 최소 51%는 지지했다는 점이다. 이는 남북분단으로 늘 정당화되었고 영·호남 패거리 정치를 낳게 되었다.

지방자치제가 되면서 이제는 지역정치까지 패거리 정치가

일반화되었다. 선거제도가 서구의 민주주의라면 정당제도가 뿌리내려야 하는데 생활로서의 정당은 없고 이익단체들의 연합인 선거조직밖에 없다. 이런 풍토 속에서 지나온 반세기 현대정치사는 인간이 연출할 수 있는 최악의 경우가 되어버렸다. 정치를 불신하고 정치인을 혐오하는 것이 식자의 자랑이 되어버린 지 오래고, 비정치적임을 강조해야 하고 정치에 무관심함을 득도 得道 인 것처럼 생각해야 하는 우리들. 하지만 이것 또한 패배주의에서 나온 일종의 허위의식이다. 문제만 생기면 정치적 해결을 위한 데모(집단민원)가 일어나는 실체를 우리는 되새겨보아야 한다. 건강하지 못한 생각들이다. 조선조 500년 끝 무렵부터의 100년은 가히 신라말에서 후삼국, 고려말의 몽고 지배 시대와 다를 게 없다.

우리는 무엇으로 새로운 시대를 열어갈 것인가? 미움의 대상도 될 수 없는 하찮은 정치인을 혐오하며 살기엔 너무 바쁘다. 그렇다고 외면하기엔 우리의 두 다리가 아직은 땅을 딛고 있지 않은가?

애증은 언제나 동전의 양면이다. 무엇을 사랑하기에 미워하는가? 깊이 사색해볼 일이다. 우리는 실천적이어야 한다. 전체를 위해 행동하는 가운데 그것이 아무리 작은 것이라도 새로운 물결을 만든다. '저 狙'들의 손가락질도 즐긴다. '저 狙'가 없으면 '저공 狙公'도 없다.

■ ■ ■ 12

# 시민단체의 정치 진출은 과도기적 현상이다

시민운동을 한 사람이 정치를 한다고 하면 대뜸 "순수한 줄 알았더니~ 내 그럴 줄 알았어" 이렇게 말한다. 여기에 두 가지 의중이 있다. 기득권 세력이 자신의 권력을 유지하기 위해 퍼뜨려놓은 이데올로기이다.

"더러운 정치를 왜 '순수'한 시민운동가가 넘보는 거야"

이제 이런 밑도 끝도 없는 이데올로기는 그 생명을 다했다. 심지어 시민운동 내에도 이런 사람들이 있다. 착각이다. 시민운동 그것은 넓은 의미의 정치 이하도 이상도 아니다. 정당과 시민단체는 긴장과 협력의 관계이며 좋은 통치 Good Governance 를 위해 노력하는 관계일 것이다.

2000년 4월 총선의 화제는 386세대의 정치 진출과 총선연대의 낙선운동이었다. 김대중 정권의 옷 로비 사건 등 유치한 정치투쟁으로 인해 빛이 바래 성과가 좋지 못했다. 그러나 2000년 4월 총선은 시민단체의 전면 부상을 의미한 중요한 시기였다.

1985년 2·12총선이 학생 운동 세력이 신민당의 바람을 불게 한 동력이었다면, 2000년 4·13은 시민단체가 그러한 역할을 자임했었다. 이후에 시민단체는 한국사회의 영향력 있는 언론과 함께 제5 권력이 되었다.

2002년 대선에서의 시민운동, 즉 자발적 시민운동은 폭발적인 여론을 선도해 나갔다. 촛불시위, 노사모, 이루 헤아릴 수 없는 인터넷상의 시민 모임들이 그들의 자유스러운 네트워크를 형성했다. 이는 기존의 선거문화를 송두리째 엎어버리는 일대 사건이었다. 보수적인(수구적인) 신문에 모든 정보를 의존하던 50~60대들은 현란한 정보화 사회에서 힘없이 무너지고 말았다. 오히려 고향에 있는 부모들은 서울 사는 젊은 자식의 설득에 표를 던지는 현상들이 벌어졌다. 이제 구태 정치인들이 밥 사고 술 사고 돈 봉투 돌리는 시대는 저만치 시골집 호롱불처럼 가물거리고 있을 뿐이다.

시민운동의 정치적 진출은 한국의 현대정치사 속에서 이해해야 하는 코드일 것이다. 해방 후의 한국 현대정치사를 정치주체세력을 중심으로 일별해보자. 일제가 물러갔지만 미군정은 독립운동 세력을 인정하지 않았다. 그 결과 이승만이 정권을 잡게 되었고 이승만은 친일 세력을 통해 통치를 할 수밖에 없었다. 친일 세력은 일제 강점기에 나름대로 행정경험과 지배술을 갖게 되었고 신속히 결집되었다. 친일 세력과 이승만은 반공, 분단, 대결 정책으로 일관하며 이후 10여 년을 지배했다. 이 사이 친일 관료들은 부패와 무능의 극치를 보였다. 그도 그럴 것이 그들의 친일 원죄는 어디에도 감출 수 없는 노릇이기 때문이었다. 이에 국민의 저항은 다양한 형태로 표출되었고 급기야는 3·15부정선거, 4·19를 통해 이승만 정권은 막을 내린다. 그러나 4·19 주체인 학생과 일부 지식인들은 국민을 통치할 능력이 부재했다. 이때 한국에서 가장 조직적이고 교육받은 집단은 군부였다. 박정희는 쿠데타를 일으켰고 쿠데타에 성공한 후 근대화, 즉 절대빈곤 극복을 기치로 국민통합에 성공한다. "잘 살아보세" 새마을 운동은 박정희의 정치감각의 산물이었다. 그러나 미국의 철저한 지원 속에 이루어진 박정희의 개발 독재는 경제적 성장을 훨씬 못 미치는 정치구조를 가질 수밖에 없었다. 민주화를 외치는 다양한 요구는 억압적 분단이념에 기가 질렸지만 남북화해를 바라는 대중들의 요구는 7·4남북공동성명을 필요케 했다. 그러나 박정희는 더 이상의 분출이 두려워 희대의 유신헌법을 작성한다. 긴급조치는 또 다른 긴급조치를 부르고 긴급, 긴급 또 긴급은 급기야 10·26 궁정동의 긴급사태를 불러오고야 말았다. 혼미한 정국은 또 다시 전두환 군부를 용인할 수밖에 없었지만 광주 5월 민주항쟁은 한국 현대사에 커다란 분수령이 되고 만다. 전두환은 집권 내내 경찰력으로 유지해야만 하는 저항에 부딪히게 되고 한국인의 민주화 요구는 6월의 태양보다 뜨겁게 분출하였다.

아직도 성숙되지 못한 학생운동과 민주화세력은 분열하여 노태우라는 전두환의 아류에 정권을 넘기고 5년 단임을 기다리게 되었고, 민정계와 협력한 YS의 5년을 감내해야 했다. 이

사이에 민주화도 진전되었던 것이 사실이다. 각 정권이 바뀔 때마다 4·19세대니, 6·3세대니 하며 여야 정치권에 발을 들여놓는 사람들이 있었지만 이는 개인플레이에 불과했다.

격동의 1980년대 한국의 민주화운동은 학생운동을 근간으로 폭발하게 되고 일정 정도 세력화되었다. 이제 군부가 독자적 의지를 가지고 거리로 탱크를 몰고 나오는 시대는 완전히 갔다. 바로 6월 항쟁에서 시민과 학생이 이를 확인해주었던 것이다.

권위주의 시대가 YS 정권을 계기로 약화되면서 상대적으로 좌경적이었던 운동세력이 일제히 체제내 세력, 즉 시민운동으로 바뀌게 되는데, 이는 필연적인 결과일 것이다. 이미 세계사적으로 이데올로기 논쟁은 무의미함이 증명되었기 때문이다. 그럼에도 아직도 자신의 이념을 앞세워 상대를 재단하는 사람을 우리는 수구라 부르는 것이다.

1990년대 시민운동은 사회 각 분야에 영역을 넓히고 전문화하여 지역 사회까지 뿌리를 내리게 됐다. 1998년 김대중 정권의 남북화해 정책은 대북 인식의 큰 변화를 가져오게 되었으며 사회 곳곳에서 활력 있는 정치세력이 등장하게 되어 인터넷으로 통칭되는 정보화 사회는 지금까지와는 전혀 새로운 정치 시스템을 제공하게 되었다. 인터넷을 통한 세대교체는 기성세대에게 좌절감마저 심어줄 정도로 심대한 영향력을 가지고 있는 것이다.

친일세력(1960년까지) → 군부(1961~1987) → 과도기적

타협기(문민정부) → 민주화 세력(1998~ )으로 한국의 권력이 이동되었다. 바로 지금 참여정부를 표방한 노무현 정부는 시민사회의 정치세력이 대거 진출하는 시대의 개막을 알리고 있다.

정치는 경쟁이다. 즉, 누가 유권자의 지지를 많이 얻느냐 하는 경쟁으로서 이 경쟁이 공정하고 합리적이면 민주화된 사회라 칭하는 것이다. 이 경쟁은 때로는 치열한 전투이기도 하고 때로는 현란한 설전이기도 하다. 정치는 조직을 움직이는 일이기 때문에 훈련된 사람이 하는 것이다. 대중에게 비전을 제시하는 일이기 때문이다.

친일세력, 군부, 양김 세력, 시민세력, 이 모두 나름대로 정치적 훈련을 한 사람들이다. 그러나 이것으로 정치를 모두 설명할 수는 없다. 정치, 민주정치의 핵심은 정당정치이다. 그러나 한국의 정치사에서 정당은 그때그때 필요에 의해 급조되었을 뿐이다. 이런 이유로 정치지망생이 딱히 정치적 훈련을 할 수 있는 공간이 없었다.

정치는 사회에 대한 깊은 관심에서 출발한다. 깊은 관심은 문제의식을 갖게 하고, 문제의식의 소유자는 이의 해결을 모색한다. 이 과정이 정치다. 어려서부터 정치적 훈련을 할 수 있는 안정된 정당, 역사성 있는 정당이 없는 한국의 정치 현실, 그것은 한국 현대정치사 50년의 이하도 이상도 아니다. 이런 상황에서 당연히 정치적 훈련은 정당 밖에서 이루어질 수밖에 없다. 이런 이유로 시민사회단체의 정치진출은 과도기적이지만 필연이다. 그리고 그들의 정치적 과제는 우리의 후대들이 정치적 훈련을 할 수 있는 정당을 만드는 일이다.

정통성·역사성 있는 정당, 생활정당, 참여정당을 만드는 일. 그것이 이 시대 정치의 과제이고 그것은 시민사회에서 훈련된 정치세력 앞에 놓인 역사적 과제인 것이다. 그러므로 시민단체의 정치진출은 과도기적이고 필연적인 것이다.

## 13

# 정치개혁
## -바로 이것이다

노무현 참여정부의 화두는 뭐니 뭐니 해도 개혁이다. 그것도 일방적인 위로부터의 개혁은 그동안 정권마다 외쳐왔기에 이제는 전 국민이 참여하는 개혁이다. 사회의 모든 '아젠다'에 개혁이라는 수식어를 붙이면 말이 되는 사회가 현재의 한국이다. 교육개혁, 의료개혁, 시장개혁, 행정개혁, 농정개혁, 재벌개혁, 금융개혁, 말 많은 검찰개혁, 더 말 많은 언론개혁, 말뿐인 정치개혁까지 개혁은 누구나 공감하는 언설임에 분명한 듯하다.

개혁改革! 이는 혁명革命보다 더 무서운 말일지 모른다. 혁명은 대상의 명줄을 끊고 완전히 새로운 세상을 만든다는 뜻이다. 그러나 개혁은 '산 채로 껍질을 벗긴다'는 것이다. 모골이 송연해진다. 얼마나 고통이 크겠는가? 차라리 죽는 게 낫지 않을까?

개혁의 어원적 풀이는 이렇다는 뜻이다. 개혁 중에도 다른 개혁은 개혁의 주체와 대상이 분명한데, 정치개혁만큼은 개혁 대상이 자신을 개혁하자고 하니 아이러니일 수밖에 없다. 자신에게 자신이 생채기를 내야 하는 마조히즘적 사회현상이 정치개혁이라고 하면 너무 심한 표현일까?

민주당이든 한나라당이든 지금 나름대로 개혁안을 진열장에 내놓고 있다. 그러나 국민 어느 누구도 거들떠보지 않는다. 당대표 선출방식, 지구당 위원장의 존폐, 국민경선 등등… 얼핏 보면 다양한 메뉴를 내놓고 있지만 좀 들여다보면 다 자신의 기득권을 유지하자는 얘기를 그렇게 에둘러 할 뿐이다. 지금 국민이 원하는 것은 구태정치의 청산이다. 경로당처럼 되어버린 기득권 정당, 지역당을 벗어나지 못하는 정당구조로 무슨 정치를 하겠다는 것인가? 국민이 바라는 정치개혁은 그야말로 새로운 인물을 바라는 것 이상도 이하도 아니다.

공작정치, 금권타락정치, 패거리정치, 보스정치, 지역감정조장정치, 색깔씌우기정치…. 이 모든 것이 지난 50년 한국 정치를 말해주는 수식어들이다. 수없이 헌법이 바뀌고 당이 명멸해도 결과는 언제나 그 나물에 그 밥이었다. 타 부문에 비해 항상 뒤쳐지고 국민의 정치의식을 늘 뒤쫓아가는 정치! 그러나 그런 정치인을 뽑아준 국민이 자랑(?)스럽게 버티고 있지 않은가? 그래서 개혁은 국민의 참여 없이는 안 되기에 참여정부라 했고, 참여정부의 할 일은 개혁이라는 논리가 나오는 것이다. 제도가 아무리 좋아도 사람이 구시대 사람이면 소용없다. 아무리 최신식 펜티엄 컴퓨터가 있으면 뭐하는가? 사용자가 컴맹인걸….

대표적인 예로 기초의회를 보면 쉽게 알 수 있다. 기초의회의 의원은 주민의 여론을 수렴하고 때로는 바른 방향으로 지도하여 자치단체의 행정을 감시하고 견제하는 역할이다. 그러나 어디 그런가? 본연의 임무는 뒷전으로 미룬 채 이권에 개입하여 재선을 위해 온갖 조직을 만들고, 자치단체의 선심으로 외국여행을 하고, 국민의 세금으로 생색내기 공사나 하면서 지역사회를 멍들게 하고 있지 않은가? 그러면서 유권자들은 뒤돌아서서 그들을 욕하기에 바쁘고 아예 투표장에 가지 않는 것을 자랑삼아 얘기하면서 잘난 척하는 사람들…. 이런 사람들이 모여 오늘날의 정치를 만들어왔다. 가지를 보면 그 나무를 알 수 있는 법이고, 지방을 보면 중앙을 알 수 있는 것이다.

그러면 중앙정치인은 어떤가? 지역에서 철없던 시절 초 중학교나 다녔던 인연 하나 의지해서 사법고시 붙고 검·판사하다가 적당한 줄 타고 내려와 지역의 살림꾼, 큰 정치인 운운하며 당선되면 5, 6선은 따 논 당상 아닌가? 그렇게 우리는 50년을 보냈다.

자유당－공화당－민정당－신한국당(한나라당)－민주당 이 속에서 우리는 이 땅 민주정치를 위해 값비싼 대가를 지불했다. 얼마나 많은 피와 눈물과 땀과 회한이 있었는가? 전쟁, 학살, 투옥, 서민들의 고통… 세계 정치사에서도 드문 격랑의 50년이었다. 지난 50년이 비록 만신창이의 정치를 만들어왔지만 그럼에도 불구하고 우리는 새로운 정치의 비전을 만들어왔다. 연꽃이 진흙 속에 뿌리를 박고 피는 것처럼 말이다. 서구의 민주주의 국가도 우리보다 더 큰 대가를 치르며 오늘날의 제도를 만들어왔다. 물론 그들의 제도도, 국민의식도 진행형에 불과하지만 말이다.

지난 50년 동안의 정치적 카오스에서 우리는 어떤 것을 뽑아냈을까?

첫째, 분단과 외세를 대하는 입장
둘째, 경제개발과 분배의 문제
(최근 환경과 개발로 축소되는 경향도 있음)
셋째, 의사 결정 구조의 민주화(참여의 문제)
넷째, 정당의 부재(생활정당)
다섯째, 국민의식의 성숙 정도를 들 수 있을 것이다.

위의 다섯 가지는 한국정치의 당면한 의제라고 필자는 생각한다.

분단의 해결을 바라보는 관점에 따라 다양한 스펙트럼이 있고, 부의 생산과 배분의 문제로 정치는 또 한 번 분열한다. 의사결정 구조의 비합리성은 한국사회의 독특한 면이기도 하다. 평상시에는 엘리트이고 멀쩡한 사람이 지역문제만 나오면 이성을 잃어버리는 나라, 지연 · 학연 · 군대연 · 계모임 등 온갖 모임들이 정치에 휘둘리는 나라가 우리나라다. 이런 문제들은 정치의 알파요, 오메가인 정당의 부재로 나타난다. 정당은 그저 장식품에 불과하다. 1인 보스의 힘에 의해 좌우되는 정당, 이승만, 군사독재시대, 3김 시대의 공통점이다. 그래서 정치개혁은 정당을 만드는 문제로 늘 귀결된다. 위의 다섯 가지 의제를 잘 해결하는 정당이 이 시대의 정치개혁의 잣대일 것이다.

지금도 경상도는 한나라당, 전라도에는 민주당이다. 다른 당은 발붙일 틈이 없다. 이제 그 외 지역은 상당부분 해소가 되어가고 있지만 영·호남은 정치적으로 불행한 지역이 되어버렸다.

그러나 이제 우리 시대의 정치적 화두는 영·호남 갈등에서 남북갈등으로 옮겨왔고, 영·호남 갈등의 해소를 위한 정치는 끝났다. 그 상징이 바로 노무현 대통령이다. 경상도 사람이 전라도 사람의 지지를 얻어 대통령이 되었다. 이제 남북의 문제를 잘 풀어갈 사람이 새로운 리더십을 가질 수밖에 없다. 영·호남 갈등도 알고 보면 남북갈등의 종속변수일 뿐이다.

이제 국민들은 모든 문제의식들을 공유하고 있고, 일정 부분 시민사회의 성숙과 정보화 능력은 분명 새로운 정치적 패러다임을 요구하고 있다. 어느 정치세력이든 국민이 생활 속에서 참여하는 정당을 만드는 쪽이 이 시대를 이끌 것이다.

당대표 선출방법, 지구당 위원장제 폐지 여부가 정치개혁은 아니다. 국민이 생활 속에서 정치에 참여할 수 있는 정당을 누가 먼저 뿌리 내리게 하느냐 하는 경쟁이 정치개혁의 본질이다. 그래서 국민들은 내년 총선에서 정치개혁을 위해 권리를 행사할 것이다. 새 시대를 이끌어갈 새로운 인물을 원하고 있다. 그러므로 이들을 누가 많이 배출하느냐가 정치 개혁의 잣대가 될 것이다. 정치개혁이 정치인 스스로 한 적은 없다. 언제나 국민의 참여로 이루어졌다.

14

## 우리가 넘어야 할 것들 1

### -世代의 단절

산 허리를 끊어 도로를 곧게 시공하는 공사장에 한 그루의 노송이 언젠가는 파내어질 것을 알면서도 며칠이라도 늦추며 서 있다.

잘려 나가는 것이 아쉬워 그랬는지 언젠가는 다른 곳으로 옮겨 심으려고 그랬는지 모르겠지만 그 노송은 공사장 인부들이 보기에도 아까웠던 모양이다. 어찌 그 노송뿐이겠는가. 울창한 자연림 속에 들어가 보면 나이를 먹은 나무들은 제각각 다 아름다운 자태들이다. 그 고목들이 겪어왔을 수많은 풍상風霜을 떠올리면 그 아름다움은 더할 것이다. 그러나 그 고목들도 언젠가는 새로운 나무들에게 말없이 자리를 내어주고 자신은 썩을 것이다. 이것이 아름다운 숲의 내면이다. 인간의 숲이 어찌 이와 다를 수 있을까?

어느 대학 졸업 사진 속에 나오는 주름살투성이의 촌부와 늠름한 아들의 모습이 또한 이와 같지 않을까 생각해본다.

허나 또 다른 숲의 이면을 보자. 각기 다른 수종끼리 생존을 위해 경쟁하는 보이지 않는 싸움을 우리는 순리의 수레바퀴

속에 넣어버리지만, 싹도 틔워보지 못한 채 스러지는 수없는 생명들! 이에 비하면 인간 세상은 어찌 보면 관대할는지도 모른다.

지금도 혼란 속에 있는 미국 대통령 선거를 보면서 그 시스템의 문제점을 많은 사람들은 말할지 모르지만, 미국이라는 사회가 얼마나 성의 있게 자신들의 문제를 짚어 가는지를 배워야 할 것이다. 아마 제3세계 어딘가에서 그런 일이 났으면 벌써 폭동에 시위에 각종 보이콧으로 난리가 났을 것이다.

그리고 더 중요한 사실은 미국인들의 '세대'에 관한 이성적 접근 방식이다. 얼마 전 우리는 부시 전 대통령이 한국의 노태우 전 대통령과 회담하던 것을 기억한다. 그 아들이 대통령이 되려고 한다. 당시 국무장관 딕 체니가 선거 본부의 지휘자이다. 고어측의 선거 본부장도 한 세대 위의 국무장관 워런 크리스토퍼였다. 40대 중반의 아들 뻘 되는 대통령 후보를 위해 60~70대인 아버지 친구가 선거 참모장이 되어준다는 사실이 이번 미국 선거의 핵심임을 보아야 한다.

그들이 제국주의였든 아니든 차치하고라도 자신들의 미래를 위해 보여주는 그들의 집단적 이성이 오늘날 아메리칸 파워의 본질이 아닐까 생각해본다.

그들 아들들은 전후 세대요, 6 · 8세대요, 반전(베트남전)세대요, 히피세대다. 한때는 '철없는 것들, 위험한 친구들'이었다. 그러나 그들은 이미 미국을 이루는 핵심세대일지도 모른다. 어쩌면 디지털 세대가 이끄는 세계의 핵심세대가 되었다. 이런 피할 수 없는 현실을 미국의 전전(2차 대전) 세대들은 흔쾌히 받아들인 것이다.

동양만큼, 아니 한국만큼 장유유서가 철저하게 학습되고 유력한 질서로 되어 있는 나라는 없다. 그러나 우리의 가슴에 손을 얹고 진정으로 자신의 전 세대에 존경과 신뢰를 보내는지는 한 번 되짚어 반성해볼 일이다.

전쟁이란 인간의 인식을 좌우하는 커다란 분수령이 되기도 한다. 흔히 전전세대, 전후세대라고 쓰는 이유는 전쟁을 겪었느냐 여부에 따라 가치관에 많은 차이를 보이기도 하기 때문이다. 전쟁이란 단순한 사건이 아니라 사회적 격변의 한 양태이기도 하다는 반증일 것이다.

보통 세계적으로 전전과 전후는 2차 대전이지만 우리는 좀 늦게 벌어진 6 · 25(6 · 25는 2차 대전의 연장일 수도 있다)를 그 분수령으로 한다. 6 · 25, 그 엄청난 사건이 우리 삶의 모든 것을 새롭게 만들어버렸는지도 모른다. 그것은 한편으로 분단이라는 특이한 구조가 더욱 확대 재생산되었으며 이젠 고착화되었다는 의미이기도 하다.

전쟁을 겪은 세대들! 자신들의 의지와는 무관하게 얼마나 엄청난 고통과 위험 속에서 살아왔는가. 거리를 지나는 범부凡夫도 그 절대 절명의 위기의 시대를 지나온 무용담의 주인공이다. 그들의 사고에는 전쟁이 낳은 흑과 백, 배고픔과 생존의 절박함이 인생 저 밑바닥의 삶을 움직이는 힘의 원동력이 자리 잡고 있다.

그들의 원초적인 생활력이 1960~70년대 이 나라 산업화의 원동력이었고, 그 자녀들까지 산업의 역군으로 온갖 피땀을 흘리며 이 나라를 건설해왔다. 배고픔과 전쟁을 피하는 일이라면 그 어떤 대가도 치르겠다는 전전세대의 가치! 이를 누가 쉽게 부정할 수 있겠는가!

'이제 좀 먹고 살 만해지니까' 새로운 가치를 내걸고 비판을 서슴지 않는 전후 세대들을 보는 전전 세대들의 마음은 착잡했던 것이다. 모든 걸 희생하며 살아온 지난날을 송두리째 부정하는 '철없는 아이들'이 원망스럽다 못해 증오스럽기까지 하였을 것이다. 또 이제 그동안 고생해 이룩한 것들을 누려야 하는데 세상은 그걸 용납하지 않는다. 이 두 가지 심정이 교차하여 전전 세대들은 하나 둘 주름살을 늘려가고 있다.

70대의 노老 정객이 벤처기업만이 우리 경제가 살 길이라고 외치는 모습이나, 왕건을 꿈꾸며 회춘의 정력을 과시하는 것이나, 온통 구태의연한 권력 싸움으로 나라를 진흙탕으로 만드는, 흔히 말하는 3김 세대, 우리는 이를 어찌 봐야 할까? 또 자신이 어디에 뿌리를 두고 어디로 뻗어야 할 지 모르는 신세대까지, 우리 사회는 분명 세대간의 단절로 인해 많은 힘을 낭비하고 있다.

앞 세대는 뒷 세대를 위해 무엇을 마련해주어야 할까. 뒷 세대는 앞 세대를 존경하며 어떻게 올바르게 이어가야 할까. 우리는 이에 대한 합의가 되어 있지 못하다. 앞 세대는 자신의 사회적 지위를 연장하기 위해 뒷 세대를 바로 이끌지 못하고,

뒷 세대 또한 비굴하게 앞 세대를 답습하거나 아니면 무례하게 비난하거나 둘 중의 하나이다. 허나 이 둘 다 그 어디에도 존경은 없다. 서로간의 이해는 더 말할 나위도 없다.

세계의 선진국들은 이미 이런 세대간의 갈등을 넘어 새로운 시작을 했다. 영국, 미국 등 수많은 나라들이 전후 세대로 연착륙soft landing을 했다. 또 한 번 동양의 제 나라들은 여기에 뒤쳐지고 있다. 일본도 예외가 아니다. 단순히 자연 수명에 의한 세대교체가 아니라 진정 존경하고 신뢰하며 미래에 대한 합의가 이루어지는 사회, 그런 사회를 우리는 선진국이라고 부르기로 하자. 단절적인 세대교체가 아니라 세대간의 대화를 시작해야 한다. 이를 위한 다양한 네트워크가 필요하다.

진정 뒷 세대의 미래를 열어주는 마음, 앞 세대의 노고와 아픔을 이해하며 배우는 마음, 이것은 성숙한 사람들만이 해낼 수 있는 일이다. 여기엔 비굴함도 무례함도 없다. 오직 존경과 신뢰와 미래에 대한 합의가 있을 뿐이다.

세대는 차이가 나야 한다. 그것이 아름다움이다.

나는 터부taboo를 '앗! 뜨거'라고 번역하고 싶다. 세대, 이념, 지역감정 —나이도 어린놈이, 빨갱이가, 전라도(경상도)놈이— 은 이유 불문이다. 우리 시대의 터부이다. 만지면 '앗! 뜨거'이다.

■■■ 15

## 우리가 넘어야 할 것들 2
### -이념 1

한명회는 단종 복위를 도모했던 사육신을 제거한 공로로 세조에 의해 공신반열에 올랐으나, 그가 죽은 지 얼마 안 되어 그를 공신으로 추대했던 세조와 폐비 윤씨의 일로 연산군에 의해 죽어서까지 무참히 부관참시를 당하는 갑자사화의 주인공이 되었다. 죽은 사람의 묘를 들춰내 그 시신을 다시 참한 것이다. 반대자에 대한 증오와 배척은 모질기까지 할 정도이다. 그 피가 면면히 흘러 우리 민족은 지금도 자신과 생각이 다르면 어떠한 허물을 씌워서라도 무력화시켜야 직성이 풀린다.

「조선일보」를 보고 있노라면 그 언어 뒤에 숨어 있는 증오심과 교묘한 부추김이 안타깝기만 하다.

물론 한국의 역사만은 아니다. 중세의 기독교가 그 정당성을 잃고 비틀거릴 때 수없는 사람들이 '마녀사냥'으로 죽어야 했던 것을 보면 어쩌면 우리는 그보다 한 수 아래였는지도 모른다.

이렇게 인간의 역사는 자신의 반대자를 무력화하기 위해 수

많은 명분을 찾아내었고, 그 명분이 치밀화되고 도식화되어 이념이 되었다. 그 이념은 적대감이 강할수록, 구성원들이 천박할수록 무조건성을 갖는다. 사회적 위기 상황에서도 마찬가지다. 우리 사회는 해방 이후 분단이 되었고 엄청난 전쟁을 겪었다. 물론 일제 강점기에도 이념이 있었다. 여기서 현대사를 논하는 것은 뒤로 미루기로 하자. 분단 구조 속에서 한국사회는 무소불위의 이념사회였다. 1970~80년대 그 이념의 희생자들을 떠올려보면 우리 모두의 무지를 탓할 수밖에 없다. 1980년대 민주화 투쟁 당시 이 땅의 모든 젊은이들(물론 그렇지 않은 소수도 있지만)은 '반반공反反共'을 했다. 반공하는 사람들이 너무 부패하고 독재하고 이 사회의 진리를 가로막고 있었기 때문에 말이다. 그러나 반공反共의 입장에서는 '반반공反反共'은 용공容共이고 친공親共이다. 마르크스나 다른 주체사상을 참고하거나 읽지 않은 민주화 세력은 없을 것이다. 하지만 이것은 고정되어 있거나 불변의 신앙이 될 수 없다. 군사독재가 무너지면서 이 땅의 이념도 함께 눈 녹듯 사라지고 있다. 그렇지만 아직도 강하게 뿌리내린 극단적 이념의 소유자들이 있다. 자신만이 옳다고 믿는 사람들 말이다.

첫째는 극우보수주의자들이다. 아직도 과거 이념시대의 향수를 못 잊어하고, 자신들이 가지고 있는 기득권을 이용해 끝없이 이념적인 적대사회를 만들려 한다. 곧 반대자는 모두 극좌로 몰아간다.

둘째는 극좌 운동권이 아직 잔존하고 있다. 얼마 전 민주 노동당 홈페이지에 올라온 칼럼을 보면 거의 150여 년 전 볼셰비키 Bolshevik 를 보는 느낌이었다. 처량하리만치 그들의 모습은 초라해보였다. 한총련의 일부가 또한 경직된 주체사상으로 세상 변화를 외면하고 있다.

극과 극은 통한다. 서로가 서로를 필요로 하기 때문이다. 극우보수는 누구든 반대의 목소리를 내면 극좌로 몰아가고 싶을 뿐이다. 극좌 또한 마찬가지다.

이렇게 극단적인 사람들이 세상의 주류가 될 때 그 사회는 늘 불안정하고 상식이 없는 사회가 되는 것이다.

지금 우리는 구조조정이라는 완곡한 표현을 쓰며 개혁중이다. 다시 말해서 극단적 이념의 시대에 만들어진 불합리함을 새로운 시대에 맞는 그릇으로 만들어 보자는 얘기다. 정치개혁, 재벌개혁, 공공 부문의 구조조정, 금융개혁 교육개혁, 법제도 개혁, 벽두부터 뜨거운 감자로 떠오른 언론개혁…. 지난 50년 간 이 사회를 이끌어왔던 시스템들이 이제 그 한계점에 도달하여 국민들은 정권교체로서 개혁이 필요함을 의사 표시했다.

그러나 지난 2년간의 IMF와 야당의 반대는 개혁의 큰 걸림돌이었다. IMF가 구조조정의 명분이 되기는 했지만 시민들에게는 당장 생활고를 가중하는 것이 되었기 때문이다.

또 한나라당은 50년 동안 누려온 권력의 금단증상으로 인해 현 정권의 모든 일들을 모두 야당 탄압이라고 강변하고 무조건 반대해서 국민들로 하여금 신뢰를 떨어뜨려 재집권을 해야 한다는 너무도 절박한 이유 하나로 지금 사회를 좌초위기로 몰아갔다.

집권층 역시 국민을 통합하여 개혁을 신뢰성 있게 밀고 갈 만큼의 비전과 추진력을 보이지 못하고 야당의 도덕주의 공격이나 수적 우세에 늘 밀리기만 해왔다.

이런 와중에 국민들은 정치 혐오증을 얻게 되었고 나라는 갈팡질팡하게 되었다. 그러면 왜 이 지경까지 오게 되었나? 이유는 단 한 가지, 이 사회를 움직이고 있는 것은 아직 과거의 분단이념, 즉 극우반공이념세력이 만들어놓은 시스템이 주류를 형성하고 있기 때문이다. 정권교체 세력은 알고 보면 비교적 극단적이지 않은 세력이었고, 그마저 용납할 수 없는 태생적 한계를 가진 극우보수(여기서는 보수라는 긍정적 개념도 붙이기 힘든 선정적 극우) 세력들이 과거 5, 6공 이전에 이 사회를 독식하고 있었다. 아직도 이들의 신앙은 반공이다. 마치 아직도 볼셰비즘Bolshevism을 외치는 어느 노동운동가처럼 말이다. 그러나 세상은 변했다. 사람들은 반공을 외치는 '우국노인'들도 비웃고, 사회주의로 중무장한 철지난 운동권도 외면한다.

나른한 봄볕 아래 깜박 졸다가 깬 돈키호테가 자신의 비루먹은 망아지 로시난테를 타고 풍차를 향해 돌격한다. 세르반테스는 돈키호테를 통해 무너져가는 중세를 비웃고 있다. 이 땅의 극우와 극좌도 마찬가지다. 사람은 세상의 변화와 관계없이 자신의 이익을 지키려면 극단적이게 된다. 정부는 국가보안법도 개정하려고 한다. 한편에서 반대한다. 정부 당국에 권고하고 싶다. 그대로 놔두라고 말이다. 이미 국가보안법은 돈키호테의 비루먹은 말 로시난테이다. 국가보안법을 위반하는 사람은 이미 이 땅에서 영향력이 없다. 그런데 왜 국가보안법을 둘러싸고 그렇게 신경전인가? 극우는 극좌를 필요로 한다. 이미 주체사상과 마르크스가 21세기의 이 세계를 해석하거나 이끌 수 있는 비전을 갖추고 있지 못하다는 것도 명백해졌다. 그렇다면 북한도 변화할 수밖에 없다. 우리는 그것을 준비해야 한다.

이제 극우(선정적 분단의 신봉자), 극좌(마르크스 주체사상의 신봉자)는 국가보안법이라는 그들의 화두에만 매달릴 것이다. 그러는 사이 세상은 저만치 나아가 있을 것이다. 그렇기 때문에 국가보안법의 개폐는 그리 중요치 않다.

국가보안법의 조문을 보라. 현실에서 그런 행동을 할 사람이 얼마나 되겠는가?

아직도 주체사상과 마르크스를 신봉하는 사람이나, 자신을 반대하는 사람은 모두 빨갱이가 아닐까 의심하며 다니는 사람을 모두 돈키호테라 칭하고 싶다.

이제 우리의 이념은 이러한 모습이 되었다. 과거 지향적이고 향수에 젖어 있는 사람일수록 이념적이다.

지금 우리사회의 불안은 바로 이념적인 사람들이 만드는 정치 때문이다. 개혁의 우선이 정치개혁인데 칼자루를 쥔 사람이 개혁의 대상이니 아이러니일 수밖에. 3김, 이념. 사실 3김씨는 극우반공 군사정권의 반대급부로 만들어진 정치인들이다. 한

때 사회에 엄청난 세력이 있던 것 같던 운동가 세력도 마찬가지로 극우반공 군사정권이 만들었다.

새로운 물결이 만들어지고 있다. 어차피 3김도 이 세상의 뒤곁으로 멀어질 것이다. 이제 그 후를 생각해볼 때다.

16

## 우리가 넘어야 할 것들 3
### -이념 2

영화 <JSA 공동경비구역>의 박찬욱 감독에게 한 기자가 '그 영화를 보고 순진한 현역 근무병들이 군사분계선을 넘으면 어떻게 할 거냐'고 우문을 했다. 박 감독은 이에 진반 농반으로 "순진한 휴머니즘으로 분계선을 넘으면 인생이 박살난다는 걸 보여주려 했다"고 답했다. <쉬리>가 내용 없이 '공전의 히트'를 했고, <JSA>가 그 보단 좀 얘깃거리가 되지만 엉성함에도 불구하고 흥행에 성공을 했다. 다음 영화는 어떻게 만들어질까? 아마 이산가족 재회를 둘러싼 해프닝을 스펙터클하게 아니면 러브스토리 식으로 만들어 반짝하지 않을까 상상해본다. 결국 남북문제라는 모두의 관심사를 흥행의 베이스로 하고, 할리우드나 일본식 영화를 가미해서 만들면 언제나 성공일 것이다.

'순진한 휴머니즘'으로 '분계선'을 넘으면 인생이 박살난다.

그렇다. 순진한 휴머니즘 때문에 인생이 박살난 사람들이 어디 한 둘이겠는가? 그러면 인생이 박살나지 않기 위해서는 '휴머니즘', 그것도 '순진한 휴머니즘'을 갖지 않든가 아니면 분계선을 넘지 않든가 둘 중에 하나는 필요조건일 것이다. 여기서 분계선은 반드시 공간적인 의미만은 아닐 것이다. 다양한 스펙트럼으로 우리 삶에 거미줄처럼 그어져 있는 분계선이 있다. 세상을 반쪽의 눈으로만 바라보게 하는 이념! 그러나 그렇게 바라보는 것만이 '인생박살'을 모면하는 길이라는 걸 잘 아는 영악한 우리들! 그렇게 50년을 살아왔다. 더 엄밀하게 100년을 살아왔다. 아니, 인류사는 이러한 대립장치를 만들어 온 역사일지도 모른다. 원시시대에는 터부라는 것이 있었고, 제사장만이 그 터부에 다가갈 수 있었다. 종교가 만들어낸 대립, 마르크스 이후 계급과 민족이 만들어 낸 이념들! 이 모든 걸 씨줄과 날줄로 교직한 코리아의 분단이념! 상대를 악이라 칭하며 자신을 선으로 분장하려는 모든 시도를 우리는 경계해야 한다.

보통 싸움을 말리면서 하는 말 중에 "똑같은 놈들이니까 싸우지" 하며 싸움 말리기를 포기할 때가 많다. 아무리 절박한 선도 시대가 지나면 아무것도 아닐 수 있고, 아무 말 없이 쫓겨남을 감수해야 했던 칠거지악도 요즘 여성들에게 대입했다간 몰매를 감수해야 하는 것처럼 세상일이란 그런 것이다.

그러나 아직도 우리사회는 타도의 대상이 없이는 불안한 사람들이 있다. 「조선일보」가 그렇고 일부 운동권이 그렇다. 「조선일보」가 엄청난 영향력을 갖고 있다고 하지만 그것은 3월의 잔설에 불과하다. 「조선일보」가 다원화된 통일 한국에서도 극우지로 그 명맥을 유지하고 조선노동당 기관지도 보잘것없는 극좌신문으로 자유스럽게 발행되는 꿈을 꾼다면 너무 순진한 휴머니스트일까?

얼마 전 이회창은 이 사회의 '메인스트림 Main Stream'이 자신의 지지자라고 했다. 맞는 말일 수도 있다. 이때의 메인 스트림은 어떤 이념의 소유자들일까? 한겨레신문에서는 재빨리 네티즌들을 상대로 투표를 했는데 자신을 그 메인 스드림에 속한다고 보는 사람이 500명, 아니라고 한 사람이 2,500명이었다. 아마 「조선일보」 독자를 상대로 했으면 그 반대의 결과가 나왔을지도 모른다.

자신을 향해 서 있는 줄이 메인스트림이라고 믿는 것이 행복의 지름길이겠지만, 이제 21세기를 시작하는 우리 사회의 메인 스트림은 적어도 20세기 유물인 Korea의 분단이념을 벗어난 사람들이어야 할 것이라 생각한다. 남북이산가족의 재회장면을 보면서도 냉철하고 무덤덤할 수 있는 사람은 이념적인 사람이다.

겉으로는 포옹을 하면서도 마음속에는 온갖 불신과 비수를 감추고 있다면 그것은 싸움보다 못한 불행일지도 모른다. 뒤로는 온갖 부패와 부정을 저지르고도 반공 피켓만 들고 있으면 면죄부가 주어지던 시대가 있었고, 그 피켓을 들지 않거나 설령 다른 피켓을 든다면 패가망신하는 시대가 있었다. 이제 그 시대의 끝자락이고 새로운 시대가 시작되었다.

올해 한국정치의 최대 이슈는 김정일 위원장의 답방일 것이다. 벌써부터 "반성문을 써야한다", "오게 해서는 안 된다"는 등 유난히 목소리 큰 사람들이 부산히 움직이고 있다. 또 인공기가 나부낄까봐 걱정하고 있다. 모든 것이 기우이길 바란다. 김정일 위원장이 대승적으로 국립묘지를 참배하는 것도 민족의 화해를 위해 고려해봐야 할 것이다.

이념과 분단, 전쟁으로 인해 죽은 자들에게 살아남은 자가 바치는 부끄러운 과거 위에, 우리 모두 참회의 심정으로 꽃을 바침이 어떨까? 싸움이 있고 난 후 '상대가 먼저 사죄해야 화해하겠다, 용서하겠다'라고 한다면 그 당사자는 영원히 원수로 살아야 한다. '악의 화신인 북한과의 공존보다는 차라리 전쟁이나 북한 내의 민중봉기만이 해법'이라는 조갑제식 발상으로는 안 된다. 2+2 방식을 제기했을 때 북한은 얼마나 반대했는가? 남한의 운동권도 마찬가지였다. 이유는 남북문제를 왜 주변국과 결부시키는가? 비주체적이라는 이유로 말이다. 유엔 동시 가입도 그랬었지만 지금은 동시 가입했다.

이제 통일보다 평화가 우선이라는 것은 상식이다. 그리고 더 높은 평화는 통일을 통해서만 이루어진다는 것도 모두 알고 있다. 우리가 그렇게 믿고 살았던 이념! 우리의 모든 것을 지탱해줄 것 같던 이념! 남이든 북이든 이제 버려야 한다. '너 먼저 벗어라!' 하지 말고 같이 벗어야 한다. 이제 분단이념은 3월의 잔설이고 지동설의 세상에 천동설과 같은 것이다. 극우와 극좌의 언동에 너무 괘념할 필요가 없다. 다원화된 사회에서 그들은 구색으로 필요하니 말이다.

17

# 우리가 넘어야 할 것들 4
## -지역감정

야생성이 강한 꿩을 대규모로 사육하는 사육장에 가보면 꿩들은 하나같이 앙증맞은 노란 캡cap을 쓰고 있다. 그 이유는 꿩에게 멀리 볼 수 없게 하기 위함이다. 언제나 제 앞의 땅만 보게 하는 것이다. 그래야 날지 못하기 때문이다. 만약에 그 캡을 벗기면 꿩은 날 것이고 계속해서 그물에 부딪혀 죽게 된다. 그렇다고 그 꿩에게 자유롭게 날 수 있도록 그물을 치자면 엄청난 공간을 만들어야 하기에 경제성이 없을 것이다. 날개를 부러뜨릴 수는 더더욱 없는 일이고 보면 유일한 방법은 땅만 보게 하는 것이다. 꿩은 야생성이 강해서 메추라기처럼 케이지 안에서 사육하면 스트레스로 인해 죽어버린다고 한다.

지역감정을 가진다는 것! 애향심과는 분명 다른 것이리라. 물론 지역감정을 가진 사람들도 스스로 애향심이 있다고 믿을지 모르지만 전체라는 측면에서 볼 때는 그렇지 않다. 지역주의는 다양한 규모로 나타난다. 자연 부락 단위의 마을에서, 좀 크게는 산이나 강의 자연 경계를 두고 나타나기도 하고, 행정

구역 단위로 나타나기도 하고, 영·호남처럼 전국적 규모로 정치화하기도 한다.

지역주의가 만들어진 배경으로 다양한 원인을 들 수 있지만, 소지역주의나 전국적 규모의 지역주의나 공통된 원인은 자기 지역의 배타적 이익의 확보를 위한 것이다. 그것이 전체에 어떤 영향을 미치는지는 고려해볼 틈도 없는 것이다. 심지어 시민운동을 한다는 사람들도 대부분 작든 크든 지역주의에 사로잡혀 있다. 1992년 대통령 선거 종반에 유명한 '부산 복국집' 사건이 터졌다. 이젠 고전적 일화가 되어버렸지만 말이다. "이번에 지면 부산 사람은 모두 영도다리에 빠져 죽어야 한다."는 말에 "도대체 부산 사람을 뭘로 보고 그런 얘기를 하느냐" 하면서 상당히 반발이 나올 것이라고 예상했다. 그래서 타 후보측에서도 이를 이용하여 그 말을 한 사람을 지역감정을 이용한 치졸한 정치인으로 몰아 붙였다. 그런데 결과는 정반대로 오히려 부산사람들은 더욱 단결(?)했고 몰표를 던졌다. 그래서 당사자는 훗날 논공행상에서 법무부장관이 되었다.

이때 우리는 지역감정의 실체를 보았다. 그 집단성과 우매함을 보았다. 그것은 전라도도 마찬가지일 것이다. 거기엔 이유가 없다. 합리적 언사가 있을 수 없다. 나치즘만큼이나 무서운 광기가 있다. 정치인들은 그것을 이용하고 증폭시킨다.

지금 정가에는 차기 대선으로 이합집산 줄서기가 한창이다. 50년 만의 정권교체라고 하지만 그것은 의미가 없다. 재집권하느냐 재탈환하느냐 전쟁터를 방불케 한다. 「조선일보」

는 최근 수개월 동안 1면 머리기사에 단 한 번도 긍정적인 기사를 실은 적이 없다. 국정파탄과 실정, 어떻게든 현 정권의 이미지를 추락시키겠다는 일념으로 기사를 쓴다. 물론 그것도 자유라고 생각한다. 「조선일보」가 추구하는 자유 말이다. 그러면서도 2, 3면으로 가면 언론을 탄압한다고 한다. 1980년대 그 암울했던 철권통치 시절 「조선일보」의 1면 머리기사는 장밋빛 환상을 곧잘 다루곤 했다. 그 아량은 어디로 갔는지. 다른 신문들도 예외는 아니다.

다음 대통령 선거는 최악의 지역주의가 좌우하는 선거가 될 것이라고 벌써부터 우려의 목소리가 높다. 어떻게 영남표를 단결하여 정권탈환에 성공하느냐, 어떻게 영남표를 효과적으로 분산시켜 정권 재창출을 하느냐, 이 두 가지 이외에 다른 것은 모두 종족변수다.

지방선거 또한 지역주의에서 예외가 아니다. '그가 어디 출신이냐, 어느 학교 출신이냐' 오로지 과거에만 매달려 있다. 그가 어떤 사람이고, 어느 당이고, 어떤 비전을 제시하고, 어떤 실천력을 가지고 있는지는 안중에도 없다. 그러니 우리에게 미래는 언제나 불안정한 것이다. 과거를 선택의 잣대로 삼는 유권자들이 있는 한 말이다.

지역이란 같은 문화권에 있기 때문에 독특한 정서를 공유하는 것은 어찌 보면 당연하다. 말투가 다르고, 생활양식이 조금씩 다르다. 이 차이는 아름다운 것이므로 서로 존중해주어야 할 것이다. 그러나 우리는 근시안적인 안목 때문에 독선에 빠진다. 상대방과의 차이를 참을 수 없는 것이다. 차이를 빌미로 비난하고 배척하게 된다. 이를 정치에 이용하고 그 대가는 유권자에게 또 우리민족 전체에게 암울한 미래로 다가온다.

우리가 지역주의, 지역감정이라는 '노란 캡'을 쓰고 있는 한 우리의 미래는 없다. 우리는 날 수 없다. 민족의 웅비도 없다.

이 땅의 모든 정치인들이 자기 출신 지역을 당락의 제일 우선순위에 두고 있는 한 아무리 많이 배우고, 바른 말을 하고, 성실하다 하더라도 중대한 자신의 미래를 선택할 때에 힘없이 지역주의에 의탁하고 마는 현실을 우리는 어떻게 보아야 할까?

이미 권부의 한 중심에서는 제각기 수판을 놓고 있을 것이다. 치열한 세계 속에서 우리 민족의 활로를 걱정하는 수판이 아니라 '영남 유권자 몇 명? 호남 유권자 몇 명? 누가 출마해야 이 지역감정의 불가해한 험준산령을 넘어 당선될 것인가?' 이런 수판 말이다. 지방선거 출마자도 예외는 아니다.

그러나 우리는 이제 이런 지역주의에서 벗어나기를 촉구하고 싶다. 물론 지역감정의 최대 수혜자들도 지역주의는 나쁘다고 목소리를 높인다. 아무리 전문지식이 있고 교양이 있고 돈이 있고 명예가 있어도 지역주의로부터 자유롭지 않은 사람은 위험한 사람이다.

이제 지역주의를 분석하고 지역감정을 비판하는 시대는 지나갔다. 지역주의와 지역감정을 부추기는 행위를 아주 질 낮은 것으로 여기는 문화를 만들어야 한다. 세계화, 민주화, 그리고 지속 가능한 지구를 화두로 삼고 가는 이때에 크든 작든 지역주의의 볼모가 되어 있는 우리들의 자화상을 가슴 깊이 되돌아보아야 한다. 그 몽매한 집단주의에 우리의 이성은 설자리를 잃었고, 이 민족의 진정한 지도자들은 귀거래사를 쓰며 사라져 가고 있다.

수신修身은 만사萬事의 시작이요 제가齊家*는 치국治國의 안목으로, 또 치국의 자격은 평천하平天下의 순리를 깨달은 자의 몫이다.

연천, 포천, 철원을 넘지 못하고는 한탄강을 이해할 수 없고, 한탄강을 넘지 못하고는 바다를 논할 수 없다. 경상도, 전라도에 빠져 있는 한 그 치국治國은 절국絶國이요, 분단된 한쪽만 고집하는 한 우리 민족의 에너지는 빠져나갈 수밖에 없다.

지역주의! 그로부터 나오는 지역감정! 그것은 크든 작든 꿩들이 쓰고 있는 하늘가리개이다. 그것을 쓰고 있는 한 그 꿩들은 그들의 사육자의 의도대로 살 뿐이다.

---

* 여기서 家는 지금의 가족이 아니다. 자신과 철학과 비전을 같이하는 사람들의 집단, 즉 '일가一家를 이룬다' 할 때의 가家이다. 이를 잘못 해석하여 오늘날 가족 이기주의를 강화하는 동양적 오류가 있었음을 밝혀 둔다.

■ ■ ■ 18

# 시국 선언문

## 1. 적대적인 사회에 대하여

1980년 5월 광주, 민주화를 갈망하던 광주시민을 총알로 무참히 학살한 전두환을 성군聖君으로 추앙하던 「조선일보」가 1980년의 희생자이며 노벨평화상 수상자인 김대중을 최악의 '독재자'로 몰고 있다. 「조선일보」의 일관성은 높이 인정한다 하더라도 이에 동의하는 그 숱한 대중들은 무엇인가? 진정 김대중은 지난날의 모든 공을 다 잃을 정도로 이 민족 앞에 죄악을 저질렀는지, 아니면 「조선일보」만이 지극한 선이고 그 나머지는 악인지 생각해볼 필요도 없는 사람들을 논하고자 한다.

대한민국은 적대적인 사회임에 틀림없다. 남과 북은 물론 그의 종속 변수로서의 영·호남이 그렇다. 나아가 편 가르기를 위해서는 세대, 계층, 지역, 학연, 모든 줄서기가 가능한 사회다. 자신이 만약 일제 강점기에 태어났더라면 일본에 협력하고 살았을 것인지, 독립운동을 했을 것인지 물어보자. 아직 미국이 막강한 영향력을 행사하는 현실에서 이런 물음은 진행형이 될 수 없기에 가치가 없는지 모르지만, 어떤 극우적인 인사의 "난 그때 태어났어도 어쩔 수 없이 현실을 인정하고 살았을 거야" 하는 솔직하고 자조 섞인 고백을 들으면서 우리는 또 한 번 비감해진다. 줄기차게 "너 일제 때 뭐 했니? 해방이 되고 어느 편이었니? 지금은 어떤 당을 지지하니?" 이 모든 질문이 아무런 의미가 없는 사회다. 친일을 했어도 다시 힘을 가지면 두루뭉수리 되고, 전두환을 지지하던 집단적 광기가 우울한 냉소주의가 된 오늘까지 우리는 한 번도 우리의 과거를, 아니 바로 어제의 일을 솔직히 논해보지 못했다.

우리 사회가 적대적인 사회가 되었고 갈수록 더 악화되는 것은 바로 과거를 솔직히 내놓고 말하지 못했기 때문이다. 부끄러운 과거를 감추기 위해 할 수 있는 최선은 남을 속이거나 힘으로 말하지 못하게 하는 것이다. 이 부끄러운 과거를 가진 「조선일보」는 진실을 말할 수 있는 자유를 외치는 게 아니라 거짓을 말할 수 있는 방종을 요구하고 있다. 그러려면 대중 앞에 자신보다 더 추악한 적을 만들어야 한다. 도깨비 같은 정체라도 상관없다. 거기에 딱 맞아떨어지는 게 북한이었다. 그들의 친일을 덮어주고 그들이 독재정권의 나팔수라는 부끄러운 과거를 감출 수 있는 도깨비가 바로 북한이었다. 그 북한을 햇볕정책으로 끌어안으려는 김대중 정권은 본의 아니게 「조선일보」의 외투를 비추고 있었다.

언론의 자유를 외치는 「조선일보」여!

그대들이 1980년대 그런 자유를 외쳐보았는가? 우리는 일제 강점기의 당신들을 볼 수 없었던 세대이기에 바로 어제의 일만 이야기하는 것이다. 지금 「조선일보」는 모든 말을 다 하고 있지 않은가? 1980년대 젊은 청년들은 바로 「조선일보」를 지지하고 한마음이 되었던 그대들로 인해, 그대들이 지독히 싫어하는 사람이 있다면 진짜 좋은 사람일 수도 있겠구나 하는 단순 논리가 있었다. 필자도 그런 사람 중에 하나였다. 역사의 커다란 물줄기는 국민의 의사를 결정력으로 하지만, 그 가려진 진실을 알기 위해 언제나 소수의 희생적이고 정열적인 노력이 필요한 것은 1980년대에도 예외는 아니었다. 수구세력들은 오히려 북한을 신비한 존재로 만들었다. 왜냐하면 모든 걸 가리고 있었기 때문이다. 그러나 지금 그런 북한에 대한 베일은 이미 모든 국민대중들 앞에 벗겨졌다. 이것이 「조선일보」의 괴로움의 실체다. 국민들이 북한을 좋아하고 찬양하기 때문에 통일을 원하는 게 아니다. 우리 사회의 적대감의 원천이 바로 분단이기 때문에 통일을 원하는 것이다.

북한은 정적을 죽이는 수단이었고, 국민들을 한 줄로 세우는 마력이었고, 부끄러운 과거를 감추는 최고의 가면이었다. 그러나 국민들은 북한을 있는 그대로 보고 싶어 한다.

그들도 우리와 똑같은 李가, 金가라는 것
쌀과 김치가 있어야 사는 사람들이라는 것

여기까지 오기 위해 우리는 50년 동안 가면무도회를 했었다. 주체사상은 더 이상 인류를 구원할 메시지가 아니다. 그렇다고 「조선일보」가 이 땅의 메인스트림이 되어서도 안 된다. 「조선일보」는 마치 자신들을 미워하면 북한을 찬양하거나 아니면 빨갱이인 것으로 믿고 있다. 여기서 「조선일보」는 단순한 「조선일보」만을 지칭하는 것이 아니다. 우리 사회에는 「조선일보」를 읽지 않고도 「조선일보」다운 생각을 하는 사람이 많다. 「조선일보」의 불행은 자신의 친일과 독재정권의 나팔수로서의 행적을 감추기 위해 더욱 더 적대감을 부추기는 데 있다.

동서, 남북 간의 공존과 화해, 그리고 이를 바탕으로 더 나은 새로운 사회로의 이행을 만드는 역사적 현실 앞에서 「조선일보」는 보수가 아니라 수구다. 이 땅에는 보수와 진보의 대결은 없다. 수구와 개혁이 있을 뿐이다. 우리 역사 속에서 보수적인 정치전통이 만들어질 여유는 없었다. 한 번도 역사적 화해가 없었기 때문에 말이다. 우리는 현 시국을 논함에 이성적으로 분별하며 불편부당한 자세를 견지한다. 국민의 정부의 출범은 역사적으로 한국 사회의 큰 변화의 첫 단추였음에 틀림없다.

50년에 걸친 민주화운동이 새로운 정치세력을 만들고, 불안정하지만 50년 만에 정권 교체를 이뤄냈다. 이는 역사의 새로운 물줄기를 예고하는 대목이었다. 그러나 이전의 집권세력(이 중에는 수구세력이 다수 포함됨)은 정치적 파트너라기보다는 잃어버린 권력에 대한 집착에 사로잡혀 조직적, 정서적 연대는 커녕 비협조, 불만확산, 파상적인 정치공세로 일관해 국민의 정부는 단 하루도 잠잠할 날이 없었다. 여기에 미숙한 행정운영과 행정 관료들의 복지부동이 더해져 정책수행에 결정적 장애가 되었다. 교육개혁, 의료보험, 국민연금 구조조정, 최근의 댐 정책까지 어느 것 하나 국민적 지지를 얻지 못했다. IMF라는 중환자를 물려받아 잠시도 권력의 달콤함을 맛볼 새도 없이 이제 1년 남짓 남겨놓고 있다. 50년 분단사 최대의 사건인 6·15선언도, 노벨평화상도 아무런 가치가 없다. 하지만 역사는 멈추지 않는다. 우리는 고난의 민주화운동의 열매만 따먹으려는 일부 경직된 주사파 통일운동 세력도, 남북화해의 큰 틀은 무시한 채 작은 돌출행동 하나를 침소봉대하여 물 만난 고기떼처럼 설치는 「조선일보」도, 이 땅의 역사적 화해를 위해 필요치 않다고 본다. 국익보다는 정파의 이익을 위해 아귀다툼을 할 수밖에 없는 수구세력이다.

역사를 너무 도식화시켜 현실을 무시한 철없는 주사파도 이제는 극복되어야 한다.

## 2. 부패한 사회에 대하여

절대권력은 부패한다. 50년 정치사는 권력형 부패의 역사라 해도 과언이 아니다. 전두환, 노태우 정권은 말할 것도 없고 김영삼 정권도 늘 비리의혹에 시달려왔다. 현 정권도 옷 로비, 신공항 로비, 두 사안으로 지난 4년간 그 이미지를 실추시켰다.

비교적 역대정권에 비해 권력형 비리는 눈에 띄게 줄었다. 이것은 그만큼 권력이 분권되었다는 증거이고 공개되어 왔다는 증거도 된다. 이것은 분명 진전이다. 그러나 지방으로 내려오면 사태는 다르다. 지방자치가 되면서 중앙정부의 통제와 감시로부터 상대적으로 자유로운 자치단체의 유·무형의 비리와 부조리는 심각할 정도로 국가의 기반을 위협하고 있다. 합법과 정당한 절차를 가장하지만 그 이면에는 비리와 이권이 개입되어 있음을 사람들은 의심한다.

지방의 기초의회가 감시기능을 발휘하지 못하고 들러리 역할만 수행하면서 이는 더 심화되고, 심지어 이권에 개입하면서 지방행정을 더욱 문란하게 하고 있다. 이는 의원의 전문성 부족에도 문제가 있지만, 이런 의원들을 뽑아주는 유권자의 낮은 의식과 이런 유형의 의원과 유권자들이 대부분 수구적인 사고를 가지고 있다는데 더 큰 문제가 있다. 이들은 권토중래 捲土重來 를 꿈꾸면서 지속적으로 반정부 활동을 하면서도 실질적인 이익과 권력을 누리고 있다. 여기에 현 정권의 불행이 있다. 구조조정의 제1대상은 사실 정부출연 공기업이었다. 그러나 이미 물 건너갔다. 개발 드라이브 시대에 국토개발을 위한 공기업들이 비대해지면서 자기 조직의 유지를 위해 내놓은 정책마다 민원의 대상이었다. 이는 곧바로 반정부 운동이 되었다.

자치단체의 재정자립도를 높이기 위한 무리한 사업 또한 민원의 근원이었다. 이것은 현재 한국의 부패의 큰 두 줄기이다.

이들은 국민의 혈세를 낭비해도, 돌이킬 수 없는 영구적 반대급부를 초래해도 당당하다. 그들이 낭비하는 수조 원의 혈세는 언제나 면죄부가 주어진다. 이것이야말로 부패 중의 부패다. 권력형 비리는 음모적이고 폐쇄적이지만 이 구조적 비리는 국민의 무관심 속에 버젓이 행해진다. 최근 수자원공사의 댐 건설 과정을 보면 이를 잘 말해주고 있다. 이러한 공사를 그냥 놔둔 채 정책을 운용하면 현 정권은 돈 잃고 표 잃는 우를 범할 수밖에 없을 것이다.

교육과학기술부, 보건복지가족부, 노동부, 국토해양부 모든 부서가 내놓은 정책마다 심각한 저항에 부딪힌다. 이는 수구세력의 반대를 위한 반대만이 아니란 걸 알아야 한다.

현재 관료들은 정권과는 관계없다. 정권 또한 관료들을 장악할 수 없다. 여기에 또 하나의 불행이 있다. 한국의 부패지수는 최하위권이다. 국민들이 느끼는 부패지수는 더 심각하다. 특히 정부기관이나 지방 행정에 대한 불신은 이제 생활화되어 있다. 부패 없는 나라! 그것이 진정한 민주화의 종착역일 것이다.

## 3. 정의가 쇠락한 사회에 대하여

술집에 서너 명의 친구가 앉아 술을 마시면서 나누는 대화를 들어보면 어김없이 정치 얘기를 하고 있고 모두 민주투사이고 정의의 불사신이다. 이들은 나름대로 대안을 제시하고 목청을 높인다. 그러나 이들은 다음 날 숙취가 깨어나면 축 처진 어깨로 그저 살아간다. 오로지 서너 명의 친구일 때만 그렇다. 공무원들일수록 더 그렇다. 식자층일수록 더 목소리가 높다. 그러나 이들의 삶의 모습은 오히려 그 반대편에 있다.

우리는 역사상 가장 풍요로운 사회에 살고 있다. 비록 경제적 순환논리로 불황이라고 하지만 그것은 물질적 풍요와는 일정 거리가 있다. 풍요 속에 정의가 쇠락하면 그 사회는 타락한다. 자신의 이익이 도덕의 잣대가 되어버린다. 적대적인 사회가 지속되면서 우리들은 합리적이고 다양한 의사표현을 원천 봉쇄당했고 편 가르기만이 행동과 사고의 양식이었다. 여기에 정의가 숨 쉴 수 있는 공간은 없었다.

한국인은 지나치게 이념적이고, 정치적이고, 적대적이다. 그것이 생존의 법칙임을 체득하고 있다. 본능적이고, 육감적이다. 누가 무엇을 하든 자신의 편견, 즉 '적인가, 아군인가?'를 구분한다. 이 속에 정의가 싹틀 수 없다. 우리 편이라면 아무리 파렴치한일지라도 그럴 수도 있다고 한다. 상대편이라면 아무리 좋은 일이라도 뭔가 불순한 의도가 있을 것이라 믿는다. 이 속에 도덕이란 있을 수 없다. 이 와중에서 잃어버리는 것은 우리 운명을 개척한 인재들이 소리 없이 스러져 간다는 것이다. 이제 적대적인 사회, 부패한 사회를 향하여, 내일에 대하여 논하고자 한다.

"조선일보는 황국의 충실한 언론기관으로서 대 일본제국의 영광을 위하여 최선을 다한다. … (「조선일보」 사설 중에서)"는 「조선일보」가 항일신문이라며 손바닥으로 하늘을 가리고, "단군 이래 국난극복의 성군聖君 전두환"이라며 피의 살육을 찬양하던 「조선일보」! 우리는 이들에게 내일을 맡길 수 없다. 주체사상과 폐쇄적 사회주의 체제 또한 우리의 문제를 해결할 수 없다. 단지 북한의 현실을 송두리째 무시하지 않고 내일을 여는 같은 민족으로 바라볼 뿐이다.

이제 좌와 우는 그저 시대적 유물 혹은 문제제기 집단으로밖에 의미가 없는 시대가 되어야 한다.

중대한 역사적 전환점인 이 민족의 운명을 짊어질 중추세력의 힘이 필요하다. 그것은 좌익도 우익도 아닌 민주화시대의 역사적 힘이다. 친일과 독재 권력의 과거 때문에 자신을 늘 합리화시키기 위해 현실을 왜곡하는 불행과 시대적 흐름을 무시한 채 경직된 이념에 경사된 좌경화 된 시각도 모두 극복되어야 한다.

지금 우리는 심각한 이념전쟁을 하고 있다. 좌도 우도 아닌 제3의 길이 필요한 시점이다. 이를 극복하기 위해 민주화 세대의 든든한 역할을 기대한다. 지금까지의 달콤한 열매만 따먹으려 하지 말고, 비판만이 자신의 생존방식이라는 무정견도 아닌, 진정 좌로도 우로도 치우치지 않는 개혁 세대가 필요한 때이다.

내년 지방선거는 부패구조의 개혁이고 대선은 민족의 화해와 우리들 사이의 적대감을 해소하는 중대한 사건이다.

실체도 없는 보수와 진보의 싸움이 아니라 수구와 개혁, 민족화해와 전쟁불안의 중대한 갈림길임을 분명히 하고자 한다. 이제 우리 역사의 '메인스트림'은 여기에서 흐르고 있다.

# 제3부

# 한탄강에서 바라본 세상

■ ■ ■ 1

## 지역에서 교육을 말한다 1

– 무엇이 과외를 부추기는가?

1980년 국보위국가보위비상대책위원회의 과외금지조치 이후 20년 만에 헌법재판소의 위헌 판결로 인해 과외가 전면 자유화가 되었다. 학원에서 공부하고, 학교에서 잠자고, 집에서 논다. 요즘 아이들을 빗대어 하는 말이다. 물론 할 수 있는 모든 과외를 금지한다 해도 다 해왔겠지만 이젠 천태만상의 과외가 세상에 회자될 것이다. 수천만 원짜리 과외, 과목선생, 족집게과외, 그룹과외, 여기까지가 필자의 상상력이다.

학교 교육은 더욱 초라해지고 과외를 둘러싼 사회에는 일정한 위화감이 생길지도 모른다. 그러면 무엇이 과외로 아이들을 내모는가? 과외의 사전적 의미는 학교교육을 보충하기 위해 학교 밖에서 하는 다양한 공부를 말한다. 그러나 지금은 학교 밖에서 이루어지는 학습이 주가 되고 있다.

그 첫 번째 원인은 입시와 교실교육의 이중성에 있다. 우리 교육현실에서 모든 학교는 다양한 시험을 치르기 위한 곳이 되었다. 고등학교까지는 오직 대학 입시를 위해 존재한다. 교실교육은 전인교육을 외치며 이상적인 학교교육의 모델을 만들려 한다. 그러나 학생들에게 중요한 것은 입시다. 이를 충족시키지 못하는 교실교육은 필요가 없다. 게다가 한 교실에 얼마나 많은 학생이 있는가. 그러기에 학생들에게는 학생 수도 적고 입시에 필요한 것만 찍어서 가르치는 학원이 더 매력적일 수밖에 없다. 자신의 수준에 맞춰 선택하고 친한 친구와 함께 가고 언제든지 그만둘 수도 있고, 아무튼 학교교실과는 전혀 다른 자유를 준다. 학교는 단지 절차상 가지 않으면 안 되고, 친구들 때문에 가는지도 모른다. 우리는 단순한 답을 얻을 수 있다. 입시를 없애든지, 교실을 철저히 입시를 위한 효과적인 공간으로 만들든지 하면 된다.

식자깨나 있는 사람들은 입만 열면 학력은 중요하지 않다, 실력이 중요하다고 침을 튀기면서 대학을 폄하한다. 그러나 대학을 나오지 않고 한국사회에서 대접을 받는다는 것은 여간 힘든 일이 아니다. 여기에도 이중성이 존재한다. 한국처럼 모두 대학입시에 줄을 서면서도 학력보다 실력이 우선이라고 노래하는 사회도 없을 것이다. 수석 입학한 학생은 예외 없이 학교수업만 충실했다고 하고 일류대학을 나온 사람은 또 예외 없이 학력보다 실력이 우선이라고 한다. 그러나 이 말을 믿는 사람이 아무도 없다는 데 문제가 있는 것이다. 과거시험과 조선의 교육이 수백 년을 이어왔던 이유는 그 일치성에 있다고 본다. 과거시험을 보려면 천자문에서 사서삼경까지 시서詩書에 능해야 하고, 일정한 자신의 철학이 있어야 했다.

사회가 변하고 과거시험과 교육의 일치성이 상실되는 조선

말, 모든 교육은 서양으로부터 오는 제도화 학문을 수용하며 근본부터 바뀌었다. 과거제도가 폐지되고 서당이 문을 닫았다. 이제 21세기 교육을 논함에 있어 새로운 일치성을 찾아야 할 것이다.

첫째, 고등학교까지의 교육은 사실상 의무화되어 있고 이는 국민교육에 매우 중요한 과정이기에 국가는 졸업자격 시험으로 현재의 입시를 전환해야 한다.

둘째, 대학의 입시는 대학 자율에 맡겨야 한다. 그리고 학력이 있는 그대로 대접을 받아야 한다. 열심히 공부하고 많은 돈을 들여서 졸업했는데 당연히 존중되어야 하지 않은가? 왜 우리사회에서 대학 졸업자가 늘 실력이 중요하다고 떠들고 다니는지는 스스로가 잘 알 것이다. 들어가기가 힘들지 들어가면 졸업은 대충대충 하고 얄팍한 지식으로 세상을 살기 때문에 이런 일들이 벌어진다. 그러나 세상은 그것을 용납하지 않는다.

이제 간판의 중요도가 떨어지고 있다. 또 세상에는 일정기간에 한해 아름다운 서열이 있는 것 아닐까? 대학도 마찬가지다. 그것을 인정하는 자신감이 필요한 것이다.

오늘 방과 후에 학원수업을 하고 지친 몸으로 집에 돌아가는 우리 학생들이 진정 원하는 것은 무엇일까? 솔직하게 이 정도면 고등학교를 마쳤노라고 얘기할 수 있고, 실력과 적성으로 만든 꿈을 실현하기 위해 대학을 선택하고 당당히 자신의 세상을 만드는 것이 아닐까? 이런 사회를 만들어주어야 한다.

■ ■ ■ 2

# 지역에서 교육을 말한다 2

## -교육관료 그들은 누구인가?

우화 「벌거벗은 임금님」을 처음 읽은 것은 초등학교 저학년 교과서에서다. 그때는 '어리석은 임금님, 칭찬만 하면 무조건 좋아하는 바보 같은 임금님, 나는 이 담에 누가 칭찬을 한다 해도 넘어가지 말아야지' 했던 것이다. 하지만 나이가 들어 이 우화를 다시 보면서 '아하! 그것이 어리석은 임금이 아니라 어리석은 신하들의 이야기구나!' 하며 자신의 어리석음도 깨닫게 되었다.

자신들의 안일만 생각하며 거짓을 말하는 신하들, 누구 하나 진실을 얘기하면 안 되는 그 숨 막히는, 그러나 그들에게는 차라리 편안한 현실을 꼬집은 것이다.

이때 거리의 한 어린아이가 나타나 진실을 얘기한다. "임금님은 벌거숭이구나!" 이 우화의 작가는 일찍이 왕실의 관료주의를 보았던 것이다. 왕실은 높은 담에 둘러싸여 있어 들여다볼 수 없다. 따라서 그 속에는 관료주의가 횡행할 수밖에 없다.

해방 후 80년대까지 우리 정치의 권력은 군에 있었다. 군이라는 폐쇄된 사회, 들여다볼 수 없는 사회는 왜곡된 관료주의를 만든다. 국민이 들여다볼 수 있는 사회, 투명성이 높은 사회는 관료주의가 발붙일 틈이 없다. UN에서 투명성 제고를 위한 국제적 연대를 하고 있는 것도 바로 이 때문이다.

한국에 근대적 학교가 들어서고 서당이 해체되면서 학교는 마을과 일정한 거리를 두게 된다. 곧이어 일제의 식민화 교육은 학교를 더더욱 들여다볼 수 없게 한다. 담을 쌓고, 대문을 만들고, 훈도訓刀를 찬 선생들이 학생들을 '천황폐하'의 황국신민으로 교육한다. 감히 학교교육을 들여다볼 수 없을 뿐 아니라 마음조차 먹어서도 안 된다. 그저 일본글, 가타카나, 히라가나 배우는 걸 대견해하거나 신식학문 배우는 걸로 위안하는 게 고작이다.

근대식 교육의 기초가 이렇게 만들어졌다. 교육법, 교육과정 직제, 교사들. 한국 교육은 이렇게 출발했다. 해방이 되어도 그 내용은 크게 바뀌지 않았다. 학교는 민주주의를 배우는 곳이다. 한국에서 민주주의의 진통이 길 수밖에 없는 이유도 바로 이 때문이다.

한국의 교육 관료의 위계는 '교육부 시·도교육청 단위학교 관리직 교사'로 되어 있다.

A교사는 50년을 갓 넘긴 중견이다. 청춘을 교단에서 아이들과 함께 30여 년 한 세대의 변화를 온몸으로 체감하며 살았다. 그에게 한 가지 고민이 생겼다. 교감을 할 것인가? 평교사로 남을 것인가? 이제 10여 년 남짓 남은 세월을 어떻게 살 것인가? 고민이 아닐 수 없다. 벌써 동료들은 교감 승진을 했다는

소식이 들려온다. 지금 학교의 교감도 자신보다 아래이다. 스스로 힘들다. 자식들과 주위에서 혹시 무능하게 여기지 않을까? 자격지심만은 아닐 것이다. 남자 교사들 앞에 던져지는 필수적인 고민이다. 이제 약삭빠른 신세대 교사들은 30이 넘으면 벌써 이런 고민을 한다. A교사는 이제 마지막 '1등수'(교장이 주는 승진의 결정적 변수)를 받아야 하고 대학원까지 다니면서 점수가 될 만한 것은 다 챙겨야 한다.

계량화된 점수가 교감을 만들기 때문에. 이렇기에 교장의 권한은 거의 절대적이다. 물론 교장이 바로 서면 문제는 생각보다 크지 않을 수 있다. 그러나 이러한 구조 속에서 학교는 이미 관료화된 지 오래다.

시·군 교육청으로 가면 문제는 더욱 심각해진다. 시·군 교육청의 역할이라야 예산 배분권이 가장 큰 일이다. 나머지 장학지도 사업은 현실성을 잃어가고 있다. 자리보전을 위해 입안한 기획을 단위학교로 내려 보내면 단위학교는 실정에 맞든지 말든지 해 올려야 한다. 교육청 건물은 대리석으로 단장하고 정문을 더 웅장하게 하면서 시골의 작은 학교들은 금이 가고 지붕이 샌다. 혹자는 시·군 교육청의 무용론을 제기하기도 한다. 고등학교는 시·군 교육청 없이도 잘 운영된다는 것을 근거로 한다. 물론 현실을 비꼬아 하는 말일 것이다. 지역사회 교육의 중심기관이 교육청이 되어야 함은 두말할 나위가 없을 것이다.

국민의 정부 들어서 가장 현 정부를 인기 없게 만든 부처를

꼽으라면 모두 교육부를 들 것이다 거기에는 현 정부의 교육 정책에도 문제가 있겠지만 교육부의 관료들이 더 큰 문제이다. 수십 년을 교육부에서 살았다. 장관을 한 둘 대한 게 아니다. BK21, 소규모학교 통폐합, 정년단축, 모두 실패작이다. 대학 수능 폐지, 과외철폐…. 모두 신문의 머리기사는 되어도 우리 교육의 대안이 되지는 못한다. 이런 사이에 장관은 바뀌어가고 관료들은 영원히 오늘도 새로운 정책을 기다리고 있다.

한국 교육계의 관료주의는 강하게 비판받아야 한다. 군사독재 시절 참교육을 외친 교사들이 전 국민적 호응을 얻었던 것은 그들의 용기 있는 사랑 때문이었다. 해직을 무릅쓰고 군사문화 교육으로 빚어진 황폐한 교육현장을 고발했던 것이다. 그 힘으로 전교조가 결성 합법화되었다. 그러나 전교조 또한 관료화 되어가고 있거나 혹은 이미 되어 있는지 모른다. 이제 관료주의화 된 교단을 향하여 새로운 참교육을 외칠 선각자를 우리는 기다리고 있다.

"학교는 죽었다."

이 말은 더 이상 인용부호가 아니라 사실이다. 학교가 죽은 이유는 간단하다. 우리의 아이들이 '벌거벗은 임금님'을 발견했기 때문이다. 그들은 원조교제로, 술과 담배로, 성인으로서도 이해하기 힘든 방황으로 외치고 있다. "임금님은 벌거숭이다"라고 말이다.

■ ■ ■ 3

# 지역에서 교육을 말한다 3

## -군 소재지 학교의 허와 실

2000년 새 학기를 전후해서 신북의 삼정초등학교에서는 전에 없던 전학 붐이 일어났다. 순식간에 20 ~30여 명이 포천초등학교로 전학을 가버렸다. 지난 해 농촌 소규모학교 통폐합 반대로 겨우 겨우 6학급을 유지했었는데 일순간에 4학급으로 되었다. 복식수업이 이루어지는 것이다. 떠나는 사람들의 변辨은 이렇다. 삼정초등학교를 나오면 삼성중학교를 가야하는데 이왕 통학거리가 멀 바에야 조금 더 가서 포천중학교로 가는 게 낫지 않겠느냐는 것이다. 삼정초등학교와 삼정중학교보다는 포천초등학교와 포천중학교가 우리 아이에게 더 많은 기회변수를 제공하지 않겠느냐 하는 것이다. 한두 사람이 전학을 하자 줄을 이었다. 점점 삼정초등학교의 교육여건이 열악해지고 심리적으로 위축되는 것은 뻔한 일이다. 그래서 전학이 가속화되었다. 남아 있는 사람은 학교와 지역을 사랑하는 마음도 있지만 여건이 못 돼서 못 가는 경우도 있을 것이다. 전학 간 아이들은 그날부터 콩나물 교실의 한 귀퉁이가 자신의 자리라는 것을 확인해야 하고, 그 넓던 운동장을 멀리한 채 이제는 한 학년만 나와도 꽉 차는 운동장에서 본능적 경쟁을 배워야 할 것이다. 물론 그 많은 학생 중에 분명 서울대생이 한두 명 나올 수 있고, 그 사람이 바로 나일 수 있다는 희망은 있지만 말이다. 또 다른 예를 들어보자. 관인고등학교의 경우 관인중학교에서 입학하는 학생이 모두 다해도 45명 내외이다. 법적으로 2개 학급을 겨우 유지할 수 있는 인원이다. 그렇지만 도시 학교와는 달리 학군 비적용지역이라 어디서든 지원할 수 있다. 결과는 관인 지역 출신의 2배 정도의 학생들이 관인고에 입학하는 것이다. 그러나 관인고에 오고 싶어서 오는 학생이 그 중 단 한 명이라도 있을까? 어떤 이유에서든 마지못한 이유가 있을 것이다.

우리 사회의 교육의 한 단면이다.

그러면 군 소재지 학교의 학력은 과연 높은가? 포천에서 상위권(상위 1%) 이내에 들면 의정부로, 의정부에서는 서울로, 서울 변두리에서는 강남의 8학군으로 이동하게 되어 있다. "사람은 나서 서울로 보내야 한다"는 조상의 충고와 '내 아이는 천재일 것이다'라는 주관적 믿음이 이를 부추기는 것이다. 또한 경제 여건이 과거보다는 나은 사람들이 많아졌기 때문이기도 하다.

지방 자치의 시대가 열리면서 이제 지역의 생활 반경은 군 단위로 정착되어가고 있다. 행정의 단위가 군 단위로 일상화되고 교통의 발달, 특히 개인 승용차의 소유로 이제 면보다는 군이 일상생활의 기본 단위가 되었다. 그러다보니 대도시로 진출하지 않고 남아 있는 사람들 사이에서도 자연히 지역 단위의 중심인 군 소재지 학교를 선호하게 되는 것이 당연한 귀결일지 모른다. 게다가 각종 선거나 지방공무원 임용이나 여러 가지 인맥 구성에서도 군 소재지 학교가 가지는 장점이 사람들에게는 자연스럽게 받아들여지는 것이다. 이에 부모들은 어차피 서울은 못 가더라도 군단위에서나마 사교범위가 넓어야 하지 않느냐 하는 영악하리만큼 현실적 선택을 하게 되는 것이다. 그 결과 군 소재지 초·중·고등학교는 과밀화되고 학교를 신설하는 반면, 면 단위 학교들은 폐교와 함께 남아 있는 학교도 슬럼화 되어가고 있는 것이다.

그러면 군 소재지 학교 학생들의 학력은 어떤가?

P고등학교의 2000학년도 4년제 진학률은 75%였다. 2년제까지 합하면 진학률은 90%를 넘는다. 가히 대학은 이제 의무교육화 되었다고 할 수 있다. 그 중 서울지역 4년제 진학률을 보면 20% 내외이다. 이 중 350점 이상 소위 중상위권 대학 진학률을 보면 5% 미만으로 그 수는 급격히 떨어진다. 지방의 2년제 대학에 가보면 한글도 제대로 모르는 학생도 있다. 이제 더 이상 대학 진학률은 우리에게 큰 의미가 없다. 입시정책은 이미 그 효용성이 상실된 지 오래다. 그래서 입시는 대학 자율에 맡기게 될 것이고, 국민교육은 고교과정까지에 더 힘을 기울여야 하는 이유가 여기에 있는 것이다. 군 소재지 학교의 거품이 여기에 있는 것이다. 지역의 중심이라 상대적으로 많은 장점이 있을 수 있으나 밖에서 보면 남아 있는 자들의 희극적

인 경쟁일 수도 있는 것이다. 상위 20%를 제외하고는 제대로 된 문화시설 없는 군 소재지에서 사회의 저급한 문화는 여과 없이 학생들에게 침투되고 오히려 서울의 학생들보다 더 탈선하고 방황하게 되는 것이다. 요즘의 아이들은 영악하고 지극히 현실적이라 이와 같은 경쟁구조에서 자신의 미래가 어떨 것이라는 걸 너무도 잘 알기 때문에 무모한(?) 노력은 하지 않는다.

발 디딜 틈 없는 군 소재지 초등학교, 텅텅 비어가는 면 단위 초등학교, 지방화 시대가 만들어낸 또 하나의 왜곡된 우리들의 자화상일 것이다. 이런 풍토 속에서 소규모 지역주의와 학연이 생기고 군 단위 문화는 본능적으로 외부와의 경쟁을 회피한 채 닫히고 마는 것이다.

진정한 지방화는 세계화와 한 축을 이룰 때 그 의미가 있다. 교육도 마찬가지일 것이다. 서울로 가지 못한 자들의 동종교배가 아니라 진정 큰 눈으로 지역의 교육 현실을 만들어나가야 할 것이다. 관점을 조금 변화시키면 얼마든지 창조적인 교육이 가능하지 않을까?

수직계열화 된 입시구조 속에서 상대적 우월감에 젖어 있는 군 소재지 학교가 아니라 세계와 직접 만날 수 있는 실력을 기르는 큰 틀의 교육을 생각해보아야 할 것이다. 가장 포천다운 것, 연천다운 것, 철원다운 것, 아니 가장 한탄강다운 것이 가장 세계적인 것이기 때문이다.

## 지역에서 교육을 말한다 4

### -교사·학생·학부모! 그 일그러진 자화상

지난 학기에도 교육 일선의 많은 교장선생님들이 정년 및 명예퇴직을 했다. 교원 정년 단축으로 인해 3년을 앞당겨(?) 퇴직하고 이런 저런 이유로 명예퇴직자도 많았다. 다음은 정년퇴직을 하는 어느 교장선생님의 퇴임사이다.

"우리는 젊은 시절, 그 가난했던 시절, 아이들 머리의 이도 잡아 주고 선생님들의 도시락은 언제나 아이들 차지가 되었던 시절이 있었습니다. 그 가난했던 시절에도 아이들은 선생님을 존경했고, 학부모 또한 선생님을 존경했습니다. 하지만 오늘날 정부는 경제논리를 앞세워 그 고생하며 교단을 지켜온 선생님들을 내쫓고, 전문가에 가까운(?) 학부모들은 우리 선생님들의 권위를 부정하고 있습니다. … "

참으로 슬픈 퇴임사이다. 정부정책과 학부모에 대한 차디찬 냉소와 비난이 느껴진다. 40여 년을 몸담았던 교단을 떠나는 교장선생님의 참담한 고별사가 듣는 필자로서도 답답한 마음뿐이었다. 왜 우리교육이 이 지경까지 되었을까? 그렇다면 과연 학생들은 선생님을 얼마나 존경할까? 아니 교사는 얼마나 존경받을 만한가? 학부모들의 무례함과 오만은 어디에서 비롯된 것일까? 그 모든 원인이 정부정책 탓일까? 꼬리에 꼬리를 무는 단상들을 숨길 수 없는 것이 이 땅의 교육 현실이다. 지금 이 땅의 교사들은 수많은 생각에 잠겨 있을 것이다. 과연 나는 이 시대에 맞는 교사인가? 전통적 권위만 고집하고 있지는 않을까? 나는 잘하는데 학생과 학부모 교육정책이 문제일까? 세상이 과연 교육을 가능케 하고 있는가? 교사들의 세계는 얼마나 세상의 변화에 능동적으로 대처하고 있는가? 교육개혁에서 교사는 과연 예외인가?

다시 전교조에 가입한* Y교사의 말을 들어보자.

"전교조도 이젠 전체로만 문제를 제기하지 교육현장에서 바른 소리를 하질 못해요. 그러니까 국민들에게 이익집단으로만 비치는 거예요. 그전엔 비록 과격한(?) 교사들이라는 일부 의견도 있었지만 교단의 양심으로 인식되는 긍정적인 면이 훨씬 더 많았습니다. 국민들이 먼저 알지요. 모두 반성해야 합니다."

뼈아픈 자기 성찰이라 생각한다. 21세기의 리더십은 봉사와 헌신에서 나온다. 그만큼 사람들은 영악하고, 모든 정보를 공유하며 권리의식 또한 높기 때문이다. 서로가 서로를 너무 잘

* 이제 모든 교사는 교총, 한교총, 전교조에 자유롭게 가입할 수 있다. 왜냐하면 이익단체이기 때문에. 그러므로 이젠 전교조도 과거처럼 색깔을 가지고 보는 어리석음은 없어야 할 것이다. 전교조를 그런 시각으로 보는 사람이 있다면 그 사람이 바로 교육개혁의 대상이다.

안다. 학생이 교사를, 학부모가 교사를 너무 잘 안다. "선생님은 화장실도 가지 않는 줄 알았다"는 그 순진무구 혹은 무지한 시대는 지났다. 이 사회의 유일한 인텔리 집단이 교사이던 시절이 있었다. 허나 이제 더 이상 그런 시절은 없다. 그렇기 때문에 과거와 같은 회상은, 아니 미련은 의미가 없다.

의정부에서 징계발령으로 포천으로 전출된 모 교장은 입에 담기 힘든 추태를 벌이고도 우리 지역 아이들을 가르치러 왔다. 또 우리 지역에서도 그렇게 보낸 교감도 있다. 그러나 아무도 이를 말하려 하지 않는다. 감독기관인 교육청도 침묵이다. 이런 일이 있는 한 교사는 더 이상 존경의 대상이 될 수 없다. 그저 교육부의 말대로 '수요자와 공급자'일 뿐이다. 시장에서 물건을 사고파는데 인격을 함께 포장하지 않는 이유와 같다. 아직도 교사이기 때문에 존경해야 한다는, 존경받아야 한다는 봉건적(?) 사고를 가지고 있는가?

그러면 학생들은 어떤가? 흔히 '요즘 아이들' 혹은 '요즘 애들'로 표현되는 학생들은 과연 어떤 모습인가? 아이들은 아버지보다는 사회로부터 더 많은 영향을 받는다. 그들을 둘러싸고 있는 세태가 '요즘 애들' 운운하며 비판할 수 있을까? 그들을 얘기할 때 이기적이고, 생각이 깊지 못하고, 감각적이고, 꿈이 없다고 한다. 어쩌란 말인가? 누가 그렇게 키웠는가? L교사의 말을 들어보자.

"한 친구의 몸에서 불쾌한 냄새가 나는데, 그 친구와 짝이 된 아이가 같이 앉자마자 '선생님 왜 사람한테서 마늘냄새가

나요? 자리 바꿔주세요.'라고 합니다. 이럴 땐 가슴이 미어지는 것 같아요. 그 아이가 받을 상처를 생각하면 말이에요. 그리고 요즘 아이들은 청소도 안하고, 공동체 의식이 없어요. 아이들만의 문제가 아니기 때문에 더 답답하죠."

핫팬츠를 입은 티켓다방 아가씨가 삼촌, 아버지, 형들의 사무실로 들어가는 모습을 볼 때, 기성세대들의 부도덕함과 비양심이 아이들에게 어떻게 노출되어 있는지 우리는 생각해보아야 한다. 그들에게 너만은 '바담풍' 하라고 하는 것은 어쩌면 폭력일 수도 있다. 그러므로 학생에 관한 담론은 뒤로 미루기로 하자. 왜냐하면 그래도 학생은 가능태요, 하얀 도화지임을 믿어야 하기 때문에.

언젠가 교사의 행위를 안주 삼아 술을 먹는 사람들을 보았다. 아니 아주 흔히 보는 일이기도 하다. 아니 필자도 그렇다. 물론 잘못만은 아니라고 본다. 자식 교육을 생각하다보니 교사에 대한 관심은 당연지사 아닐까? 그러나 교사와 학부모 간의 커뮤니케이션이 없거나 왜곡된 상태에서 이루어지는 이 같은 비일비재는 우리에게 상처만을 안겨줄 뿐이다. 특히 아이들과 함께 하는 밥상머리에서는 말이다. 아마 아이들 듣는데 학부형을 비난하는 교사는 학부모 수만큼 에는 훨씬 못 미치거나 없는 줄로 안다.

교사보다 재력도 크고 배울 만큼 배우고 지역사회에서 힘깨나 쓰지만 그에 합당한 인격과 철학이 부재한 사람들이 만들어내는 교사와의 잘못된 만남을 우리는 수없이 본다. 지역출신이나 지역연고 교사의 장기 근무를 우리는 주장한 바 있다. 그러나 일부 교사들과 지역인사(?)의 '잘못된 만남'이 비교육적으로 이루어져 관내에서 승진하는 일만 관심사로 삼는 경우가 허다하다. 멀리 이사 다니는 불편 없고 적당히 지역에서 대우받고 기관장으로 행세하는 재미도 있을 것이다. 이것을 만드는 사람들이 바로 학부모들이다. 평범한 학부모들은 결코 교사들과 교육 이외의 관계를 갖지 않는다. 힘깨나 쓰고 돈깨나 있고 유지입네 행세하는 사람들 중의 일부가 몇몇 세속적 교사와 어우러져 지역사회의 교사와 학부모의 이미지를 실추시키는 것이다. 그 책임은 우선 학부모에게 있다고 본다. 오만하게 교사를 자신의 동류 혹은 그 아래로 여기면서 인생 승리의 자위적 카타르시스를 느낄지 모르지만, 천한 일이다. 교장 선생님과 성직자는 더 이상 기관장이 아니다. 이 점은 지역 교육을 논할 때 상론하기로 하자. 아무튼 "학부모들이여! 교사가 교사되기 어려운 시대인 것처럼 학부모가 학부모 되기 더 어려운 세상입니다." 부모가 자기 아이만 알면 그 아이는 분명 자기밖에 모를 수밖에 없다.

이제 거친 논리를 정돈하자. 그래도 우리는 희망을 놓지 않는다. 오늘도 아이들이 재잘거리는 학교에 가보자. 가서 한 시간만 운동장 한 귀퉁이에 앉아 그냥 그 아이들을 바라보기만 해보자. 아마 절로 희망이 생길 것이다. 아직도 선생님들은 이 땅, 한국의 선생님이기를 바라는 마음을 버리지 않았다. 우리 민족의 정서를 간직한 훈장 선생님(총체적 인생관의 '담지자'라는 표현임)의 역할을 포기하지 않았다. 아이들은 두말할 나위 없고, 우리 부모들 역시 교육에 대한 열정이 여전하고, 스승에 대한 마음도 타민족과 달리 독특하다. 우리는 이것을 믿어야 한다. 우리가 능히 할 수 있는 부분이 교육이다. 인간만이 할 수 있는 일이기에 이런 믿음으로 21세기형 군사부일체 君師父一體 를 만들어야 한다.

교육은 도구가 아니라 목적이다. 학교는 거쳐 가는 곳이 아니라 행복을 나누는 삶의 공간이다.

■ ■ ■ 5

# 지역에서 교육을 말한다 5

## -지역사회가 21세기 학교다

학생들이 학과공부를, 더 엄밀히 말해 입시공부를 위해 학교보다 학원을 선호하는 것은 학교보다 학원이 부담을 주지 않기 때문이다. 학원에 가면 자동판매기처럼 자신이 필요한 것만 하면 된다. 학교에서 주는 여타의 부담이 없다. 물론 숙제는 내주겠지만 그것은 계약관계에 의한 것이다. 부담이 없는 가장 큰 이유는 학원은 임의로 옮길 수 있다는 데 있다. 선택의 자유가 주는 자유다. 그러나 학교를 옮기려면 얼마나 많은 것이 따르는가. 한국만큼 사설학원이 많은 나라는 없다. 그것은 교육열이 높다는 것과 공교육이 부실하다는 것의 동어반복이다.

경쟁사회에서 살아남기 위한 학원의 놀라운 생명력 속에 있는 순기능을 우리는 우리 교육의 소중한 자산으로 받아들일 필요가 있다. 학생들을 유치하기 위해 학생들의 이해와 요구를 끝없이 들어주어야 하는 사설학원의 어려움은 많은 교육방법의 실험실이 될 것이다. 단지 개별적으로 이루어지는 현상들을 개념화시키지 못하기 때문에 긍정적 측면보다 언제나 부정적 측면이 강조되는 때가 많은 것이다. 하지만 사설학원도 자신의 이익을 위해 학생을 대상화시키고 교육을 왜곡시키는 요인 또한 간과해서는 안 된다.

아무튼 교육을 말할 때 우리는 학교교육만을 이야기해왔다. 또 학교교육이 전부인 때도 있었다. 하지만 오늘날의 교육은 어느 한 곳에서 이루어진다고 말할 수 없게 되었다. 가정, 학교, 학원, 종교단체, 시민단체 등 수많은 교육기관이 있다. 이들은 저마다 다른 목적과 방법이 있을 수 있지만 사람, 그것도 학생을 대상으로 한다는 것은 공통적이다. 그러기에 교육에 대한 공동의 책임이 있다. 그러나 현실은 어떤가?

학부모는 학교에 대하여 삿대질하기 일쑤다. 교사 또한 "아이의 모습은 그대로 부모의 모습이야" 하면서 전적으로 부모에게만 아이 인성이 달려 있는 듯 말한다. 종교단체도 학생들의 공동체적 심성이나 종교적 영성은 멀리한 채 그저 학교생활의 연장 같은 교육방법에 매달린다. 시민단체, 교사단체, 학부모단체들도 비판과 평론적 자세를 넘어서지 못한다. 결국 모두 책임을 서로에게 전가시키고 있다. 물론 잘못된 것만은 아니다. 그러나 모두가 서로 문제라고 하면 모두에게 책임이 있다는 것 이상도 이하도 아니다. 이제는 대안을 말할 때다. 이제 아이들 교육이 우리들 모두의 책임이라는 인식을 절실하게 해야 할 시대가 왔다. 내 아이만 잘 가르쳐봐야 소용없다는 결론에 도달한 것이다. 이러한 결론을 얻기까지 우리는 얼마나 아팠던가. 필자를 포함한 우리 모두가 한국의 교육과정에서 얻는 고통의 총량은 이루 말할 수 없을 만큼 클 것이다. 여담이지만 중학교 다니던 시절 필자의 학교 인사구호는 '유신!'이었다. 웃지 못 할 사실이다. 우리는 우리들의 미래를 지역사회라는 큰 틀에서 가르치지 않으면 안 된다. 페스탈로치도, 존 듀이의 실용주의 교육철학도, 미국의 재건교육도 모두 지역사회의 모델을 일반화시킨 것이다.

자신의 삶과 깊이 연관되어 있는 교육시스템이 무엇보다 중요한 시대가 되었다. 이제 학교가 더 이상 정보전달의 기능만으로는 존립할 수 없다. '지역사회라는 시스템과 세계'라는 지구적 관점이 필요하다는 말이다.

지금까지 우리는 입시정책의 왜곡으로 인해 가치의 단일화, 즉 일렬로 줄 세우기의 폐해를 지적했다. 일렬로 줄 세우기는 지역의 학교, 즉 군 단위 학교의 열등화를 부추기고 세계 속의 지역을 가로막고 있음을 논구했다.

현 교육 관료와 공교육으로는 시스템이 다원화되고 복잡한 현실의 교육을 창조적으로 풀어갈 수 있을지 심각한 의문을 제기했고 교사, 학생, 학부모들의 일그러진 자화상을 그려보면서 교육주체들의 마음가짐을 다시 한 번 추스르자고 호소한 바 있다. 이 모든 과제들이 바로 지역사회라는 큰 틀 속에서 통섭되지 않으면 안 된다는 사실이다.

교육청 관료 몇 명이 과연 지역교육을 풀어갈 수 있을까? 어불성설語不成說이다. 교육청은 더 이상 학교를 지배하지 말고 지역사회교육의 코디네이터, 즉 조정자의 역할로서 자기변신을 해야 한다. 내려 보내는 공문의 대부분은 현장교육과는 관계가 없거나 오히려 교사들의 창의적 교육기회를 박탈하는 결과가 무수하다. 교육행정이 교사들 위에 군림하는 현상이, 교육이 관료주의화 됨에 따라 더욱 깊어졌다. 교사를 위한 지원시스템이 교육행정인데 오히려 주객이 전도되어 있다는 것이다. 교육 행정가들을 위해 교사들이 공문을 들고 허둥대고 있다고 말하면 너무 극단적인 표현일까?

21세기 새로운 교육마당을 만들기 위해 이제 각 교육 주체들이 머리를 맞대야 한다. 너와 내가 아닌 우리 모두의 미래를 위해 허심하게 만나야 한다. 지방자치단체, 교육청, 시민단체, 교사단체, 학부모단체의 책임 있는 리더들이 만나 지역교육의 대강大綱을 작성하고 큰 지표를 만들어야 한다.

지자체도 이젠 교육에 눈을 돌려야 한다. 교육청만으로는 되지 않는다. 이제 우리는 우리의 미래를 키우기 위한 아름다운 협동을 배워야 한다. 그것이 교육이다. 협동하지 않는 부모, 교사, 이웃들에게 우리 아이들이 배울 것은 이기심과 공허한 기술뿐이다. 이제 실질적인 지역의 '교육위원회'를 만들어야 한다. 애써 정부조직법이나 행정조직법을 만들지 않고라도 만들 수 있는 자치조직 말이다. 미국의 메인 주가 좋은 모델을 제시하고 있다. 이를 위해서는 자치단체장(도지사)의 교육철학이 분명해야 하고, 군 단위 자치단체장의 교육에 대한 깊은 애정이 필요하다. 각 교육 주체들이 책임 있게 참여해야 하고, 특히 교사와 학부모의 자발적 참여가 필요하다. 지금 우리의 교육주체들은 관료주의 시스템에 주눅이 들어 있다. 자신이 어디에 있든지 행복하게 아이들을 사랑하기에는 너무 자신감들이 없다. 우리 지역이 먼저 이러한 교육모델을 만들어가길 제안한다.

교육청과 지방자치단체, 교사단체, 학부모단체, 시민단체의 대표들이 지역교육을 위한 테이블을 만들어야 한다. 가정의 아이는 부모, 형제의 사랑으로 크는 것이고, 사회교육은 이웃 간의 협동으로 키운다는 것은 고귀한 진리다.

■ ■ ■ 6

# 학교자치의 방향과 실천과제

## –학교운영위원회를 중심으로

1. 얼마 전 우리는 인천의 호프집 사태를 목도하고 세상이 무너지는 소리를 들었다. 매스컴은 물 만난 고기처럼 연일 목청을 높였지만 이제는 온데간데없다. 한쪽은 정치적으로 확대되지 않기만을, 또 한쪽은 어떻게 하면 정치 차원으로 이어갈까 하는 속셈만이 그들의 모습이기도 했다. 죽은 사람 수만큼 경찰과 공무원을 구속시키면 되는지 모르지만 화재사건을 바라보는 사회의 관점은 모두 소방문제, 공직자 비리문제에 있었다는 데 그 심각함이 있었다.

호프집 화재사건은 분명 이 나라 교육의 현재 모습을 적나라하게 웅변해주었던 사건이었다. 교육부장관도 관할 교육청도 해당학교 교사들까지도 누구 하나 책임 있는 이야기 한 번 하지 못했다.

시내 한복판에서 보통의 학생들이 술을 마시며 파티를 하는 나라! 희생자 동료 수십 수백의 학생들이 '자신들은 갈 곳이 없어 호프집에 갔노라'고 당당하게 항변하는 나라는 아마 대한민국밖에 없을 것이다.

어느 시대나 소수의 일탈 학생은 있게 마련이다. 그러나 이번 사건은 다르다. "학교가 무너지고 있다"고 한다. 어쩌면 우리 사회의 미래가 무너지고 있을지 모른다. 설령 미래가 우리가 상상치 못하는 사회일지라도 분명 새로운 천년을 맞이하며 백년지대계 百年之大計 를 세워야 하는 우리에게는 지금의 현실을 외면하고 새로운 내일을 열 수가 없다.

동양적 패러다임에서는 교육의 주체를 군사부일체 君師父一體 라고 했다. 이는 서양에서도 같다. 군 君 의 현대적 의미는 국가의 교육정책이고 교사와 학부모가 삼위일체가 되어야 한다는 뜻이다. 이것을 뛰어넘는 사회체제가 있다면 모르지만 교육이라는 말이 존재하는 한 이 세 부분의 유기적인 관계가 교육의 성패를 좌우함은 계속될 것이다.

입시정책을 정점으로 갈팡질팡하는 교육정책과 왜곡된 관료행정은 교사들의 창의성과 열정을 위축시키고(물론 자질이 문제되는 교사가 없는 것도 아니지만), 사회적 의식이 성숙하지 못한 학부모들이 지금까지의 교육문제를 만들어왔던 것이다.

아이가 태어나면 일류대학이 목표가 되어 줄서기에 바빴고 그것은 일정 정도 긍정적인 사회질서를 형성하여 왔지만, 다변화되고 복잡화된 현재의 사회여건에서는 허술하기 짝이 없는 구조다. 한글을 제대로 몰라도 전문대학을 졸업할 수 있다고 하면 누가 믿을 수 있겠는가. 그러나 분명 그런 일이 일어나고 있다.

수직 계열화된 입시구조, 도시로 도시로의 교육열풍, 대열에서 탈락된 자들의 심리적 공황, 농촌교육의 황폐화, 도시교육의 과밀화로 인한 폐해는 분명 새로운 교육제도와 마인드를 갖지 않으면 안 되는 절박감을 가지게 한다. 어렵고 복잡한 때일수록 원칙으로 돌아가라는 말이 있다. 온고지신 溫故知新 이라고나 할까?

3. '교육은 국가의 인재를 양성하는 일이다'라는 국가주의도 전혀 틀린 말은 아니지만 '교육은 공동체의 구성원을 기르는 일이다'라고 해야 정확한 정의일 것이다. 그리고 그 공동체는 이제 다양하게 되었다.

20세기는 국가 중심의 사회였지만 이제 새로운 세기는 글로벌 Global 과 로컬 Local 이 관계하는 시대가 될 것이다. 한 나라와 교육이 대학입시 하나에 좌우되는 구조로는 더 이상 우리 교육을 지탱할 수 없다. 가정이라는 공동체는 가정교육으로, 지역은 학교교육으로, 이런 기초가 되어야 진정 경쟁력 있는 나라가 되는 것이다.

말은 나면 제주도로 보내고 사람은 나면 서울로 보내라는 옛말이 있다. 그러나 누구든지 서울로 보내라는 뜻은 아닐 것이다. 어떤 지역에서 특출하고 더 많은 공부를 필요로 하는 사람이 있을 때 서울 아니라 세계 어디든 유학이라도 보내야 한다. 우리는 이를 검증할 수 있는 양식 있는 가치를 소유해야 할 것이다. 양식 있는 훈장의 판단을 조선시대의 부모들이 믿었듯이 말이다. 국가는 대학 입학의 기본 자격시험만을 관장하고 입시는 대학 자율로 맡겨야 한다. 지역적 특성에 맞게 각 대학의 특성을 살려야 한다. 그리고 학력은 곧 실력이 되어야 하고 학력을 올바로 인정해주어야 한다. 실력대로 말이다. 이렇게 기본 시스템이 되어야 비로소 지역사회의 교육이 이루어질 수 있는 것이다.

4. 1997년 12월 13일 초중등 교육법에 의하여 학교운영위원회가 설치되어 이제 13년이 넘었다. 이 법에 의하면 학교운영위원회를 이렇게 정의하고 있다.

> '학교 운영의 자율성을 높이고 지역의 실정과 특성에 맞는 다양한 교육을 창의적으로 실시할 수 있도록 하기 위하여 국공립 초등학교, 중학교, 고등학교와 특수학교에 학교운영위원회를 구성 운영하여야 한다.'
>
> (초중등 교육법 31조 ①항)

이 명제보다 더 훌륭한 말을 우리는 찾을 수 없을지도 모른다. 학교운영위원회는 한 마디로 참여와 협동이다. 과거의 학교 운영의 행정식 운영이 더 이상 학교 교육을 책임질 수 없기 때문에 학교운영위원회를 만들었고, 이는 한국 교육사에서 획기적인 일인 것이다. 관리자들의 교육에 대한 보수적인 사고와 학부모들의 낮은 참여 의식으로 인하여 학교운영위원회를 제 모습으로 갖추기에는 많은 시간이 필요하겠지만 일부 학교에서는 벌써 모범적인 사례들이 만들어지고 있다.

5. 지금까지 13년간 학교운영위원회라는 명칭으로 참여한 학부모들은 '대부분의 학교운영위원회가 아직도 과거의 육성회나 체육진흥회, 후원회 이상이 되지 못하고 있다'고 생각하고 있는 것이 현실이다. 그리고 학교장 또한 학부모를 진정 교육의 동반자로 이해하는 것이 아니라 아직도 열려 있지 못한 사고를 가지고 고유 권한이 침해되는 것처럼 생각하여 하찮은 사안만 운영위원회에 안건을 제기한다. 또 농촌 학교의 학교운영위원회는 규모가 작다 보니 그저 정적인 관계로 대충 넘기거나 혹은 학부모들의 무관심으로 인해 운동회나 학예회 때 후원금이나 내는 정도로 인식되고 있고, 도시의 학교들은 학부모들의 이해가 얽혀 대다수 부모들의 의견을 수렴치 못하는 경우가 많은 것 또한 현실이다.

아무리 좋은 제도라 해도 그것을 운영하는 주체들의 의식이 무엇보다 중요하며, 특히 학교장의 학교운영위원회에 대한 높은 이해와 열려진 사고가 필요하다. 학부모와 주민의 학교운영위원회를 자신들의 이해를 관철하는 수단으로 생각하는 낮은 수준의 교육철학 또한 21세기엔 극복해야 할 과제이다.

6. 학교의 자율성과 창의성을 높이고 지역특성에 맞는 교육이 이루어지려면 이를 뒷받침하는 교육 행정 구조의 개혁도 절실하다.

'교육부 – 도교육청 – 지역교육청 – 단위학교'로 이어지는 획일적 시스템은 단위학교로 내려올수록 애초의 취지가 없어져 성과주의, 업적주의로 흐르고 관리자의 이해에 따라 학교가 운영되는 일이 많은 것이 현실이다. 농촌 소규모 학교에 연간 3,000여 건 이상의 공문이 내려온다. 이 모든 걸 행정요원도 없이 교사가 처리해야 한다. 그 공문들의 대부분은 상급기관의 이해에 국한되는 것이 많다. 학교예산도 재정 배분의 권한이 교육청에 있지만 단위학교의 필요가 반영되지 못하여 일방적 지급을 넘어서지 못하고 있다. 농촌 소규모 학교는 통폐합 대상학교라는 이유만으로 소모성 경비 이외에는 일체의 예산이 편성되지 않고 있다. 이런 이유들이 농촌교육을 더욱 황폐화하고 있고, 교육의 자치를 더욱 힘들게 하고 있다. 학교운영위의 예산 심의가 무의미한 대목이기도 하다.

7. 학교운영위원회는 지역특성에 맞는 교육을 하기 위한 21세기다운 민주적인 구조이다. 교사·학부모·주민이 참여해서 지역사회의 중심기관인 학교를 운영한다는 것이다. 분명 학교는 지역 공동체의 중심이다. 학연·지연 등의 정치적 왜곡이 아니라 진정 지역사회를 새롭게 디자인하고 아름

다운 문화를 꽃피게 하는 역할을 학교밖에는 할 수가 없다. 왜냐하면 그곳에 우리의 미래가 있기 때문이다. 특히 문화적 공간이 부재한 농촌에 있어서 학교의 역할은 단순히 아이들 교육을 위한 것만이 아니라 주민 공동체의 중심축이 된다. 학교를 통해 만나고 행복을 만든다. 학교를 통해 봉사와 헌신을 배우고 민주주의를 터득한다. 그런 학교들이 고을고을 산재하고, 이들의 네트워크가 지역 공동체인 셈이다. 학교운영위원회는 학교 운영 문제뿐 아니라 지역 전체와 학교를 연결하는 매개자로서의 역할 수행이 필요한 것이다. 이 때문에 21세기에는 학교운영위원회의 역할이 더욱 커지고 그 권한도 더욱 강해질 수밖에 없을 것이다.

## 8. 21세기는 분명 새로운 교육적 패러다임을 요구한다.

첫째, 지역사회의 구성원들을 자율적이고 협동적이며 세계시민으로 육성하기 위해 교육주체인 교사·학부모·학생들을 어떻게 자리 매김할 것인가? 거기에는 교육정책의 개혁과 교육주체들의 의식개혁이 반드시 필요하다.

둘째, 대학입시 구조의 개혁이다. 대학입시를 대학 자율에 맡기지 않으면 대학은 언제나 수직 계열화되고 초등학교부터 줄서기가 된다. 도시학교는 과밀화되고 농촌은 공동화·슬럼화 된다. 수능은 대학입학자격 검정으로서 족하다.

셋째, 교원 임용구조의 개혁이다. 지역 출신의 임용을 높여야 한다. 그리고 임용에 있어 학교운영위원회의 참여도 모색되어야 한다.

넷째, 관할 교육청의 광역화를 추진해야 한다. 현재 각 군마다의 교육청은 별 의미가 없다. 좀 더 지역 실정에 맞게 광역화되어야 하며, 이는 21세기 전체 행정구역 개편과 맞물려 진행되어야 할 것이다.

이러한 전제가 있어야 교사·학부모·주민이 진정 지역 공동체의 주인으로서 자율과 협동의 학교운영을 할 수 있는 것이다. 주역의 괘卦 중에 정鼎 괘가 있다. 신년에 점을 치자는 얘기가 아니다. 정은 솥의 상형象形인데 귀가 둘이고 발이 셋인 솥을 본뜬 것이다. 가장 안정된 모양을 이른다. 군사부君師父라는 세 발이 하나의 솥(교육)을 떠받칠 때, 어느 발이 길고 짧지 않을 때 우리 교육은 바로 서며 그것은 학교운영위원회의 활동으로 꽃피게 될 것이다.

7

## 우리가 바라본 풀뿌리 지도자 1

—이장

마을(엄밀하게 행정 里)마다 일 년에 한 번 주민 총회를 하고 그들의 대표인 이장을 뽑는다. 자연 부락 단위의 묘한 감정, 문중간의 알력, 기타 등등이 동원되기도 하지만 어찌됐든 이장이 없는 동네는 없다. 이장은 마을의 대・소사에 앞장서고, 행정관청과의 이해를 조정하고, 주민의 이해와 요구를 대변한다. 지역사회에서 이장은 어쩌면 유일하게 읍・면사무소와 연결된 통로일지도 모른다. 물론 권리의식이 높아져 웬만한 민원은 직접 제기하기도 하지만 이때에도 이장에게 먼저 가서 상의하는 게 보통이다.

한타넷이 이슈가 되는 크고 작은 민원을 조사해본 결과 그 민원의 한가운데 언제나 이장이 있다는 그 절묘한(?) 공식을 발견했다. 사실 이장은 결정권이 없다. 그런데 사업자들은 이장을 자기편으로 넣어야 한다는 사실을 너무 잘 알고 그렇게 시도한다. 소각장, 변전소, 납골당, 광산개발, 공장설립, 러브호텔 신축…. 왜일까? 바로 민주주의 때문이다. 주민이 반대하면 관은 허가를 내줄 수 없다. 선거가 있으니까. 그래서 혐오시설이나 오염시설은 그다지 표가 많지 않은 지역으로 간다. 약간의 진통이 있다 해도 그건 별로 영향이 없으니까 말이다.

수많은 사람들이 희생된 창수면 운산리 병원적축물 소각장이 대표적인 예이다. 지금도 그곳 주민을 만나면 한결같이 당시의 이장을 배신자, 마을을 팔아먹은 사람이라고 한다. 그렇다. 그런 이장이 전국적으로 많으면 나라도 팔아먹는 것이다. 대부분의 이장들은 소박하고 자기 일에 충실하며 시간을 쪼개어 마을에 봉사한다. 그런데 몇몇 이장과 이를 이용하는 업자, 공무원들이 마을 주민들을 이간질시키고 혼란하게 한다. 그것이 인심을 야박하게 하고 불신하게 한다. 소각장보다, 납골당보다 더 나쁜 일이다.

도시의 통장과 지역사회의 이장은 다르다. 지역사회의 이장은 공동체의 지도자이다. 이제 이장을 바로 뽑자. 주민의 의견을 제대로 아는 사람, 그리고 마을의 운명을 책임질 사람으로 뽑자. 그리고 관은 이를 존중하면 된다. 그것이 민주주의의 시작이다. 한국적 민주주의의 출발이다. 이장이 바로 서야 나라가 산다.

■ ■ ■ 8

## 우리가 바라본 풀뿌리 지도자 2

–지방의회

6월 30일로 풀뿌리 민주주의를 모토로 지방자치가 시작된 지 5년이 되었다. 지방의회 의원을 직접 뽑고 군수도 직접 뽑았다. 민주주의의 제도적 측면에서는 획기적 전환점이 되었음은 분명하다. 그러나 민주주의는 법률이나 제도만으로 되는 것이 아니다. 구성원들의 의식 정도에 걸맞은 제도일 때 사회를 생기 있게 만들어갈 수 있을 것이다. 어떤 사람들은 군수는 다시 관선으로 해야 하고 군의원도 없애야 한다고 극단적 주장을 하는 사람도 있다. 이것은 현재 지방의회나 자치단체에 대한 비판은 될지 모르지만 대안은 될 수 없다. 지방자치는 21세기 세계화 시대의 두 축 가운데 하나이고, 그물망처럼 조직화된 현대사회에서 없어서는 안 될 단위가 되었다. 문제는 재정자립도를 높인다는 이유로 확산되는 무분별한 개발과 이권에의 개입, 공무원의 비리, 토호들의 부패, 이를 견제할 만한 세력의 부재일 것이다. 이것을 지방의회 의원이 해주어야 하는데 현실은 전국 어디를 가나 주민들의 평가가 매우 절망적이다. 물론 열심히 하는 의원들도 없지 않지만 아직은 극소수에 불과하다. 주민의 생존이 달려 있는 민원이 있는데 군의원은 나타나지 않고, 무슨 공사가 그리 많은지 공사 현장에 나가 있거나 업자를 만나는 데 많은 시간을 보낸다. 끊임없이 공사를 벌여야 하는 지자체와 공무원들을 보면서 '공사다망公私多忙'이라는 말을 떠올릴 수밖에 없다.

지방의회 의원이 되려면 최소한 자기 지역에 대한 해박한 지식과 애정, 명예직에 걸맞게 헌신성과 청렴함이 있어야 한다. 그래야 지방행정을 견제, 비판하고 지역의 미래를 열어나갈 수 있지 않겠는가. 다음 선거에는 그런 사람들이 대거 출마해야 하고 주민들도 이제는 올바른 선택을 해야 할 때다. 군의원의 수준이 곧 우리의 수준이다. 잘못 뽑아놓고 원망하는 어리석음이나, 참여하지 않고 무슨 일만 생기면 자치단체에 민원을 넣는 것이나 똑같은 수준일 것이다. 그리고 우리는 새 시대에 맞는 지도자를 키워야 한다. 그것이 우리의 미래이기 때문이다. 우리는 우리 삶을 둘러싸고 있는 일들에 적극 참여해야 한다. 그것이 민주시민의 참 모습이다.

7월 13일 포천군 홈페이지 "군수에게 바란다"에 이런 글이 올라왔다.

"포천군 의회는 의장선거로 파행을 거듭한다는데 그러면서도 진정한 군민의 대변자인지 의심이 갑니다. 이런 저질의회는 해산하는 방법이 없나요."

지방의회, 지방의회 의원을 바라보는 주민의 의식이 이제 예전 같지 않음을 알아야 할 것이다. 한타넷도 다음 회기부터는 주민과 함께 군 의회 방청을 하면서 의정감시를 할 것이다.

■ ■ ■ 9

# 우리가 바라본 풀뿌리 지도자 3

## –지방 공무원

공무원 P씨는 지방직 공무원이 된 지 10여년 만에 6급 주사, 즉 계장이 되었다. 성실하게 고등학교를 마치고 대학에 실패한 후 군대 갔다 와서 친척의 권유도 있고 진학을 하자니 나이도 있고 해서 1년간 시험 준비 끝에 지방직 9급에 합격했다. 서울로 간 친구들이 부럽기도 했지만 그래도 고향에서 봉사하며 보람 있는 삶을 살아보리라 꿈을 꾸며 첫 발을 내디딘 지 10여 년이 흘렀다. 그 사이 결혼하고 집도 장만하고 두 아이의 학부모가 되었다. 평범하고 안정된 가정을 꾸리고 성실하게 오늘도 주어진 업무에 충실하고 있다. 하지만 그에게도 고민이 크다. 말단 9급 시절에는 알 수 없었던 일들이 앞에 있다. 인사, 승진, 변화되는 세상에서 뒤처지는 듯한 느낌, 공무원에 대한 곱지 않은 시선, 휴일도 용납하지 않는 비상근무, 물가상승에 턱없는 봉급인상. 점점 더 큰 무게로 다가오고 있는 현실들이다.

지방자치제가 되면서 인맥, 학맥이 더 인사에 영향력을 미치고, 업무추진에서도 소신이 차지하는 자리는 저 한쪽 구석이 되어버린 지 오래다. 연일 뉴스마다 비리공무원 얘기가 빠지지 않고 나올 때면 아이들 보기가 민망하다. 법을 운용하는 행정 조직의 일원이기도 하지만 지역사회에서는 주민이기도 한 지방공무원의 위상과 역할이 이제 새롭게 자리 매김 되어야 할 시점에 와 있다.

지방자치의 주체인 주민 · 의회 · 자치단체가 서로 협력하고 견제하기 위해서는 지방공무원이 바로 서야 한다.

창조적이고 해박한 전문지식으로 무장하고, 헌신적인 봉사정신이 공무원의 덕목이고, 높은 도덕심과 자긍심이 필요하다. 주민들의 따가운 질책은 그만큼 공무원들이 할 일이 많다는 것이고 기대가 크다는 긍정적인 의미가 있다. 공무원의 작은 친절에도 감동하는 주민을 만나보기란 그리 어렵지 않다. 신명나게 일하고 보람을 느끼며 주민들에게는 각 분야의 지도자로 설 수 있도록 해야 할 것이다. 공무원 스스로의 노력도 중요하지만 제도적 장치도 그들의 창의성을 살릴 수 있도록 정비해야 할 것이다. 지역사회의 운명은 주민 · 의회 · 자치단체가 어떻게 머리를 맞대고 풀어 가느냐에 달려 있다. 분명 적대하는 사회는 미개사회이다.

열린 마음으로 대화하고 우리의 산적한 문제를 풀어나갈 때 존경과 신뢰가 생기는 것이다.

10

# 우리가 바라본 풀뿌리 지도자 4

## - 종교인

기독교, 불교, 가톨릭…. 우리나라 종교단체가 주장하는 신도수를 합하면 한국인은 1인당 1.5~2개의 종교를 갖고 있다고 한다. 그렇다면 그들이 자신이 믿고 있는 종교의 신앙대로 산다면 세상은 이미 천국, 극락이 되었을 텐데 현실은 거리가 멀다.

예수는 바리사이, 사두가이를 저주하며 오히려 사마리아를 찾는다. 그들에겐 이미 희망이 없기에, 그래서 결정적으로 십자가를 졌지만 말이다. 그러면 바리사이와 사두가이 사람들은 어떤 사람들인가? 외양으로는 아주 경건주의자들이다. 율법을 준수하고, 경건하며, 야훼를 향해 두 손을 벌려 기도하며 찬미한다. 그러나 속내는 어떤가? 제사를 빙자해 재물을 챙기고 권력과 야합해 온갖 이권에 개입한다. 율법은 대중들의 입을 막는 수단이 되었다. 이때 예수는 등장한다. 어느 누구도 말하지 못하던 그러나 가슴속에 품고 있던 사실들을 거침없이 얘기한다. 군중들은 그가 나타나면 수천 명씩 따라다닌다. 그러나 그도 예정된 대로 인간들에게 수많은 여운을 남긴 채 떠난다. 이

십자가 사건은 그리스 철학의 메마른 이성의 공백을 채우고도 남을 힘이 있었다. 이것을 성령사건이라 한다. 아무튼 기독교는 그렇게 유럽의 종교가 되었고, 중세의 암흑기를 지배하며 천년을 내려왔다. 자본주의를 비판하며 마르크스는 이런저런 이유를 들어 종교를 아편이라 했다. 그러나 종교를 없앤 사회주의가 먼저 종말을 고한 것은 마르크스의 견해가 오류든가 아니면 언제인지 모를 인류 멸망의 원인이 종교든가 둘 중의 하나일 텐데 마르크스의 오류가 맞을 듯싶다.

종교의 시원은 인간의 불완전성에 기인한다. 인간은 실존적 의미에서 나약한 존재이다. 우주 속에서 보잘것없는 나, 그러나 내 자신이 곧 우주라고 생각해야 하는 삶의 아이러니가 인간을 영장류로 분류하게 한 것이다. 그러므로 초월적 존재에 대한 믿음은 가장 인간다운 모습이기도 한다. 마르크스가 놓친 부분이다. 인간이 존속하는 한 종교 또한 운명을 같이할 것이다. 그러나 종교의 역사적 부침浮沈은 언제나 속세와의 관계 속에 있다는 것이다. 제사장과 장로, 중세 교황과 가톨릭의 부패, 작금의 대형화된 교회의 세습과 교권분쟁, 한동안 세상을 어수선하게 했던 조계종 종단 내분, 이제는 국내 종파들의 종단 파벌싸움까지 종교집단이 보여주는 일련의 모습들은 진정으로 불완전한 자신을 돌아보려는 많은 신앙인들과 이 시대를 올바로 살아가려 하는 사람들에게 쓴웃음을 짓게 할 뿐이다.

종교사를 더듬어보면 종교가 세속화되어 권력화되면 그땐 생명력을 상실한다는 것이다. 장로 대통령, 불자 대통령, 장로

장군, 장로 도지사, 집사 군수, 불자 조합장. 전국 어디를 가도 대부분 그렇다. 이만하면 가히 제정일치사회 아닐까? 포천의 모 교회는 교회 내의 분쟁을 사법적 판단에 의뢰하는 웃지 못할 일까지 벌였다. 여기에 어떻게 신성이 끼어들 틈이 있겠는가? 예수는 결코 예루살렘에서 활동하지 않았다. 장렬한 죽음을 위해 거기에 갔을 뿐이다. 갈릴리 조그만 호수에서 가르쳤어도 인류를 움직이고 있다. 붓다 또한 궁성에서 뛰어나왔다. 결코 권부에서는 인간의 영혼을 구제할 수 없다고 생각했기 때문이다.

종교의 타락은 큰 교회만의 문제가 아니다. 아주 관성화되어서 자신이 얼마나 속세적인지 모른다. 신앙이란 죄악을 논하는 삶이다. 자신의 죄 됨을 모르는 삶, 이것이 문제이다. 종교! 그것은 빛과 소금이다. 적은 양으로도 능히 세상을 구원할 수 있다는 뜻이다. 평범한 신도들은 논외로 하자. 스스로 종교 내의 지도급이라 생각하는 사람들은 이런 생각을 해봄이 어떨까?

예수가, 붓다가 이 땅에 지금 산다면 어떠한 일을 할까? 이것이 온고지신溫故知新 아닐까 생각해본다.

11

## 우리가 바라본 풀뿌리 지도자 5

### -선생님(스승)

한 그루의 나무를 키우기 위해 우리가 고려해야 할 것들은 한두 가지가 아니다. 기후天와 땅地을 먼저 생각하고 나무를 택하고 심고 매만져주어야 한다. 나무를 키운다고 나무만을 생각할 수는 없는 것이다.

우리들의 아이들을 키우는 데 선생님들은 이 모든 걸 생각해야 한다. 학교가 근대적으로 제도화되면서 학교는 점점 더 사회와 담을 쌓고, 선생님들도 오직 학생들과의 관계 지음으로서만 자기 위상을 만들어가는 추세이다. 허나 아이들이 어찌 학교에서만 크는가? 물론 군사부일체의 교육 철학이 있지만 그 중 선생님들의 역할은 단순히 학교에서의 만남만 가지고는 어려운 것이다. 아이들을 둘러싸고 있는 모든 조건들을 짚어보고 아이들을 키우는 데 적당하도록 만들어나갈 책임이 있다.

부모, 친구, 이웃, 그 아이를 둘러싸고 있는 사람들에게 리더십을 발휘해야 하고 조정자로서의 역할도 해야 한다. 교육시스템이 선생님들을 더욱 학교 내로 제약하지만, 이제 뜻있는 선생님들은 아이들과 관계된 사람들과 관계를 넓혀야 한다. 그것이 교육 단체를 통하든 아니면 개별 학교든 개인이든 상관없다. 지금까지 교육의 문제점은 선생님들의 역할을 단순한 teaching에만 국한했기 때문이라고 생각한다. 그래서 선생님들은 전문직이라는 미명 하에 점점 더 기능인으로 전락하고 전인적 인격체로서 이 사회의 지도자로서의 성장을 가로막았던 것이다.

선생님이 완전히 독립된 인격체로서 자유롭지 못한데 어찌 아이들을 개성있고 자유롭게 성숙시킬 수 있겠는가? 또 선생님 스스로가 이러한 사회적 책무를 인식하지 못하고 있는 면도 많다.

그래서 아직 우리의 의식 속에는 선생님이 나의 모든 생활에 조언자이고 지도자이길 바라고 있다. 이것을 방기하면 할수록 선생님의 권위는 떨어질 것이고 우리 교육도 황폐화될 것이다.

교장선생님은 더 이상 한 학교의 교장선생님이 아니라 그가 속해 있는 학군의 지도자인 것이다. 아이들의 미래를 위해 성실하게 다른 사람들을 설득하고 이끄는 사도師道를 우리는 선생님들에게 바라고픈 것이다.

■ ■ ■ 12

# 온고지신

## – 디지털과 아날로그

중고등학교 수학과정을 보면 집합, 연산, 인수분해, 미적분, 확률, 통계 순서로 구성되어 있다.

사람에게는 어떤 수를 보면 이리저리 나눠보고 묶어보고 같은 것끼리 연관지어 보는 인식 습관이 있는 모양이다. 인수로 공통수를 묶어보고 잘게 쪼개고 그걸 다시 묶어 본다. 나중에는 정확하진 않지만 여러 가지 경우의 수로 가변성까지 수치화하게 된다. 모든 과학의 기초가 되는 학문인 수학의 전개 과정도 알고 보면 사물의 디지털화이다.

과일 장사가 과일을 크기별로 분류하여 가격을 매기는 것도 막대저울을 단호하게 숫자로 표시하는 '카스'저울도 디지털화이다. 디지털화의 근본 목적은 편리함이다. 그 편리함 안에는 속도가 주된 요소가 된다. 편리함이란 주관적 느낌이고 속도는 시간에 비례하며 벡터이고 방향이 주어져 있는 물리량이다. '디지털 세상', 'e-편한 세상' 모두 속도를 자랑한다. '빠르다' 그래서 '편리하다'. 요즘 광고 카피의 공통된 주제일 것이다. 과일 장사가 뒤섞여 있는 각각의 과일을 하나하나 흥정하려면 아마 하루 매상은 단 몇 개에 그칠지도 모른다. 그렇다고 모두 다 같은 값에 팔면 누군가 한쪽은 큰 불이익이 될 것이다. 그래서 크기별로 구분한다. 대충 엇비슷한 것끼리 분류한다. 그 과일들의 무게가 같은 것은 결코 아니다. 그러나 그 과일들의 값은 같다. 이것이 디지털이다. 끊임없이 흔들리는 저울추를 완전히 정지할 때까지 기다리면 우리는 정확한 무게를 측정할 수 없다. 그저 이때다 싶을 때 눈금을 읽어버린다. 이때의 수치가 디지털 값이다.

인간이 만든 디지털한 시스템의 최고 걸작은 아무래도 언어, 즉 문자로 표현되는 기호일 것이다. 인간은 모든 사물을 그들의 언어로 표현한다. 엄밀히 말하면 표현한다고 믿는다. 비트겐슈타인을 빌지 않더라도 우리가 구사하고 있는 언어가 얼마나 사물을 있는 그대로 반영할 수 있는가에는 모두 회의적이다. 언어는 발화자의 느낌대로 사물을 해석할 뿐이다. 그러나 그 언어라는 수단은 사물을 묘사하기에는 너무 어눌하기 그지없다. '아름답다 beautiful '를 생각해보면 얼마나 애매모호한 표현인가? 디지털의 속성은 속도와 단순함이다. 그리고 직선을 선호한다. 삼면이 바다인 우리나라 해안선의 길이를 묻는 초등학교 사회문제의 정답은 3,000km이다. 그러나 실제 해안선의 길이는 무한에 가깝다. 잴 수 없기에 말이다. 모래가 해안과 만난 부분, 조약돌, 바위…. 하나하나의 길이를 재어 그 총합을 구한다고 생각해보자. 그 3,000km가 얼마나 허술하고 편리한 값인가.

'e-편리한 디지털 세상'의 수치들이 얼마나 허술한 값인가를 논구했다. 그래도 우리들은 그 값은 아주 정밀하고 정확한 것이라 믿는다. 그것은 컴퓨터 시뮬레이션상의 정확함일지는 모르지만 본래 우주의 섭리와는 다른 인간의 세계일 것이다.

초등학교 학생들에게 물어보았다.

"애들아! 너희 꿈을 한 번 얘기해보자."

모두 손을 들고 자신의 꿈을 얘기하는데 변호사, 검사, 교사, 아나운서, 가수, 탤런트, 의사, 군인, 간호사, 소설가…. 어떤 아이는 두 개나 된다고 하면서 자랑한다. 선생님이 다시 물었다.

"애들아! 그것은 꿈이 아니라 직업이지?"

갑자기 아이들이 어리둥절해진다. 다시 검사가 꿈이라는 친구에게 물었다.

"너는 왜 검사가 되려고 하지?"

초등학생답지 않게

"정직한 사회를 만들고 싶어서요."
"왜 정직한 사회를 만들어야지?"
"그래야 힘없는 사람들도 잘 살 수 있잖아요."
"그래, 너는 훌륭한 검사가 될 거야. 꿈은 정직한 사회를 만드는 거고, 그걸 검사가 되어야 더 잘 할 수 있다는 거지?"

우리는 이 짧은 대화 속에서 직업 속에 가두어진 꿈을 읽을 수 있다.

"너희들이 말하는 직업은 디지털 Digital 이고 꿈은 아날로그 Analogue 란다. 꿈 Analogue 이 없는 직업 Digital 은 앙꼬 없는 찐빵이겠지?"

하자 일제히 소리 높여 "네!" 한다.

언어 속에 가두어진 진실들, 편리함 속에 숨 막히는 우주의 제 공생체들, 직선 속에 묻혀버린 곡선의 아름다움, 단순함 속에서 아우성치는 복잡계의 혼돈이 디지털 세상을 꿈꾸는 인류에게 주어지는 엔트로피일 것이다. 20세기 포드생산방식의 중요한 화두는 단순화 simplification 이었다. 단순화해야 한다. 그러나 21세기에 와서 그 단순 대량생산은 이제 힘을 잃어가고 있다. 우리 삶의 공간을 시시각각 위협하는 환경오염, 대중들을 현혹하는 정치언어와 이념들, 모두 아날로그를 도외시한 디지털화의 산물이다. 이익, 편리함이 궁극이라면 인류는 돌이킬 수 없는 바벨탑을 쌓고 있는지도 모른다. 사랑, 꿈, 화해, 행복… 추상적인 가치들이 없는 디지털은 이제 분명히 아날로그를 지향해야 한다. 디지털을 거부하는 것이 아니라 아날로그를 지향하는 디지털이어야 한다는 것이다. 아이에게 숭고한 꿈을 심어주는 부모가 똑똑한 부모가 아닐까 싶다.

얼마 전 포천 마홀합창단 연습실에 갔었다. 늦은 시간임에도 단원들이 모여 연습하는 모습은 인상적이었다. 비 오듯 흘러내리는 땀을 닦으며 춤추듯이 지휘하는 지휘자, 그에 맞춰 목소리를 다듬는 단원들, 옆 사람과 다른 파트를 배려하는 아량, 연습이 끝나고 서로들의 얘기를 정겹게 나누는 모습을 보며 이들의 노래를 CD에 담아 듣는다면 이런 감동이 있을까? 디지털 세상에서 아날로그의 가치를 놓지 않는 것은 중용의 의지 때문이리라.

13

## 니들이 의제를 알아?

한 때 모 회사의 햄버거 광고에 '니들이 게 맛을 알아?' 라고 부르짖는 카피가 유행이었다. 광고를 자세히 들여다보면 '노인과 바다'를 패러디한 느낌도 드는데 대강 스토리는 이랬을 것이다.

망망대해에서 노인(신구 粉)은 작은 조각배 하나를 의지하여 크랩crab을 잡는다. 거센 파도와 외로움과 상어 떼와의 사투 끝에 엄청나게 큰 크랩을 낚아 자신의 조각배 뱃머리에 밧줄로 얽어매고, 이제는 탈진한 듯 파도에 밀려 항구에 들어온다. 이때 등대 밑에서 젊은 뱃사람인 듯 한 몇 사람이 노인이 잡아오는 크랩을 보며 탄성을 지른다. 이때 손에는 붕대를 감고 겉모습은 남루한 듯 하지만 온갖 풍파를 이겨낸 듯, 약간은 미소를 머금은 듯, 또 약간은 자랑스러운 듯, 아니면 가소롭다는 듯 살며시 눈을 치켜뜨면서 뱃전에 누워 한 마디 외친다.

"니들이 게 맛을 알아?"

눈물 젖은 빵을 먹어본 자만이 인생의 의미를 안다는, 평범하지만 그러기에 누구에게나 공감이 가는 메시지를 시청자의 허를 찌르는 반전으로 강하게 어필하는 광고라 세간에 화제가 되었던 듯하다. 그렇다. 이 세상 어떤 일이든지 쉽게 되는 일은 없다. 만약 쉽게 이루어진다면 그것은 당사자에게나 제3자에게도 좋은 일이 못되는 경우가 많다.

우리가 그렇게 신봉하는 민주주의 역시 그렇다. 오늘날 이 정도 열린사회를 만들기 위해 이 땅의 지식인, 학생, 민중들이 흘린 피와 희생을 애써 열거할 필요는 없을 것이다. 한 나라의 민주주의가 성숙하기 위해서 얼마나 험난한 과정이 필요하게 되는가 알 수 있는 것이다. 소위 선진국은 그런 희생을 먼저 치른 나라라고 해도 과언이 아닐 것이다. 프랑스, 영국, 독일, 미국… 나름대로 수백만 수천만에 이르는 죽음을 경험하는 내정, 혁명, 반동적 사건들. 세계사를 일별해도 이런 사건들의 연속임을 알 수 있다.

봉건사회, 프랑스 대혁명, 절대왕정, 시민혁명, 나치정권, 6월 혁명, 미국의 남북전쟁, 영국의 청교도, 지금도 세계 곳곳에서 일어나고 있는 수많은 분쟁과 갈등 등 이 모든 사건들이 모두 다 민주주의를 위한 몸부림이라고 볼 수 있다.

절대악이 있을 수 없고, 절대선 또한 불가능한 것이 사회의 법칙일 것이다. 그러나 한 가지 어떤 사회든 제도가 정착되기 위해서는 수많은 시행착오를 경험할 수밖에 없다는 것은 자명한 일일 것이다. 한국의 민주주의 발전도 마찬가지다. 수많은 사건들의 연속이었다. 전쟁 후 남한만 보아도 우여곡절의 연속이다. 4 · 19… 5 · 16… 삼선개헌… 유신…, 5월 항쟁… 6월

항쟁… 지금의 40대 이상의 기성세대의 삶과 떼려야 뗄 수 없는 사건 아닌가? 이 과정에서 우리는 몇 가지 공통의 의제를 만들어냈다.

첫째, 민족의 화해와 통일
둘째, 지역의 통합과 지방자치를 통한 민주주의의 성숙
셋째, 자유시장 경제와 삶의 질의 제고

이 세 가지 대원칙을 만들어내는 데 그 많은 세월이 흘렀다. 세계도 마찬가지이다. 정보통신과 교통의 발달로 세계는 단일 시장화 되어가고, 각국이 스스로의 생존에 좀 더 밀접한 규정력을 가지게 되었다. 물론 미국의 패권주의가 아직은 세계 곳곳에서 영향력을 행사하고 있지만 그와는 반대로 유럽, 아시아, 아프리카, 중남미 등 각 지역이 통합과 연대를 통해 다극화되는 경향도 배제할 수 없는 현상이다. 이는 미국의 패권주의에 대한 견제이기도 하지만 지역경제의 교류 협력을 위한 자구의 수단이기도 하다.

인류 문명과 기술은 그들이 살고 있는 대기권 속의 제한된 삶터인 지구의 환경을 위협하기에 이르렀다. 또한 인류가 만들어온 사회 환경 또한 숱한 문제에 봉착하게 되었다.

이번 요하네스버그의 지속가능한 발전을 위한 지구정상회의 World Summit on Sustainable Development 에서는 다음과 같은 5가지 의제를 선택했다. 약칭 WEHAB로 Water, Energy, Health, Agriculture, Bio-dyborsty이다.

지속가능한 지구를 위한 다섯 가지 의제 중 깨끗한 물을 얻고 이를 위한 상하수도의 보급이 첫째 의제다. 아프리카처럼 지역적으로 절대량이 부족한 국가도 있고 한국처럼 물은 많지만 오염과 남용으로 인해 가용의 물이 부족한 나라도 있다.

둘째로 에너지의 문제이다. 화석연료의 제한과 청정에너지의 개발이 핵심이다.

셋째로 건강, 에이즈와 각종 환경오염으로 인한 건강에의 위협이 산업사회의 이면이다.

넷째로 농업의 보호이다. 인류는 농업을 통해서 생존을 영위할 수밖에 없다. 경작지의 축소, 절대빈곤, 유전자 변형, 오염된 식물 등 다양한 문제가 세계인의 관심사일 수밖에 없다.

다섯째로 인간도 직립 보행인으로 지국의 한 구성원에 불과하다는 인식이다. 인간 중심의 세계관이 인류를 오만한 자리에 놓았다. 생물종의 다양성을 확보하는 것이 바로 인간을 위한 일이라는 자각이 필요하다.

이런 의제는 1992년 리우 환경 회의에서 제기되어 매 십 년마다 지구의 문제를 논의하고 노력하자는 취지에서 만들어졌는데, 유엔을 중심으로 각 국과 지방정부, 그리고 NGO 들의 다양한 파트너십을 만들어 가자는 데 그 의의가 있다고 할 수 있다.

유엔은 1996년 각 국은 중앙정부 중심의 개발에는 한계가 있음을 인정하고, 지방정부 단위로 로컬아젠다 Local Agenda를 작성하기 위한 기구를 설치할 것을 권고사항으로 제기했다.

이에 따라 한국에서도 최근 2~3년 시군 단위까지 지방의제21이라는 기구가 만들어졌는데 각 시군마다 명칭은 다르지만 일부만 빼고 모두 설치하고 있다. '맑고 푸른 포천21', '맑은 물 사랑 연천21', '~철원21' 등 한국 특유의 일사분란함이라고나 할까? 어쨌든 의제는 이렇게 해서 각 기초자치단체까지 만들어졌다. 의제의 설정과 과정은 어떻게 되는가?

먼저 로컬아젠다 Local Agenda 는 지방의 문제는 그 지방이 가장 잘 앎으로 해결도 그 지방의 몫이라는데 있고, 이들의 단순총합이 아닌 유기적 통일이 글로벌 Global 을 구성한다는 사고의 통일을 전제로 한다. 포천천을 맑게 하는 것도 임진과 한강, 나아가서는 서해와 태평양을 보전하는 일이라는 것이다. 그리하여 마인드 Mind 는 글로벌 Global 하게, 액션 Action 은 로컬 Local 하게 하라는 말이 생겨난 것이다.

둘째로 의제 선정 능력이다. 지방의 의제는 다른 지방이나 중앙정부가 설정해줄 수 없고 대신해 주어서도 안 된다. 포천의 의제는 포천에서 선정해야 한다. 포천의제21도 의제 선포식이라는 것을 했다. 유감스럽게도 거기에는 한탄강댐이 빠졌다. 몇 년째 지역의 최대 현안임에도 일언반구 언급도 없고 어떠한 관심도 없는 듯하다. 석산 문제도 없다. 신평공단의 구체적 언급도 없다. 의제 설정은 예민한 문제라고 외면하거나 회피해서는 안 된다. 오히려 그런 문제들이 의제인 것이다. 구체적인 철학과 비전 없이 몇 가지 환경 문제만을 나열하는 것은 진정한 의제라고 할 수 없다. 환경은 물론이고 교육, 건강, 청소년, 노인 등 지역의 모든 문제를 의제로 해야 한다. 그래서 의제가 군정방침과는 차원이 다른 것이다.

이렇게 다양한 의견을 조사하고 연구하여 의제가 성립되면 다음은 이행계획의 수립이 중요하다. 의제 선포만 해놓고 그에 따른 실천이 뒤따르지 않는다면 이는 아무런 의미가 없는 일이다. 거창한 의제를 내걸고 아무런 실천이 없는 것보다 작은 것부터 실천해 나가는 모습이 나을 것이다. 이 구체적 이행 계획은 민·관의 파트너십을 전제로 할 때만이 가능한 실천의 영역이 된다.

경기북부지역 의제21의 공통점이 바로 민간 부문의 의식이 취약한 상태에서 지방자치단체가 형식적으로 사람들을 모아 만들었다는 데 있다. 마치 의제가 없으면 좀 뒤떨어지는 자치단체라고 인식이 되는지 모든 자치단체가 기본사양으로 의제를 만들어 놓았다. 그러나 그 내용을 보면 의제 본래의 취지와는 상당히 거리가 멀다. 또 하나의 관변 단체를 만들었다는 평가가 심심치 않게 나오는 이유도 바로 여기에 있다. 이번 지구정상회의에 참가한 한 여성대표의 다음과 같은 연설은 이에 대한 의미심장한 일갈이 아닐 수 없다.

"GO(중앙정부)가 Maybe라고 하면 No를 의미하는 것이고, No라고 말하면 더 이상 GO가 아니다. NGO가 Maybe라고 하면 Yes를 의미하고, NGO가 Yes라고 하면 더 이상 NGO가 아니다."

유엔에서는 지방정부도 NGO로 분류한다. 적절한 분류라고 생각한다. 사실 일국의 개발과 그에 따른 환경 파괴는 GO, 즉 중앙정부의 계획 하에 이루어지는 게 보통이다. 한국은 더더욱 그렇다. 예를 들어 고속도로를 건설한다든지 댐을 건설한다든지, 송전선로를 건설한다든지 모두 건교부, 산자부 같은 중앙 정부의 계획으로 입안되고 시행된다. 지방자치 단체는 기껏해야 마을 안길이나 포장하고 조그만 다리나 놓고 작은 공장이나 개인사업의 인허가나 관여할 뿐이다. 또 다른 영역은 관리, 유지, 보수에 많은 예산이 드는데 이는 적극적인 개발의 주체가 되지 못한다는 뜻이다. 그렇기 때문에 지방정부도 중앙정부에 대해서 사안에 따라서는 No라고 말해야 하고 이와 함께 지방의 자치능력을 높여야 한다는 뜻이다. 그러나 한국의 지방자치 단체가 과연 그런가? 정권은 민주당이고 거의 모든 자치단체가 한나라당임에도 불구하고 전혀 중앙정부와 정책에 있어서 충돌은 없다. 신기한 현상이다. 그럼에도 대통령 후보는 민주당 후보를 지독히 싫어한다. 이 대목에서도 한국 정치가 얼마나 정책과는 무관한 놀음을 하고 있는지 증명이 된다.

지방정부가 자신의 비전이 없고, 재정 자립도가 낮고, 세제 정책이 중앙집중화된 권력에 의존하고 있어 진정한 지방 자치가 제도적으로 차단되어 있다. 그러다 보니 지방정부는 중앙정부의 눈치만 보게 되는 것이다. 단체장만 선출할 뿐 독자적인 자치 경영은 없고 그저 관리의 대행을 할 뿐이다. 거기에 낮은 주민 의식이 의제를 제대로 이해하지 못하고 관변단체화 되어버렸다. 연간 5,000만원 정도의 예산을 쓰면서 그 효율성이 없다면 그것은 문제가 아닐 수 없다. 여기에는 잘못된 지식인의 역할도 크다. 의제가 무엇인지 알지도 못하는 지식인이 자신의 이해를 위해 의제에 참여하고 이를 왜곡시키는 것이 그 원인이고, 지방자치 단체는 자신들과 견해를 달리하는 의제를 원치 않기에 그저 구색으로서의 의제에 만족하고 있는지도 모른다.

또 의제 구성원 또한 예산의 종속성 때문인지 스스로 반관료화 되어 No라는 액션은 단 한 번도 취하지 못한다. 진정한 친구는 No라는 말을 거리낌 없이 하는 사람이다. 그런 친구를 우리는 파트너라고 하는 것이다.

의제! 그 유용한 그릇을 만들었지만 마치 한국에서 민주주의가 간난신고艱難辛苦를 겪어왔듯이 의제 역시 예외가 아닐 듯싶다. 지방자치가 성숙한 유럽과 우리의 차이라고나 할까? 지방자치가 성숙한 만큼 의제도 성숙할 것이고, 그 역도 가능할 것이다.

No라고 당당히 말할 수 있는 NGO를 바탕으로 하는 의제21이 아니라면 의제 본래의 취지는 무색하게 될 것이다. 그것이 열린사회로 가는 첫걸음일 것이다. 의제는 스스로 일을 처리하는 실무단체가 아니다. 의제는 지방의 다양한 의제 설정능력이 있고 이행능력이 있는 단체나 개인, 기업 등 다양한 커뮤니케이션의 장場이다. 그들을 네트워킹 하는 코디네이터라고 하면 정확할 것이다. 그렇지 않으면 많은 사람들이 의제를 향하여 외칠 것이다.

"니들이 의제를 알아?!!!"라고 말이다.

■ ■ ■ 14

# 21세기 담론 : 평화와 상생

## 통일의 걸림돌은 화석화된 이념이다

존 레논은 이렇게 노래했다.

Imagine all the people living life in peace

평화! 이 말은 어쩌면 인류가 희구해 온 가장 오래된 염원 중의 하나이며 인류가 바라는 이상의 완성태일지도 모른다. 평화peace는 사전에서 대체로 no war, agreement, no noise, carmness 등 4가지로 분류하는데, 이렇게 다양한 이유는 한 마디로 규정할 수 없는 이유 때문일 것이다. 전쟁이 없는 상태부터 개인의 마음속의 상태에 이르기까지 평화는 어느 것 하나만으로는 이루어지지 않기 때문이다. 그래서 완전한 평화는 존 레논의 노래처럼 상상 속에나 있는지도 모른다.

한반도가 세계 평화의 중심이라는 말은 뒤집어 보면 가장 평화스럽지 못한, 즉 가장 전쟁의 가능성이 높은 지역이라는 뜻일 것이다. 이스라엘과 아랍, 유고, 알바니아의 발칸, 그리고 남북을 각축장으로 하는 동북아가 3大 분쟁지역일 것이다. 한반도는 전쟁사 속에서 일별해 봐도 언제나 패권주의의 각축장이었고, 그것은 시대를 달리할 때마다 인류사의 이념의 각축장이기도 했다. 근대 이전은 해양세력과 대륙세력의 힘의 경계면이었고, 근대 이후에는 제국주의와 반제국주의 Anti-mperialism 의 각축장이었으며, 2차 대전 이후에는 자본주의와 사회주의의 대결마당으로 이어져 내려왔으며, 지금도 이 모든 갈등이 중첩되어 나타나고 있다.

이런 이유로 우리에게 전쟁은 생활이고, 그 공포가 주는 힘은 언제나 무소불위였다. 그러나 상시적인 전쟁분위기 속에 살면 그 민족은 심성이 파탄나게 마련이다. 전쟁이 나면 사람들은 어느 편이든 도와야 하고 생존이라는 유일한 덕목 앞에 말할 수 없이 비인간적(어쩌면 가장 인간적일 수도 있지만)으로 된다. 약탈, 강간, 내일이 보장되지 않음으로 인해 오는 인간의 정신적 공황이 쏟아지는 포탄보다 더 무서운 것이다. 그 중 무서운 것이 적 아니면 아 我 라는 이분법이다.

카인은 아벨의 제사에 더 만족해하는 야훼를 원망하며 무섭게 아벨을 질투한다. 그것은 결국 살인으로 이어지고 인류는 그 질투심의 후예가 된다. 창세기에 있는 이야기이다. 우리들의 삶을 가만히 들여다보라! 분명 우리가 카인의 후예가 아니라고 강변할 사람이 있을까? 질투심, 이기주의로부터 나오는 인간의 어쩔 수 없는 본능일지 모른다. 개인의 질투심으로부터 치밀하게 구성된 집단적인 이데올로기까지 인간을 적대하게 만드는 원인들을 넘어 평화로운 세상을 만들 수 있을까?

남과 북의 정상이 역사적인 만남을 했다. 제한적이긴 하지만 이산가족이 만나 기쁨의 재회도 했다. 통일이 다 된 것처럼 흥분하는 사람도 있다. 이 모든 진전을 우리는 물론 환영하며, 앞으로 더욱 그 접촉면이 넓어지길 바라고 있다. 그러나 눈을 안으로 돌려보자. 여전히 우리는 적대적일 정도의 갈등으로 나날을 보내고 있다. 매일매일 신문을 장식하는 뉴스는 작든 크든 온통 그런 일들이다. 물론 여야, 의약, 노사 등 그들이 내세우는 논리들도 다 일리는 있을 것이다.

남북 관계 진전을 바라보는 세상 사람들의 견해도 사뭇 적대적이리만큼 대립되어 있다. 「조선일보」와 「한겨레」의 논점의 격隔, 사이은 격激하게 다르다. 그렇다. 격隔하면 격激할 수밖에 없다. 격隔한 것이 한 울타리 속에 있으면 언제나 격激할 수밖에 없다. 그것이 우리의 현대사이다.

우리는 서로 다르다는 것, 다를 수 있다는 것, 달라야 한다는 엄연한 사실을 받아들일 수 있을 만큼 성숙해야 한다. 그것을 불가능하게 한 것이 한반도의 전쟁의 역사였다. 전쟁은 흑백 논리를 만들고 적 아니면 동지를 만든다. 이 세상에는 두 부류의 사람밖에 존재할 수 없다. 그것이 분단이 우리에게 가져온 엄청난 손실이었다. 이제 더 이상 서로를 적으로 만드는 논리는 생산되지 않아야 한다. 서로를 적으로 만들어 왔던 사상·이념·법은 폐기되어야 한다. 주체사상도, 국가보안법도 서로를 적대하게 하는 한 존재 이유가 없다. 왜냐하면 그것은 낡은 이념의 시대에 만들어졌기 때문이다. 지금은 그 법이나 사상이 너무 허술하다. 그렇기 때문에 아무런 영향력도 사실은 없다. 그런데도 돈키호테들은 아직도 이것을 들고 저 육중한 풍차를 향해 돌진한다. 그러나 이젠 대세가 아니다. 브란덴부르크의 콘크리트 벽이 무너지던 날 사회주의와 자본주의의 대결은 끝이 났다. 인류에게 이념의 대립이 얼마나 부질없는 짓인가를 웅변해주는 드라마였다. 이산가족의 눈물을 보면서 주체사상, 국가보안법, 이 모든 이념들이 얼마나 허술한 것인가를 우리는 알았다. 아직도 국가보안법을 위반하는 사람이 있다면 충고하고 싶다. 그 법으로부터 자유로울 수 있는 것은 그 법이 폐기되어서가 아니라 그 법이 철지난 것이라는 걸 깨달을 때라고 말이다.

국가보안법만이 우리의 평화를 지켜준다고 믿는 사람들에게는 고언苦言을 하고 싶다. 이미 주체사상은 영향력이 없고, 또 설득력도 없다고 말이다. 멀지 않은 날에 주체사상도 북한에서마저 지도사상으로서의 위치를 잃게 될 것이다. 왜냐하면 그것은 분단과 적대의 시대에 만들어졌기 때문이고, 보편성이 사상의 중요한 조건이기 때문이다. 분단과 적대의 시대를 향수하는 자들은 틈만 나면 적을 만들고 싶어 한다. 누구든지 자신의 질투심을 일으키게 하면 색칠을 하려 한다. 흑백논리가 횡행하는 사회, 적과 동지밖에 없는 사회, 그 전쟁분위기와 같은 세상 속에서도 인류는 희망을 놓지 않는다. 그 천박했던 분단과 적대의 긴 터널을 뚫고 우리는 새로운 담론을 시작했다. 막연한 평화가 아니라 그 평화의 내용은 상생相生이라고 말이다. 상대를 꼭 제압해야 평화가 온다는 믿음의 시대는 갔다는 것을 깨달아야 한다. 개인, 이웃, 지역사회, 민족, 세계! 그 어떤 관계도 적대적인 방법으로 평화를 달성할 수 없다는 깨달음을 얻기까지 수천 년이 걸렸는지도 모른다. 적대적인 논리를 생산하거나 적을 필요로 하는 사람은 분명 열등한 사람이다. 통일의 걸림돌은 아직도 우리들 마음속에 있는 화석화된 이념이다.

15

# 주한 미군을 바라보는 우리 눈의 변화 55년

1999년 가을 충북 영동의 노근리 '양민의 죽음'을 뉴스로 만든 AP는 우리에게 두 가지를 시사해 주었다.

하나는 똑같은 사건이라도 AP가 하면 뉴스가 된다는 것이다. 국내에서도 중앙일간지는 아니지만 지속적으로 한국전 당시의 '미군의 양민학살'이 제기되어왔다. 이는 1980년대 반미열풍과 맞물려 아는 사람은 다 아는 사실이 되었다. 그런데 똑같은 사실을 놓고 AP가 참전군인의 고백을 곁들여 전세계로 타전했을 때 우리의 언론들은 이제 나발을 불기 시작했다. 무엇이 그들을 안심시켰는가?

또 하나는 왜 AP는 더 일찍 '양민의 죽음'을 뉴스화하지 못했는가 하는 것이다. 여기에는 구구한 억측이 있을 수 있겠지만 미국을 바라보는 우리의 상상력의 좋은 소재가 될 수 있을 것이다.

어린 시절(1960~70년대 초) 접경지역의 아이들은 미군들의 훈련 날이면 어김없이 미묘한 기대와 흥분이 일어난다. 교실 창밖으로 육중한 탱크가 지나가면 낯선 이방인이 주는 약간의 공포와 풍요의 상징인 미국이 주는 안도감이 교차하며 수업이 끝나기가 무섭게 탱크 곁으로 살금살금 다가가던 추억이 있을 것이다. 이렇게 주한 미군이 우리에게 비쳐지는 원초적 느낌은 이방인이 주는 공포와 '풍요의 나라'가 주는 막연한 동경이었을 것이다. 이것은 초콜릿을 얻으려는 아이의 감정만이 아니라 역사와 이데올로기, 그리고 기지촌의 어제와 오늘에서도 그대로 투영되고 있다.

1970년대까지(1980년 광주민주항쟁을 기점으로 우리 사회의 의식은 획기적으로 바뀐다) 동두천은 양키문화의 보급기지였다. 동두천에서 유행하면 그 다음 명동에서 유행한다는 말이 있었다. 일면 사실이기도 했다. 미8군 무대에서 공연했던 윤복희의 '미니스커트'는 상징에 불과했다. 동두천의 미군 특수는 아무런 이유 없이 동두천을 일찍이 시 市 로 격상시켰다. 동두천에 친척이라도 있는 아이가 있을라치면 개학 후에는 그 아이의 무용담 비슷한 경험으로 또래 아이들의 호기심을 잔뜩 부풀게 하곤 하였다. 그 아이는 동두천의 풍요만을 보았을 것이다. 그렇지 않고 아이가 좀 더 크거나 좀 더 미군에게 가까이 다가가려하면 이방인에게서 풍겨 나오는 묘한 공포를 발견하게 될 것이기 때문이다. 그것은 비단 아이의 감정이 아니고 우리 사회도 그런 의식의 성숙과 맞물려 미군을 보아온 게 사실이다. 1980년 민중항쟁은 반미를 촉발했고 미군을 단순한 우방의 군대가 아니라 지배자로 보기 시작했다. 그 배경에 우리의 경제 성장이 있었음은 두말할 나위가 없을 것이다. 우리의 슈퍼마켓 진열장에도 미군의 그것 못지않은 초콜릿이 놓이기 시작하면서 초콜릿에 감추어진 '공포'의 실체를 볼 수 있었기 때문이다.

1992년 10월 27일 동두천이 생긴 이래로 가장 큰 사건이 터졌다. 세상은 윤금이라는 미군상대 윤락녀의 죽음을 통해 다시 한 번 성숙했다. 윤금이의 성장 배경은 너무나도 교과서적이다. 1966년 전북 순창의 가난한 농부의 딸이며 중학교를 중퇴하고 서울에서 공장에 다니다가 평택을 거쳐 동두천엘 왔다. 어찌 보면 그 세계에서는 너무나도 평범한 양공주에 불과하다. 그런데 그의 죽음이 왜 이 사회를 그다지도 흔들었을까? 그 주검이 너무 처참해서만은 아닐 것이다. 처참함으로 말하면 55년 미군 범죄사를 더듬어볼 때 그것 또한 평범한 일일 것이다. 우리의 눈이 변한 것이다. 언론은 거기에 입 맞췄을 뿐이다.

그로부터 7년이 지난 11월 동두천의 시민단체들이 연대하여 주한 미군기지로 인한 동두천 지역의 여러 가지 규제를 철폐하기 위한 운동을 선언하였다. 이제 더 이상 미군기지는 동두천 시민의 삶을 풍요롭게 할 수 없다는 반증이다. 물론 한 시기 미군기지 덕에 살았던 사람들이기도 하지만 말이다.

이제 우리의 아이들은 미군과 한국군의 차이를 느끼지 못한다. 그저 똑같이 육중한 탱크를 타고 훈련할 뿐이다. 미군은 더 이상 공포의 대상도 아니며 풍요의 나라에서 온 원군도 아니다. 우리의 어린 시절 그 미묘한 공포와 풍요의 초콜릿이 한 세대를 지나 오늘의 아이들의 눈을 가지게 되었다. 또다시 그 아이들이 우리들 나이가 되면 미군은 그들의 어린 시절 느낌대로 될 것이다. 지난 시절 미군은 언제나 공포와 풍요의 양면성을 가지고 우리들 앞에 나타났다. 어떤 이는 55년 미군 범죄사를 기억하며 공포를 느끼고, 어떤 이는 평화의 군대로서의 역할을 강조하며 풍요의 수혜자로 여겼지만, 이렇게 이념화되었던 현대사는 이제 마감하려 하고 있다. 1980년대 반미운동은 폭력적으로 문제제기를 했고 일면 유용했으며, 이제 모든 사람들은 새로운 세기로 넘어가기 위한 과거의 치부를 고백하는 것이다.

AP통신에 증언자로 나온 노병의 고백이나 이국 멀리 찾아가 진상을 규명하면 용서하겠노라는 회한의 인터뷰를 보면 비록 감상적일지 모르지만 전쟁이라는 야만을 우리는 버릴 수 있겠다는 희망이 든다.

주둔군으로서의 미군이 지나간 흔적은 운천의 사창가에서 보듯이(미2사단이 이전엔 운천에 있었음) 매음과 찌꺼기 양키문화였다! 그것이 달러 유입의 비중 있는 통로였던 한 시대를 마감하고 기지촌은 새로운 삶의 터전을 만들기 위해 몸부림치고 있다. 세계사의 복잡한 이해관계 속에서 잉태된 분단! 그러나 외세를 바라보는 '눈'의 차이로 이미 오랜 세월 언제나 현실적으로 대처하던 한 부류와, 이념과 명분을 중시하던 한 부류가 그 내부에 분단을 잉태했다. 왜냐하면 내부적인 분단의 씨가 없다면 아무리 외세가 있더라도 분단될 수 없기 때문이다. 분단과 미국, 이 두 글자만 보아도 우리의 사고는 금세 헝

클어지고 만다. 그래도 차근차근 인간의 모습을 찾아가고 있다면 너무 낙관적일까? 굶주린 자존도 배부른 굴욕도 아닌 우리의 모습은 21세기에는 어떻게 가능할까? 오늘 AP에 의해 해방된 노근리를 보며 씁쓸해하는 것은 너무 비관적인 태도일까?

야누스의 얼굴을 하고 있던 미국, 아니 주한미군은 어쩌면 우리의 눈이 겹눈이었던 까닭에 그렇게 보이지 않았을까? 에이브릴 해리만은 1969년 1월 20일 파리 휴전협상 미국측 대표직을 사임하면서 이렇게 말했다.

"베트남에서의 승부는 이미 난 것이나 다름없습니다. 한쪽은 자기 민족을 억압한 식민지 세력에 협력한 사람들이고, 한쪽은 길고 긴 독립투쟁과 반식민지 투쟁에 몸 바쳐 싸운 사람들이 이끄는 집단입니다. 어느 쪽 지도자들이 베트남 민을 사랑하는지는 명백히 드러나는 사실입니다. 민중의 사랑을 받는 쪽이 결국은 승리할 것입니다."

베트남 '양민의 죽음'에 참전한 한국의 참전용사는 오늘 '에이전트 오렌지(고엽제)' 피해 보상을 위해 피케팅을 하고 있다.

16

## 제대로 된 지역신문을 만들자

스위스에는 중앙 일간지가 없다고 한다. 수많은 지역신문이 국민들에게 정보를 제공한다. 미국 역시 중앙 일간지가 없다. 미국을 대표하는 「뉴욕 타임즈New York Times」나 「워싱턴 포스트Washington Post」도 뉴욕이나 워싱턴의 지방지일 뿐이다. 프랑스의 「르몽드Le Monde」나 영국의 「타임스The Times」 정도를 중앙일간지로 알고 있다. 그만큼 세계 각국은 지역 신문이 활성화되어 있다. 우리와 신문 발행 스타일이 비슷한 나라가 일본이다. 아사히, 요미우리 정도를 우리는 일본의 중앙일간지로 알고 있다. 일본신문을 배운 한국보다 중앙일간지가 적다.

한국은 어떤가? 조·중·동, 한국, 한겨레, 국민, 세계, 경향, 문화 등 10여 개가 된다. 모두 한결같은 기사를 낸다. 게다가 지방지는 수없이 많다. 광역단위 지방지만이 아니라 군 단위 지역신문까지 합해서 전국에 수백 개의 신문이 존재한다. 그렇지만 이렇게 많은 신문 중에 참 언론을 구현하고 있는 신문이 몇이나 될까?

많은 사람들이 회의적인 의견을 보인다. 우리 지역의 지역신문을 보면 더욱 두드러진다. 지역신문의 중요성은 시간이 갈수록 더 커질 것이다. 지역에서 만들어지지만 세계와 함께 숨 쉬는 정보의 공시성과 지역사회를 세계의 중심으로 사고하는 두 가지 축이 필요하다. 중앙일간지의 폐해를 지역에서 답습하고, 충실하고 용기 있는 기사를 내지 못함으로 인해 관공서에나 돌려지는 신문을 면치 못하는 게 대부분의 지역신문의 현실이다. 웬만한 정보는 중앙일간지가 다 제공하고 지역문제까지도 더 빨리 상세하게 보도하는데 굳이 질 낮은 지역신문을 누가 보겠는가. 그러다 보니 지역신문들이 탐방 기사를 싣기 바쁘고 이 눈치 저 눈치 보다가 사실마저도 왜곡하는 모습을 흔히 발견할 수 있는 것이다.

전국에서 이런 문제를 극복하고자 「남해신문」, 「옥천신문」 등이 창간되어 새로운 시도를 통해 뿌리내리고 있기도 하지만, 아직은 지역신문을 만드는 사람들의 비전과 재정이 열악한 상황이다.

이제 한탄강 지역도 이런 지역신문 논의를 시작할 때가 되었다. 늦은 감은 있지만 제대로 된 신문을 만들면 되는 것이다. 소지역주의에 갇혀버린 군 단위 신문에서 한탄강 생활 공동체를 그 기반으로 하는 '한탄강 신문'을 만들어야 할 때가 되었다. 세계적인 안목과 역사인식, 지역의 해박한 지식에 기초하고 지역주민이 직접 참여하는 '한탄강 신문'을 만들어야 한다. 새해의 우리들의 큰 계획 중의 하나다. 제대로 된 지역신문을 만들어야 한다. 그리고 그 신문을 세계인이 함께 보는 신문으로 발전시켜야 한다. 거기에 우리 지역의 메시지를 담아서….

# 제4부

# 한탄강의 노래

1

# 새로운 시대정신과 문학

## 1. 들어가는 말

이 세상에서 쓰이는 모든 글은 어떤 형태로든 세상의 이야기가 아닐 수 없다. 제아무리 순수시를 쓴다 해도 그것 또한 순수하지 못한(?) 것에 반하는 것일 뿐이다. 이런 세상 이야기를 애써 문학이라는 영역을 설정해놓고 왈가왈부하는 것도 이즈음에 와서는 왠지 시대에 뒤떨어지는 듯 한 느낌이 있지만, 문자를 매개로 예술을 한다는 의미에서 문학은 인류가 존재하는 한 영원할 것이다.

예술은 감동을 위해 있다. 다양한 형태의 감동을 주는 것이 예술이다. 인간의 오감을 통해 얻어지는 카타르시스가 예술의 본체인 것이다.

문학은 문자를 통해 오감 五感 을 자극한다. 여기서의 오감은 이성마저도 포함하는 것이다. 이성, 즉 가치관, 세계관, 이데올로기로 통칭되는 지적 작동 원리도 결국은 오감과 상호적인 것이지 결코 양분되어 있는 것이 아니다. 이즈음의 문학이 정체와 혼돈 속에 있는 것은 바로 이 사회가 정체와 혼돈 속에 있는 것과 궤를 같이한다.

그러기에 한국 문학이 걸어온 길은 바로 한국의 역사의 단면이 될 것이다. 조선 사회의 사대부들의 기본적 덕목은 '문장文章' 실력이었다. 고급관료로 진출하는 관문인 과거의 핵심이 '시부송책詩賦頌策'이다. 시제詩題를 주면 한 편의 시문詩文을 쓰는 것이다. 민간의 문학은 구전口傳으로 되어오는 정도였고, 문자文字로 이루어지는 문학文學은 사대부들이 독점하였다. 임진왜란이라는 커다란 사회적 격변 이후 지배층의 균열로 이제 문장文章은 더 이상 '시부송책詩賦頌策'이 아닌 인간의 솔직함을 닮으려는 '일탈'이 생겨난다.

조선사회가 붕괴되고 식민지의 나락으로 떨어진 한국의 지식인들은 계몽주의적 글쓰기를 할 수밖에 없는 시대가 된다. 문학을 통해 민족을 얘기하고 은연중 독립을 말할 수밖에 없는 현실, 물론 그 속에 친일도 있지만 문학은 험난한 삶의 역정 속에서 민족의 운명과 민중들의 처참한 삶을 기록하지 않을 수 없게 된다. 뒤이어 원치 않는 분단은 이제까지의 공존에 확실한 선을 긋게 한다. 이데올로기가 엄청난 힘으로 문학을 짓누르며 지배하는 시대가 1980년대까지의 현실이었다. 이념을 표방하든 그렇지 않든 마찬가지다.

문학이 이데올로기의 도구가 되기도 하고 유력한 수단이 되기도 했음 역시 계몽주의를 벗어나지 못했음을 보여주고 있는 대목이다. 반공문학, 통일문학, 혁명문학, 민중문학, 순수하지 못한 순수문학…. 그러나 이 모든 조류도 그대로 우리들의 삶의 기록이라는 점에서는 소중한 것들이라고 이제는 말할 수 있다. 그 당시 그걸 기록한 사람들을 있는 모습 그대로 볼 수 있는 시대가 되었다는 것이다. 이념의 장벽이 무너지고 남과 북의 정상이 만나고 전 세계는 과거의 이념과는 또 다른 충돌로 혼돈과 전환기적 사태들이 벌어지고 있다.

문학 또한 예외는 아니다. 양대 문학(경향적으로 그렇다는 것임)을 받쳐주던 이념이 퇴조하고 새로운 시대로의 이행을 위한 다양한 시도들이 이즈음의 삶이요, 문학이 되어버린 것이다. 분명 전환기적 진통이 이 시대를 말해주는 압축적 표현일 것이다. 하기야 사람 사는 세상사가 어느 한 순간이라도 평화로운 시기가 있었겠느냐 반문하면 그렇다고 답할 사람이 없겠지만 말이다.

지금 한국문학은 무언가 잡힐 듯 말 듯 한 답을 찾아 헤매는 보헤미안의 모습이 아닐까 싶다.

## 2. 이문열과 황석영

한국문학의 특징 중 하나는 문인들이 대중적 영향력(요즘 용어로 문화권력)을 얻게 되는 커다란 매개가 언론, 좀 더 구체적으로는 신문과 교과서라는 점일 것이다. 앞서도 지적했지만 일제 강점기 문인의 사명은 글쓰기를 통해 몽매한 백성을 계몽하고 민족의 독립을 앞당겨야 한다는 시대적 한계를 안고 있었다. 이런 매력이 지식인들을 대거 문학에 뛰어들게 했고 신춘문예라는 세계 문학사에 없는 (일본식 작가 양성) 등용문을 통해 문인의 영광(?)을 얻게 했다.

해방 후에 공교육이 확립되면서 전 국민이 유일하게 동의하는 매체는 학교의 교과서였다. 여기에 거명된 문인들은 어떤 형태로든 그 권위를 '공증' 받게 된다. 가령 서정주의 「국화 옆에서」가 교과서에 실리고, 입시문제에서 그 의미가 지나칠 정도로 과대 해석되고 최고의 시, 최고의 문인으로 대접받게 된다. 작금의 서정주의 친일 논란은 바로 우리 문단의 역사적 아이러니를 보여주고 있지만, 이면에 한국문학을 이끌어온 대중적 공인기관이 신문과 바로 '검인정 교과서'였다는 것을 반증하는 사건이기도 하다.

'시부송책詩賦頌策'의 사대부들, 일제하 계몽주의 문학의 작가들, 분단 시대의 작가군들까지 면면이 이어오는 한국문학의 전통적 맥락은 깊은 정치성, 이념성을 가질 수밖에 없는 구조였다. 문인이 독자적 직업으로 분류된 것도 얼마 되지 않은 일이지만 문인이라고 정치에 관여하지 말라는 법 또한 없다는 걸 밝혀두면서, 분단시대 한국문학의 양대산맥이라 할 수 있는 두 소설가 이문열과 황석영을 통해 한국문인의 정치적 · 이념적 편향을 살펴보고, 이 두 사람을 극복하는 새로운 작가를 꿈꾸는 일도 흥미 있는 일일 듯 하므로 두 사람을 논해보고자 한다.

이문열은 1948년생이고 황석영이 1943년생이니까 동시대

사람이라고 해도 무방할 것이다. 이문열은 대학을 나오지 못했지만 황석영도 대학을 겨우 다닌 점과 동아일보·조선일보를 통해 등단한 점, 그리고 소설을 쓴다는 것이 비교의 대상이 되게끔 한다.

이문열의 소설은 해석의 가변성, 심리묘사의 치밀성, 표현기법의 현학성 내지는 교양주의가 많은 독자를 확보하게 된 이유일 것이다. 「우리들의 일그러진 영웅」의 '엄석대'는 과연 누구일 수 있는가? 그 등장인물들의 심리상태를 묘사하는 대목에서는 '아! 그래' 우리들이 미쳐 딱 꼬집어 말할 수 없었던 것을 대변해주는 것 같은 느낌을 받는다. 이문열은 소설 속에 동서양의 고전, 정치, 종교, 법률, 예술, 역사 등 거의 전 분야에 걸쳐 보통사람보다 약간 앞선 해박한 지식을 맘껏 풀어낸다. 게으른(?) 독자들이 이문열의 소설을 통해 어쩌면 교양인으로의 무임승차를 한 듯한 허위, 그런 착각과 카타르시스를 제공하는 것이 그의 소설이 가지는 또 하나의 매력이다.

황석영은 또 어떤가. 그의 입담은 가히 동시대 인물 중 첫손가락에 꼽힌다. 서사적인 스케일과 '객지'의 인간군상에 대한 미시적인 묘사가 어우러지고, 거기에 시대정신의 담지자로서의 투철한 지사적 사명감마저 엿보게 하는 황석영의 작품세계는 분명 동시대 한국 소설문학의 한 정점임에 틀림없다. 「장길산」은 이문열의 황석영에 대한 모방할 수 없는 부러움이고, 「우리들의 일그러진 영웅」은 황석영이 미칠 수 없는 이문열의 재주일 것이다.

개인사적으로 보면 이문열은 아버지가 월북한 '빨갱이'의 아들이고, 비참한 '젊은 날의 초상'의 과거가 있다.

다음은 정신과 의사인 정혜신이 표현한 이문열의 관찰기이다.

"「변경」을 보면 이문열이 자세히 보인다. 그의 마음 깊은 곳에는 자신을 월북자의 아들, 즉 빨갱이로 보는 사회에 대한 적개심과 분노, 월북한 아버지에 대한 원망과 그리움들이 감당하지 못할 정도로 들어차 있을 것이다.

⋮

그의 무의식은 '빨갱이의 자식'이라는 말을 피하기 위한 긴장과 불안으로 점철된 것이리라. 어떤 희생을 치르더라도 남한의 반공이데올로기에 무조건 찬성하고 그에 발맞추어 모범적으로 살아가는 모습을 보여주어야 한다는 강박관념과 열등의식에 사로잡힌 사람이다."

「밝은 최인호와 어두운 이문열」
「신동아」, 2000년 4월, 36쪽)

황석영은 그의 나이답지 않게 출생지가 만주의 장춘長春 이다. 미루어보아 일제에 쫓겨 이국땅에 간 저항적 식민지 백성의 아들이거나 아니면 독립운동가의 후손일 것이다. 아버지의 고향은 황해도였다. 그렇다면 이문열의 아버지나 황석영의 아버지는 반일 독립운동가였음에는 틀림없다. 단지 한 사람은 월북한 빨갱이이고 또 한 사람은 특별한 이름이 없어 알 수 없지만 두 아버지가 두 아들에게 전해준 시대적 메시지는 단순한 것이 아니었을 것이다.

이렇게 해서 언뜻 같은 뿌리인 것 같지만 전혀 다른 태생적 차이를 보이는 것이 바로 인간이 가질 수 있는 이념의 속성이기도 한다. 이문열은 그의 문학적 성취에도 불구하고 최근 들어 수구적 인사로 분류되곤 한다(2001년 7월 9일 동아일보). '홍위병' 논쟁으로 소위 진보적 지식인들의 비판을 면치 못하게 되고 결국 책 반납운동으로 이어지게 된다. 그러나 한편에서는 이문열에게 양심 있고 용기 있는 작가라고 환호한다.

황석영이 월북했을 때는 또 어떠했는가. 거의 모든 신문들이 온갖 논평을 통해 이 시대의 대표적인 작가가 이성적이지 못한 행동을 했다고 비난했다. 그러나 또 한 측면에서는 작가의 양심과 처절한 구도정신이요, 진정한 용기라고 찬사와 동정을 아끼지 않았다. 황석영은 어찌됐든 실정법을 어긴 죄로 6년여의 대가를 치르고 나와 「오래된 정원」과 「손님」을 내놓았다.

두 사람의 옳고 그름을 논할 지면은 여기에 없다. 그러나 두 사람으로 대변되는 한국문학의 '이념성'은 두 사람만의 이념적 차이가 아니라 두 사람의 문학적 성취에 환호를 보내는 뚜렷한 독자군이 존재한다는 것이다. 주리主理와 주기主氣, 개화와 위정척사, 친일과 반일, 친미와 반미, 남과 북, 영남과 호남, 진보와 보수. 헤아릴 수 없는 양분이 엄연히 존재하며 여전히 강력한 힘의 두 축인 것이다. 이들이 갈등하고 심지어는 전쟁까지 불사하며 한국역사의 씨줄과 날줄이 되어왔다. 아직도 우리들은 이 갈등과 대립의 축에서 한 치도 벗어나지 못하고 현재를 살고 있다.

모두 서로가 지선至善이라고 주장하며 살아왔고 살고 있다. 그러나 21세기가 시작되기 전부터 세계적 조류는 이 양극화된 이념의 시대에 파열구가 나기 시작했으며 그 단단한 구조선이 하나 둘 끊어지기 시작했다. 다원화, 네트워크 사회로 통칭되는 무한정보사회에 어울리는 시대정신은 분명 양극화된 이념이 될 수 없기에 다양한 시도들과 함께 전환기적 혼란과 위기를 맞고 있는 것이다. 이런 상황에서는 양극단의 입장을 견지하고 있는 사람들일수록 불안한 심정을 감추지 못하는 것이다.

「선택」과 「아가」 이후 언론 사태를 계기로 이문열은 작가라기보다는 저널리스트라고 해야 어울릴 만큼 첨예한 이념의 선봉장 역할을 하고 있다. 물론 그는 1980년대 이후 문학적 명성을 이용해 정치적 발언을 수없이 해온 것이 사실이고, 이를 문학적 명성을 얻는 데 십분 활용한 것도 부인할 수 없는 행보였다.

이문열의 능란한 이야기 솜씨와 현학적 문체는 사실 그의 깊은 이념적 집착을 가리고 있었지만 이념적 양극화 시대가 끝나는 이즈음에 분명한 자신의 태도를 드러내고 있는 것이다. 이는 '아침이슬' 같은 영롱한 시어만을 고집하면서 시를 쓰다가도 정치적, 이념적 문제만 나오면 수구적인 태도를 보이는 사람과는 차원이 다른 일이다. 그는 그의 작품 속에 자신을 철저하게 묘사해온 몇 안 되는 훌륭한(?) 작가라는 것이다. 월북한 아버지를 극복하기 위한 처절한 반공이념과 남성중심의 권위주의, 신질서에 대한 강한 거부감 등은 1980년 신군부마저도 철저하게 옹호하게 만드는 이념적 근거가 되었고, 보수신문과 이문열의 동거는 어떤 작가보다도 표 나게 드러나 한국문학의 이념성을 논할 때 대표적인 보수(때로는 수구)의 상징이 되도록 했던 것이다. 한편 황석영은 「오래된 정원」과 최근의 자전적 소설 「손님」에서 그의 이념적 동요와 새로운 모색에 대한 성실한 자기 성찰을 시도하고 있다.

「조선일보」가 주관하는 동인문학상측에 자신의 작품에 대한 심사대상 거부를 공개적으로 선언하고, 언론과 문학권력이 결합한 정치발언에 대해 문제제기를 하기도 하였다 (2001년 7월 10일 문화일보). 그는 최근의 소설 「손님」에서 우리에게 찾아온 '손님'(마마, 즉 천연두)은 기독교와 마르크스였고, 이를 극복한 지금 여전히 우리 앞에 찾아온 '손님'은 미국이라고 좀처럼 벗을라야 벗을 수 없는 그만의 운명적 경로를 가고 있는 듯한 독백을 하고 있다.

국민소설 「장길산」이 있다면 평역 이문열 「삼국지」가 있다. 「젊은 날의 초상」이 있다면 황석영의 「객지」가 저편에 버티고 있다. 「우리들의 일그러진 영웅」이 지난날을 되새김질하고 있을 때 「무기의 그늘」이 우리를 멈칫하게 한다.

이문열과 황석영! 황석영과 이문열! 우리가 한국문학의 두 거봉을 화두로 삼는 이유는 바로 한국문학의 내일을 엿보기 위함이다.

한국의 현대사 속에서 사람들이 모이는 전국적 단체이름을 보면 언제나 두 부류로 나누어지는 것을 알 수 있을 것이다. 대한산악회, 한국산악회, 대한예수교, 한국기독교…. 한국○○회, 대한○○회, 한국문인협회, 민족문학작가회의, 한국노총, 민주노총, 한국교총, 전교조…. 이루 헤아릴 수 없다. 한국사회의 양분 현상은 전통적인 부분도 깊은 뿌리가 있지만 일제와 분단, 전쟁을 거치면서 극단적으로 분열된 이해관계에 기인하는 것이다. 그 실체가 곧 이념이고 그 이해관계를 합리화시키는 언어가 우리 사회의 수사修辭였다. 이런 풍토 속에서 각자 자신의 이념과 가치관으로 세상을 바라보며 글쓰기를 해왔고 탁월한 재능으로 한국문학의 양대 산맥을 이룬 두 작가는 바로 그들의 생각을 지지하는 확연한 두 독자대중이 있다는 것이다.

이런 현상은 우리사회 모든 분야에 자연스럽게 뿌리내리고 있다. 이즈음의 우리사회가 이념적으로 내전상태와 가깝다고 하는 식자도 있다. 이는 극단적 이념의 소유자들이 마지막 그들의 이익을 지키기 위한 몸부림의 생채기일 수도 있다고 생각한다. 이러한 사회 문화적 전환기에 우리 문학도 예외는 아니다.

문학이 이 시대에 가지는 영향력이 상대적으로 줄어들었지만, 혹자는 과연 문학이 존재할 수 있는 시대인가 본질적 회의론까지 내비치고 있지만, 아무튼 한국의 문인들이 전환기적 혼돈과 문학의 위기에서 살아남기 위해 다양한 몸짓을 하고 있는 것 또한 부인할 수 없을 것이다.

## 3. 새로운 인간형의 창조

작가는 늘 새로운 사람을 만들어낸다. 물론 주위에서 흔히 볼 수 있는 사람들을 소재로 말이다. 그런 의미에서 작가는 '창조주'인 셈이다. 이문열의 작품에는 수많은 이문열이 있다. 황석영의 작품에도 역시 숱한 황석영이 있다. 거기엔 그대로 그들의 이념성이 배어 있다. 충실히 그 시대를 살아온 사람들이기 때문이다. 북한의 문학을 보면 온통 '혁명가'만 만들어낸다. 그것이 북한문학이 갖는 한계이지만 현실이다.

새로운 작가로 현현되는 새로운 시대정신을 찾아 이 시대 모든 문인들은 지금 달려가고 있다. 그리고 새로운 시대의 시작에 이문열·황석영이라는 한 시대를 풍미한 작가를 바라보듯이, 21세기의 끝 무렵 우리는 또 다른 이문열과 황석영을 논할 것이다. 좌도 아니고 우도 아닌 제3의 시대정신인지도 모른다. 양분되어온 이념으로 인해 겪은 엄청난 대가는 그들 작품 속에서 살아 숨 쉬고 있다. 이제 새로운 시대정신을 구현하는 인물들을 창조하는 것은 비로소 한국문학이 세계문학의 보편성을 획득하는 계기가 될 것이다.

이제 한국의 양분된 이념의 벽 안에서 서술되는 글쓰기를 넘어 세계인에게 감동을 줄 수 있는 문학적 성취를 꿈꾸는 것! 이문열과 황석영이 후인들에게 바라는 소망이 아닐까 싶다.

■■■ 2

## 밀레니엄과 문화에 대한 단상

동양문화, 서양문화, 기독교문화, 유교문화, 미국문화, 한국문화… 문화의 범주를 나타내는 단위는 그 크기를 달리하지만 다른 문화와 구분하는 기준이 있기에 우리는 이렇게 표현했다.

한때 어두웠던 시절 권위주의 시대를 얘기할 때 군사문화라는 말을 많이 썼다. 이 땅의 리더들이 군인들이었을 때 명령과 복종, 일사불란함, 형식주의 등이 그 시대의 삶의 모습들이었다. 학교에서나 직장에서나 마찬가지로 말이다. 또 그것은 절대빈곤을 벗어나기 위한 경제개발이라는 절박한 조건에서는 긍정적인 힘을 발휘하기도 했다. 그러나 스스로 해낸 경제개발과 사회의 다변화로 인해 단순한 군사문화는 더 이상 힘을 발휘할 수 없게 되었다.

대중, 즉 문화의 담지자들은 새로운 틀, 민주주의를 자신의 범주로 요구하게 되고 수많은 진통과 변화 속에서 오늘에 이르렀다. 아직도 우리 사회의 화두는 개혁이기에 말이다.

"변화해야 산다"는 구호가 새 천년을 앞둔 세계인들의 공통의 인식이 된 것이다. 여기에서 새삼 문화를 정의할 필요는 없겠지만 문화는 대중들의 삶을 거시적이든 미시적이든 들여다 볼 때 그 모습의 총체를 말하는 것임에는 틀림없다. 신문의 '문화'면을 보면 영화, 연극 등 각종 예술분야 등이 소개되는 것을 본다. 왜일까? 그것만이 문화는 아니지만 예술작품은 그 시대 대중들의 삶을 소재로 하고 있고 그 시대의 코드를 읽을 수 있는 절단면을 가지고 있기 때문이다.

얼마 전 우리는 인천 인현동 호프집 화재로 중·고생 수십 명이 죽고 또 그만큼이 다치는 어처구니없는 일을 목격했다. 언론들은 목청을 높여 관료들을 주범으로, 그리고 소방정책의 부실함을 공격했다. 그러나 너무도 당연한 논리라 그런지 아니면 너무도 빈번함 때문에 습관이 되었는지 그 언설들이 공허하기 그지없다. 그리고 갈 곳 없는 청소년에게 애써 미안함을 토로하는 기성세대 식자들의 모습이 처연하기까지 하다. 우리 청소년 대중들이 담지하고 있는, 향유하고 있는 문화를 단적으로 보여주는 사건이었다. 그 어떤 문학작품보다 격한 충격을 주었고, 장편 스토리보다 더 많은 사연이 그 속에 있었다.

전 세계에서 중·고생들이 시내 한복판 호프집에서 술 먹고 담배 피우며 파티를 하는 나라는 필자의 견해이지만 한국밖에 없다고 믿는다. 우리의 청소년 문화의 현주소다. 사회에서는 지금 "교육이 무너지고 있다"고 하며 온갖 지면을 채운다. 그렇다. 이번 화재는 소방문제가 아니라 교육문제다. 왜 그들이 그곳에서 그것도 몇몇 중고생이 아니라 집단적으로 있었을까?

문화현상을 말할 때 우리는 '일탈逸脫'이라는 용어를 쓴다.

쉽게 말하면 그 문화의 범주에서 벗어날 때를 말한다. 희생자 중에서 술집이니까 몇몇 중고생이 있었다면 그것은 문제가 되지 않는다. 그런데 이 경우는 그 반대다. 그렇다면 지금 청소년 문화는 그들이 주류가 되는 것이다. 그것이 비단 인천만의 문제는 아닐 것이다. 그렇다면 교육부 장관은 그 흔한 성명이라도 내서 우리 모두 반성하자고 했어야 하지 않을까. '안전불감증'이라는 말로 치부되어서는 안 되는 우리 교육문화의 적나라한 실체를 보여준 사건이다. 사회학적 용어로 '아노미 Anomie 현상'이라는 것이 있다. 사전적 의미는 행위를 규제하는 공통의 가치나 도덕기준의 혼돈상태를 말한다. 심리학에서는 불안, 자기 상실감, 무력감 등에서 볼 수 있는 부적응 현상을 아노미라 한다. 지금 우리 사회 곳곳에서는 이런 아노미 현상이 밑바닥에서부터 일어나고 있다. 변화하기 위한 몸부림이라면 긍정적일 수 있으나 그것만은 아닌 듯싶다. 식자들은 입만 열면 "세계화다! 밀레니엄이다! 그래서 변해야한다"고 외친다. 그러나 "변해야한다"는 슬로건은 한 사회의 비전이 될 수는 없다. "어떻게 변해야한다"라고 구체적 방향을 제시해야 한다.

옛 말에 이상이 없으면 백성은 방자해진다고 했다. 아마 아노미 현상의 고전적 풀이일 것이다. 사람들이 방자하다. 자기만이 최고고 다른 사람은 아랑곳없다. 분명 세계는 작아지고 있다. 문화 또한 지역적 한계를 점점 뛰어넘고 있다. 하지만 이것은 거시적으로 볼 때 그렇다는 것이지 자세히 들여다보면 문화의 범주는 더욱 세분화되고 있다. 같은 지역에 살면서도 아주 다른 문화적 범주에 살 수 있으며, 지구의 정반대에 살면서도 같은 문화적 관점을 가질 수도 있을 것이다. 정보·통신의 발달이 이를 촉진시켜주기도 할 것이다. 전자는 무한한 원심력으로, 후자는 속도감 있는 구심력으로 우리에게 다가올 것이다. 같은 집에 사는데도 부모와 자식이 아주 다른 생각을 가지며 글로벌 Global 과 로컬 Local 이 시차 없이 만날 수 있는 시대가 바로 21세기인 것이다.

세계의 권위 있는 리더들은 21세기의 인류의 3대 과제를 '평화, 환경, 민주주의'라고 설파한다. 곳곳에서 벌어지는 전쟁, 아직도 환경을 약탈함으로써 부를 축적하고, 거대한 조직사회는 개개 구성원의 인간적 가치를 여전히 외면하기도 한다. 자동차와 휴대폰은 도무지 사람들을 한자리에 있게 하지 못한다. 모두 움직이고 있다. 과다한 에너지 소비로 모두들 지쳐 있다. 무엇을 위해 어디로 가고 있는지 깊은 생각 없이 말이다. 새로운 세기가 된다고 해서 태양이 두 번 떠오르지는 않을 것이다. 역사의 주기성을 논하고 싶지도 않다. 그러나 세기말적 증후군이라고나 할까? 이 시대의 다양한 문화현상을 보며 리더들은 깊은 생각을 해야만 한다.

이제 눈을 우리의 포천으로 돌려보자. 포천도 예외 없이 한치도 다르지 않은 이 시대의 축소판이다. 양적인 팽창의 이면에 숨어 있는 빈곤한 문화, 포천의 발전은 인접 다른 군에 비하면 비약적이라고 해도 지나치지 않을 것이다. 또 앞으로도 계속될 것이다. 그러나 눈을 들어 조금만 자세히 들여다보면 경제적 성장을 따르지 못하는 포천 문화의 수준을 우리는 목격할 수 있다. 관 주도의 문화행사는 그저 필수과목화 되었고 연극, 문화, 음악, 미술 기타 다양한 분야의 문화인들이 활동할 수 있는 장이 만들어지지 못하고 있다.

교육문화도 예외가 아닐 것이다. 환경은 어떤가? 포천천을 보면 더 이상 말이 필요 없다. 산허리는 채석장의 다이너마이트에 의해 잘려지고 있다. 하지만 포천의 가능성은 여전히 대단한 희망이기도 하다. 단지 어떻게 디자인Design 하느냐에 달려있다. 문화는 디자인이다. 디자인은 상상력이고 창조다. 우리가 살고 있는 지역사회를 어떻게 디자인할 것인가? 문화인의 사명이기도 하다. 밀레니엄의 새로운 출발선에 서서 우리가 만들어야 할 지역공동체는 어떻게 디자인되어야 할 것인가 상상해보는 것이 지금 우리가 해야 할 일이다.

무엇을 가지고 포천을 할 것인가? 우리에게는 아름다운 문화전통이 있다. 다양한 영역의 문화인들이 포천에 퍼져 살고 있다. 그리고 아름다운 들과 굽이굽이 명승의 한탄강이 있다. 우리는 이것을 디자인의 소재로 삼아야 한다. 우선 포천 문화인들의 다양한 네트워크가 그 출발일 것이다. 구슬이 서 말이라도 꿰어야 보배라지 않는가? 새 술은 새 부대에 담아야 한다는 말도 있다.

새 천년의 포천문화의 모델링 Modeling 을 위해!

가장 포천다운 것이 가장 세계적이라는 시대 요구에 문화인들의 지혜를 기대해본다.

■ ■ ■ 3

## 새 천년 포천 문학을 위한 제언

하루 일을 마치고 석양 무렵 산정호숫가 바이올린의 선율이 감싸 안은 작은 카페에 앉아 창밖의 정경을 바라보다 암벽 사이로 빨갛게 달아오른 나무들, 작은 계곡물 위에 떠다니는 단풍잎, 공원에서 한가롭게 그네 타는 엄마와 서너 살은 됐음직한 꼬마아이, 등산복을 멋들어지게 차려입은 노년의 부부가 두 손을 꼭 잡고 오솔길을 걷고 있는 모습을 본다. 카페 탁자 위에 있는 조화 튤립마저도 오늘은 향기를 발하는 듯하다. 10월 어느 날의 산정호숫가의 풍경이다.

로렐라이 언덕이 이보다 아름다울 수 있을까? 한탄강 계곡을 보자. 현무암 절벽에 매달린 형형색색의 나무들을 도나우강에서 볼 수 있을까? 그 어떤 정경보다도 아름다운 우리의 아름다움이다. 문학은 이 우주 속에서 사는 인간들의 이야기이다. 그것은 때로 허구의 이야기이기도 하고 사실이기도 하다. 하지만 거기에는 항상 메시지가 있다. 감동이 있다. 한 문학인의 눈에 비친 우주는 이즈음의 단풍만큼이나 형형색색 다를 수 있다.

한국문학을 돌이켜보면 그다지 자랑할 것도, 그렇다고 부끄러워할 것도 없다. '세계적'으로 명성을 가진 작품이 없다는 데서는 자랑할 것도 없지만, 우리들의 눈으로 써왔던 최선이기에 부끄러울 것도 없다는 이야기다. 멀리 가지 말고 일제 이후 현대문학을 보더라도 그렇다. 인간사의 복잡다단하고 우리가 상상할 수 있는 모든 일이 이 땅에서 일어났다. 식민지, 해방, 전쟁, 분단, 가난, 온갖 이념들, 경제개발과 민주주의, 그야말로 격동의 한 세기가 현대문학의 시대적 배경이었다. 거기에 '세계적'이진 못하지만 변함없이 우리와 함께 있었던 금수강산이 있다. 그동안에 쓰인 우리 문학작품 어느 것을 보아도 이것을 벗어난 이야기는 없다. 마음대로 쓰고 싶어도 나라를 빼앗겨 혹은 전쟁으로, 가난으로, 그리고 스스로가 만들어놓은 이념으로 인해 여러 가지 편견으로 사물을 바로 보기를 외면하여 쓰지 못하던 역사 또한 우리의 현대문학사이기도 하다.

한 세기 동안 우리 문학은 이런 우여곡절 속에서 부대끼며 이제 새로운 문학과 지평을 열었다. 이제는 자유스럽고 편견이 없는 눈으로 씌어진, 이 땅의 사람 사는 이야기들이 나옴직한 우리 문학은 또 새로운 변화를 목도하게 되었다.

우리는 지금 어쩌면 당황하며 살고 있는지도 모른다. 우리와는 전혀 다른 세대들과 변화하는 세계로 인해 미처 인식할 틈도 없이 받아들여야 하기 때문이다. 문자 매체에 익숙하지 못한 사이버세대들, 깊은 사고보다는 감각적 정보전달에 익숙한 그들, 바삐 돌아가는 시·공간 속에서 웅혼한 작품을 써 본다는 것이 너무 시대에 뒤떨어질지 모른다는 생각들, 해묵은 '양철북'이 이제야 노벨상을 타는 현실은 우리만의 문제가 아닐 것이다. '베스트셀러는 많지만 우리와 우리시대를 변화시킬 감동은 없다'고 말한다면 지나친 왜곡일까?

문학은 이처럼 다른 창작분야와 마찬가지로 새로운 전기를 맞고 있다. 아무리 세상이 변한다고 해도 변치 않는 것이 문학 속에 있다. 그것은 그 시대를 충실히 반영하면서도 메시지가 있어야 하고 감동이 있어야 한다.

그렇다면 새로운 시대는 어떤 모습일까?

지구화Globalization와 지역사회 이 두 축이 21세기를 살아가야 할 우리들의 삶의 조건임은 이의를 달 사람이 없을 것이다. 글로벌과 로컬Global and Local! 변화된 세계의 압축된 표현이다.

식민지, 국가주의, 민족주의, 양대 이데올로기(자본주의, 사회주의), 20세기를 살았던 우리들에게는 익숙한 단어들이다. 그러나 더 이상 21세기에는 중요한 사안들이 아니다. 이러한 거대담론보다는, 이제는 지구를 하나의 운명공동체로 사고하며 각자가 살고 있는 지역사회와 어떻게 관계 지을까를 새로운 세기의 화두로 제기하게 되었다.

시차 없이 우리는 세계 어느 곳에서나 일어나는 일들을 알 수 있다. '디지털'한 인식의 속도는 활자매체의 '느림'을 허용하지 않을 것 같기도 하다. 고속도로를 질주하는 운전자의 속도감과 창공을 나는 조종사의 속도감은 어쩌면 같을지도 모른다. 두 물체의 속도는 다르지만 눈을 얼마만큼 멀리 두느냐에 달려 있을 것이다. 아무리 변화가 빠르다 할지라도 우리가 지난 수천 년의 문학사를 일별해 보기만 한다면 그다지 속도감에 당황하지 않아도 될 것이다. 그 어느 때나 변하지 않았던 명제는 바로 '가장 local한 것이 가장 global한 것이다'라는 것이다.

일전에 유럽여행을 하고 온 친구를 만나 그쪽 문학 얘기로 오랜만에 정담을 나눈 적이 있다. 사적인 얘기는 그만두고 인상적인 얘기는 독일의 로렐라이를 가보았더니 그저 평범한 언덕에 불과했다고 한다. 나도 모르게 "그게 세계화다"라고 외쳤다.

포천에 있는 산, 강, 들, 이름 없는 언덕이 세계적이려면 바로 우리문학의 무대가 되기만 하면 되는 것이다. 가장 포천다운 것이 가장 세계적인 것이 된다. 「설국雪國」을 읽으며 북해도의 아름다운 설경을 그릴 수 있듯이 말이다.

중세 이탈리아의 베니스가 세계적으로 유명하게 된 것은 무역에 의해서가 아니라 셰익스피어 William Shakespeare 에 의해서인 것처럼 우리의 눈이 닿아야 할 곳은 분명하다. 체홉 Anton Pavlovich Chekhov 은 단편소설을 일컬어 나무의 단면과 같다고 했다. 나무를 자르면 그 속에서 나무의 역사를 한 눈에 알 수 있다는 말이다. 문학 또한 그 시대의 단면이다. 톨스토이 Lev Nikolaevich Tolstoi 는 지금부터 꼭 100년 전 「부활」을 썼다.

지금 「부활」을 펴놓고 읽으면 100년 전의 러시아가 그려질 것이다. 그런 무게로 포천을 그릴 일이다. 글을 쓴다는 것은 곧 예술이다. 예술은 창조이며 디자인이다. 그리고 디자인은 상상력의 소산이다. 사물을 그대로 묘사하는 것은 모방이지 창조가 아니다.

사실을 재료로 무궁한 상상력을 동원해 형형색색의 모양을 만들어내는 것이 예술이며, 표현의 수단이 문자일 때 문학이라 하는 것이다. 상상력을 통해 창조하는 과정을 우리는 디자인한다고 한다. 디자인하는 사람의 메시지가 그 속에 들어가기 때문에 문학은 작가의 꿈을 반영하는 것이다. 문학을 하는 이들의 꿈을 한 번 생각해볼 일이다.

가장 감수성이 예민하고 풍부한 나이가 10대, 20대일 것이다. 그러나 우리는 그 나이에 무엇을 했는가? 또 지금의 10대들은 무엇을 하는가? 책을 읽고 상상력을 키우는 것이 아니다. 입시 공부에 매달리거나 말초적인 대중문화에 자신을 맡겨버린다. 그런 청년기를 지나 이제 삶의 의미를 느껴보려고 할 때면 너무 고단하고 팍팍한 감수성의 소유자가 되어버리는 것이다.

그렇게 성장한 작가들이 디자인 해놓은 작품을 보면 모방 아니면 조잡함일 것이다. 분명 문학을 하기에 우리의 교육 시스템은 척박하기만 하다. 왜냐하면 학생들에게 책읽기를 할 기회를 주지 않기 때문이다. 읽지 않고 문학을 한다는 것은 땅위에서 노를 젓는 것과 같다. 이제 21세기의 포천 문학을 이야기할 때다.

문학을 함에 있어 지역이 있고 중앙이 있다고 생각하는 것부터 잘못된 인식이다. 등단이니 문필가 조직이니 하는 시대는 갔다. 등단의 매혹적 출구가 신춘문예이던 시절도 갔다. 이젠 누구나 작품으로 말할 수 있다. 그리고 그 작품의 무대는 작가가 살아온 그 지역이 될 때 가장 탁월한 작품이 될 수 있는 것이다. '평사리'가 박경리와 만났을 때 비로소 '토지'가 되듯이, '섬진강'이 김용택의 시로 디자인될 때 새롭게 태어나듯이 말이다.

이렇게 문학과 예술을 디자인으로 볼 때 20세기 전반부까지는 모든 작가들에게 분명한 지향이 있었다. 그것이 민족주의든, 자본주의든, 사회주의든, 체제든, 권력이든, 이상사회든. 그러나 20세기 후반에 우리는 그것들의 무너짐을 보았다. 사람들이 추구하던 '합의된' 이상이 허상이 되면서 문학도 모조리 바닥이 드러났다. 19세기, 20세기의 패러다임, 21세기를 바라보는 이 시점에 와서는 생산되는 작품에 비해 그들이 주는 메시지와 감동의 총량은 과거의 걸작 하나에도 못 미친다면 억지일까? 아무튼 지난날의 패러다임이 송두리째 무너지면서 유럽에서도 이제는 문학사조니 문학이론이니 하는 것이 거의 설 자리가 없어졌다고 한다. 결국 철학이든 문학이든 사람이 어떻게 살아야 할 것인가를 가려보자고 해왔는데 그것이 커다란 전환기를 맞이했다는 것이다. 이런 전환기의 한 가운데 우리는 포천땅에 서 있는 것이다. 이런 때일수록 우리는 정보에 민감해야 하고 우리 자신의 성찰에 더 많은 노력을 기울여야 한다.

이제 시중에는 더 이상 문학은 이렇게 해야 한다, 글은 이렇게 써야 한다고 목소리를 높이는 사람은 없다. 마치 요즘의 단풍처럼 각양각색의 형상을 한 작품들이 있을 뿐이다. 그러나 명성산 높은 벼랑 끝에 매달린 조선 소나무는 변함없이 푸르다. 그 푸름이 있기에 단풍도 아름다울 수 있지 않을까? 어쩌면 그 길을 찾는 작업이 영원한 문학의 과제일지도 모르고, 전환기에 명작이 나오는 것도 우연이 아닌 것은 바로 이 때문일 것이다. 지금 우리가 300여 년 전의 포천문인을 생각해본다면 어떤 느낌이 들까? 영평 8경에 술잔을 기울이며 읊조리던 시조가 떠오를까? 아니면 낙향한 선비의 절개 어린 시조 한 수가 들려올까? 그 시대를 살면서 포천의 산수를 벗 삼아 일필휘지하던 그들을 상상해보는 것은 그리 쉽지만은 않은 것이다. 그러나 애써 그들을 떠올려보는 이유는 온고지신 때문이리라. 이제 아름다운 포천, 그러나 속으로는 중병을 앓고 있는 그 아름다운 산하를 문학을 사랑하는 우리들이 찾아 나서야 한다. 그곳에 해답이 있다고 생각한다. 그것도 직접 두 발로 답청해야 한다. 다른 지역보다도 유수한 역사와 아름다움을 간직한 한탄강과 아름다운 산들이 있다. 여기서 우리는 만나야 한다. 우리의 후배들에게도 이곳에서 상상력을 키우게 해야 한다. 우리는 작품으로 영평 8경을 복원해야 하며 한탄강 깊은 속내를 드러내야 한다. 그것이 세계적인 포천 문학이 되는 길이다. 이제 첫걸음을 떼어야 한다. 삼삼오오 모여 이 시대를 끌어안고 21세기 포천의 산하로 말이다.

■ ■ ■ 4

# 하루

## 아침 그리고 아내

간밤에도 자정이 넘어 집에 돌아왔다. 바삐 돌아가는 세상 탓도 있지만 요즘 들어서는 더욱 할 일이 많아지는 것이, 40대가 되었다는 실감이 든다. 늘 그렇듯이 집에 들어오면 우리 부부가 자는 방만 빼놓고는 모두 불이 꺼져 있다. 식구라야 어머니, 아내, 딸 그리고 나 이렇게 넷이지만 말이다. 내가 늦게 들어오는 날이면 기다리다가 살포시 잠이 들었거나 아니면 대학원 공부를 하다가 "어디서 오세요?" 한 마디를 습관처럼 묻고 "식사는요?" 하는 아내다.

오늘은 그런 아내가 이불을 푹 쓰고 자고 있는지 기척이 없다. '아! 그렇지' 그때서야 아내가 퇴근 무렵 한 통의 전화를 했던 기억이 났다. 아내는 퇴근 무렵이면 늘 전화를 한다. 집에 가는 길에 혹시 같이 갈 수 있는지, 아니면 저녁이라도 함께 할 수 있는지, 그것도 아니면 특별한 데이트라도 할까 싶어 해서가 아니라 하루 일과를 마치고 이것저것 정리하는데 그 갈피 속에 남편이 들어 있기 때문일 것이다. 그만큼 바쁘고 중학교에서 아이들을 가르치는 아내는 아이들 가르치는 것밖에는 모른다. 그렇다고 집이나 남편에게 무관심하다는 것은 아니다. 남편에게는 아낌없이 다 주고 지금까지 자신을 위해 옷 한 벌 제 손으로 사 입지 않은 그런 사람이다. 그래도 어떤 때는 10년 전에 입었던 바지를 꺼내 입고 패션 주기는 10년이기 때문에 요즘 이 바지가 유행이라며 당당히 꺼내 입고 출근하는 아내다. 그런 아내가 저녁 무렵 전화를 했다. 여느 때와 같은 전화인 줄 알았는데 수화기의 목소리는 울먹이다 못해 엉엉 우는 것이었다. 가슴이 덜컥 내려앉아 웬일이냐고 다그쳐 물었더니 교무실에 가방을 두었는데 그 속에 있던 돈 7만 몇 천원이 없어졌다는 것이다. 월급날까지 쓰려고 아끼고 있었는데 너무 속상하다는 것이다. 나는 속으로 아이들이 그런 짓을 해서 속상한 게 아니고 빠듯한 주머니 사정 때문이라는 게 야박한 느낌마저 들었다. 어찌나 서러워하던지 '월급날까지 쓸려고 했는데…'를 연방 되뇌는 아내가 처연하고 귀엽기까지 했다.

그런 아내에게 "자꾸 그러면 돈 못 버는 내가 미안하구 슬퍼지잖아" 하면서 달래고는 전화를 끊었다. 얼마나 억울했는지 아내는 집에 가다가 또 한 번 전화를 했다. 아마 야속한 아이들과 월급날까지 버텨줄 것 같았던 지갑이 똑같은 모습으로 아내를 몹시 섭섭하게 한 모양이다. 그래도 나는 그런 아내가 측은하면서도 예쁘기만 하니 무슨 마음일까? 그런 아내 옆에 모르는 척하고 누워 하루를 되새김하면서 나도 모르는 새 잠이 든다.

나는 새벽잠이 없지만 아내는 아침에 일어나는 게 힘겨운 그런 체질이다. 오늘 아침 자고 있는 아내를 물끄러미 보면서 어제 일을 떠올려 보았다. 언제 그런 일이 있었냐는 듯 평화로운 얼굴이다. 피식 웃어 보이곤 매일 아침 그렇듯이 바삐 논으로 간다. 논에 가서 별일 하는 것은 아니지만 그저 벼들과 아침 인사 한 번 하고 오는 것이다. 그러고 오면 부산한 아침이 정리되고 아침상이 차려진다. 그런 아침 행사에 슬그머니 빠져나와 논둑을 걸으며 아침 공기를 마시는 재미도 느껴보지 않으면 모를 것이다.

올해는 가뭄으로 유난히 힘든 모내기를 했지만 작황이 보통 좋은 게 아니다. 오늘도 당당히 아침 먹으러 들어간다. 네 식구가 반드시 함께 해야 하는 아침상이다. 점심, 저녁은 같이 먹는 날이 거의 없기 때문이다.

지난 세월을 묵묵히 간직한 어머니, 내 삶 한가운데쯤부터 뛰어들어 나보다도 더 나같이 사는 아내, 요즘 학교에서 록밴드 드럼을 맡고 있는 나의 판박이 딸 이렇게 네 식구가 만드는 하루의 시작이다. 그 안에 아내가 있다.

## 점심, 불심검문

아무리 고상한 일을 해도 사람들은 먹는 일을 중심으로 만나는 것 같다. 조찬 기도회, 오찬 모임, 디너쇼 등 신문 기사에 중요한 모임들이라고 소개되는 걸 보면 모두 이런 식이다. 정치인들이든, 문화인들이든 다 그렇다. 그만큼 밥을 같이 먹는다는 것이 서로를 가깝게 하는 모양이다.

일 때문에 서울에 가는 일이 종종 있다. 그때면 상대 쪽에서 점심이나 같이 하자고 한다. 서울 갈 때면 으레 대중교통을 이용하는데 주차하기 힘든 이유 하나 때문이다. 어쩌다 주차위반 스티커라도 붙이는 날이면 보통 억울한 게 아니기 때문이다. 그러나 이렇게 서울 갈 때면 통과의례가 하나 있다. 송정검문소－만세교검문소－축석검문소. 얼마 전만 해도 있었던 도봉동의 검문소는 없어진 모양이다.

"안녕하십니까? 잠시 검문 있겠습니다."

건장한 헌병이 올라와서 냅다 인사를 한다. 뒤이어 전경이 올라온다. 이들은 차례차례 헌병은 휴가군인의 휴가증을, 전경은 누군지는 모르지만 민간인의 신분증을 검사한다. 그러나 모두들 아무렇지도 않은 듯하다. 경찰관 근무수칙 3조 1항인 '불심검문을 할 때에는 소속과 신분을 고지하고 검문의 목적을 말한 다음 … 검문을 한다'고 되어 있다. 그러나 이렇게 하는 검문자도 없고 이걸 따지는 사람도 없다.

내 친구 하나는 서울 갈 때면 으레 검문을 받는 친구가 있다. 순전히 생김새 때문이다. 마음은 비단같이 고운 친구고 눈매를 들여다보고 있으면 착한 기운이 보고 있는 사람을 압도하는 그런 친구다. 그런데 이 친구는 검문소만 도착하면 으레 신분증을 꺼내려고 움직움직한다. 얼마나 우스꽝스러운 일인가? 검문자의 주관적 판단으로 이 친구는 늘 불심검문을 당한다. 군사지역이고 분단된 현실 때문이라고 하기에는 왠지 씁쓸하다. 당당하게 휴가증을 끊고 나왔어도 헌병만 보면 가슴이 두방망이질을 하는 병사의 심정을 겪어본 사람은 사회인이 되면서 그냥 검문 정도는 아무것도 아니게 되었는지도 모르겠다.

이렇게 우리는 겉만 보고, 주관적으로 사람을 판단하고 산다. 그것도 아주 일방적이다. 때로는 상대방을 무척 힘들게 할 정도로 말이다. 내 친구가 검문을 받으면 사람들은 뭐라고 생각할까? "그래 저런 사람은 무슨 일을 저질렀을 수도 있을거야" 할까 아니면 "저 사람 때문에 나는 귀찮은 것 안 당하는구나" 할까? 아무튼 우리의 서울행은 일상적으로 이런 일들이 반복되며 이루어진다. 아무렇지도 않은 듯이 말이다. 누군가 불쑥 들어오고, 좌우를 살피고, 누구를 지목하고, 어떤 때는 차에서 데리고 내리는 사람을 모두 바라보며 그래도 빨리 내가 탄 버스가 출발하기만을 바라는 대부분의 승객들. 나도 오늘 누군가를 불심검문하고 있지는 않은지, 불쑥 나타나서 내 맘대로 사람을 판단하고 일방적으로 평가하고 다른 사람의 불이익에 대해 내 편리를 위해 무관심하거나 외면하지는 않는지 나는 혹시 사람들에게 '이상하게 생긴 사람'은 아닌지, 서울로 가는 직행 버스 속에서 줄곧 이런 생각을 하다가 수유리에 도착했다. 약속한 친구는 변호사인데 버스 안에서 있던 이런 얘길 했더니 그냥 웃고 만다. 물론 변론을 원한 것도 아니었지만.

그 친구 점심이나 같이 하자면서 광화문에 있는 꽤 이름난 레스토랑을 가리키며, 가서 스파게티를 먹자고 한다. 딸 덕분에 피자는 어느 정도 먹을 줄 알게 됐지만 스파게티는 맛도 본 일 없는 나는 그래도 그 친구 호의인데 못이기는 척하고 따라갔다. 가면서도 한식으로 하자고 할 걸 하는 생각도 했다. 그러나 기대도 없었던 건 아니다. 허나 그날의 스파게티의 맛은 완전히 내 입맛을 불심검문하는 그 느낌 그대로였다. 불쑥 들어와서 온갖 생각을 하게 한 스파게티. 그 친구는 그날 이후로 나를 보면 큰 소리로 '시골쥐'라고 놀려댄다.

아무튼 오랜 세월 만나 격의 없이 지낸 괜찮은 친구와 같이 한 점심이라 좋은 기억, 재미있는 추억이라 돌리지만 스파게티보다는 딸하고 먹는 짜파게티가 훨씬 맛있다는 걸 알았다.

## 저녁, 다시 처음의 노래를

매주 화요일 저녁이면 아무리 바빠도 두 시간은 합창단 연습실에 간다. 노래라야 시골교회 성가대에서 매주 한 번 하는 것밖에 없는데, 언젠가 그 합창단의 공연모습을 보고 지휘자가 너무 매력적이라 꼭 한 번 들고 싶던 차에 단장님께서 권하시기에 못이기는 척하고 어정쩡하게 입단을 했다. 그 후로 벌써 네 번이나 공연을 했으니 이제 낯설음은 면했다.

연습시간이 8시부터 10시까지인데 그 두 시간은 세상 모든 생각을 훌훌 날려버리고 오로지 노래만 한다. 노래를 하다가 노래하는 것도 잊은 채 지휘자만 볼 때도 있다.

24명의 각기 다른 음색을 네 가지로 나누고, 이를 다시 하나로 모아내는 신통력이 너무 신기하다. 거기에는 나같이 슬쩍 숨어서 묻어가는 사람도 있다. 그게 합창의 또 다른 매력일지도 모른다. 거기에는 각양각색의 사람들이 있다. 물론 다 노래를 좋아하는 사람들이다. 마치 캔터베리 이야기처럼 합창은 그런 것 아닐까? 이런저런 사람들의 이야기를 묶어내는 것, 한 권의 소리 나는 소설일지도 모른다.

그 사람들을 어떻게 기쁜 마음으로 노래할 수 있게 할까? 어떻게 행복하게 노래할 수 있게 할까? 신통력이 아니면 불가능할 일이다. 저마다 쫓기는 세파에 찌든 고단함을 털어내는 발성연습, 이때가 하루 종일 흐트러졌던 심기를 바로잡는 시간이다. 노래하는 우리보다 더 진지하고 음악에 푹 빠져 있는 지휘자의 모습을 보면 행복하기까지 하다. 그래! 지도자는 바로 저런 모습일 거야. 제 일에 푹 빠져 있고 땀을 흘리며 온몸을 내던질 때 감동하는 거고 사람들이 따라가는 거야.

어느새 연습실 안에는 피아노 소리, 단원들의 노랫소리 이외에는 아무것도 없는 진공상태가 된다. 지휘자는 이런 시골까지 두 시간을 달려온다고 한다. 두 시간 지휘를 위해 왕복 네 시간, 아니 한나절을 송두리째 바친다. 노래하면서 이런 생각을 한다. 다음 주에는 연습실 입구에 있는 칼국수 집에서 지휘 선생님께 저녁 대접을 하리라 마음먹는다.

단원 모두가 다 저마다 행복하고 조화로운 목소리로 노래하면 그것이 지휘자의 행복일까? 이런저런 생각을 하며 집으로 돌아오는 길엔 연신 흥얼거리면서 운전을 한다.

하루는 이 우주의 시간을 한꺼번에 보여주는 완전무결한 단위이다. 시작부터 끝까지, 아니 똑같은 시작으로 이어지는 억겁의 시간을 우리는 하루 속에서 다 볼 수 있다. 내 몸은 그 하루에 철저히 내던져진다.

어둠을 가르며 달려가는 내 영혼의 속도 앞에 놓여 있는 하루의 길이는 그것이 내일을 이어주는 것이 아니라 그 하루로 족한 것이리라. 돌아가 잠자리에서 잠깐 드리는 기도는 이제 한 우주의 시간에 마침표를 찍는 의식일 것이다.

...5

# 아프리카 견문록

1992년 브라질 리우에서는 인류의 미래를 위한 의미 있는 결정이 있었다. 환경파괴와 빈곤으로 대표되는 인류의 이중성, 즉 개발과 보존이라는 동전의 양면과 같은 모순을 어떻게 풀어야 할 것인가 하는 최초로 지구적 의제를 인류 공동 의제로 받아들인 것이다.

리우회의 이후 유엔에서는 지방의제의 설치와 교토의정서(미국은 받아들이지 않았지만) 발효 등 일련의 이행 과정을 겪으며 매 십 년마다 지구적 실천을 위한 회의를 두기로 하여 2002년 8월 24일부터 9월 4일까지 남아프리카 공화국의 요하네스버그에서 두 번째 지속가능한 발전을 위한 지구정상회의 World Summit on Sustainable Development : WSSD가 열렸다. 한국에서는 지방의제 및 전국의제와 PCSD에서 100여 명, 정부에서 30여 명, 시민환경단체에서 150여 명 등 300여 명이 넘는 대규모 참가단이 지구의 끝에서 열리는 인류의 미래를 위한 행사에 참여했다. 세계에서 두 번째로 규모가 큰 참가단이라는 데 몇 가지 의의가 있다.

첫째는 한국의 시민운동이 특수한 역사를 가지고 있다는 것이다. 1970~80년대 개발과 독재 시대의 반대급부로 성장한 세력이 다른 나라에 비해 수적으로 많고 내용에서도 행동적이다. 아마 자신의 경제적 이해보다 앞서 행동력을 발휘하는 독특한 헌신성은 그때 성장한 세대가 아니면 곤란한 일이 아닐까 싶다. 더불어 바로 이 세대가 다양한 의제 형성 능력을 가지고 현재의 시민운동NGO을 이끌고 있다.

둘째로 개발시대의 일방독주는 한국사회에 그만큼 많은 문제점들을 축적해놓았다는 것이다. 눈부신(?) 경제 성장의 이면에서 온 땅이 오염에 물들어 신음하는 이유가 바로 그들의 행동력의 근거가 된다. 40여년의 경제개발은 이 땅 어디를 가도 환경오염의 위기를 절감하게 했고, 그것을 추진하던 세력만큼이나 그 반대의 세력도 양산해왔던 것이다. 그러나 이는 한국적 상황이 좀 극단적이어서 그렇지 전 세계 어디를 가나 개발과 보존이라는 모순된 의제에 대한 길항하는 의견이 있게 마련이다.

1992년의 브라질이 개발과 보존이 충돌하던 상징적 국가였다면, 2002년의 남아프리카 공화국은 단지 환경보존과 개발의 차원을 넘어 인류가 갖고 있는 모든 의제의 전시장이라고 해도 과언이 아닐 것이다. 기나긴 흑백갈등의 상처가 아직도 연연하고 지독한 채광으로 인해 이상 비대해진 요하네스버그의 빈곤과 치안부재 등 거친 땅에서 살아 가야하는 아프리칸Africans의 모습이 남아공에 전시되어 있다.

남아공은 9개의 부족으로 이루어진 나라이다. 경제권의 대부분은 백인이 장악하고 있다. 만델라 정권 이후 흑인 정권이 지배하면서 흑인들의 경제적 지위도 상당히 상승되고 있지만 그에 비례해서 빈부의 격차는 더욱 심화되고 있다.

17시간의 비행 끝에 아프리카의 첫 걸음은 요하네스버그에 내디뎌졌다. 끝없이 펼쳐지는 양철집의 빈민가, 2중 3중의 쇠창살도 모자라 전기 철책으로 담장 두르고 살아야 하는 백인, 흑인들의 점령(?)으로 생기를 잃어버린 다운타운, 배부른 백인의 노예로 살 것인가 배고픈 흑인 세상에서 살 것인가? 이 또한 개발과 보존과 맥을 같이하는 내면적 요구인지도 모르겠다(발전이란 이름으로 썩어버린 포천천에서 살 것인가, 아니면 조금은 부족하지만 맑고 깨끗한 포천천에서 살 것인가? 물론 사람들은 전자를 선택했다!).

거대한 금광의 석분더미들! 난지도만 한 더미들이 수십, 수백 개씩 쌓여 있는 사이로 형성된 주거지가 금광으로 인해 영화로웠던 백인들의 과거를 상상하고도 남게 했다. 철저히 흑인만 거주하는 소웨토(400만 거주)지역의 삶의 질을 보면서 전쟁 후의 한국의 모습에서 가까이는 1980년대 달동네의 모습까지 스크린처럼 지나가는 영상이었다. 철저히 채광하여 자신들의 부를 축적한 백인들의 투자가 일백 년이 넘는 동안 이 정도밖에 되지 않는다면 원주민으로서는 분노하지 않을 수 없는 상실일 것이다.

재생산 기반이 없는 요하네스버그의 거대함과, 어디를 보아도 그 많은 인구를 먹여 살릴 만한 경작지나 산업시설이 없는 기형의 도시! 그곳이 바로 요하네스버그이다. 백인들의 자가용 문화는 그 넓은 도시에 택시를 제외하고는 단 한 대의 대중교통도 없는 도시를 만들었다. 간선도로는 자동차 전용도로뿐이고, 다운타운 내의 거리에도 버스가 없다. 교통정책에서도 얼마나 흑인들을 소외시켰는지 역력하다.

▲ 만델라가 있었던 감옥 앞에서

나스렉 Nasrec , 우분투 Ubuntu , 샌턴 Sandton , 소웨토 Soweto 이 네 지역을 다니면서 부지런히 아프리카를 받아들였다. Nasrec은 시민사회 포럼이 열리는 곳으로 전 세계 시민단체들이 모여 자신들의 메시지를 알리는 퍼포먼스의 장이다(필자도 이곳에서 한탄강댐 반대 1인 시위를 했다). Ubuntu는 환경 박람회장이다. 여기서 왜 Ubuntu가 박람회장으로 선정되었는지를 엿볼 수 있는 만델라의 의견을 보자.

"The spirit of Ubuntu —that profound African sense that we are human only through the humanity of other human beings— is not a parochial phenomenon, but has added globally to our common search for a better world."

박람회장은 각 국의 환경정책과 지속가능한 개발을 위한 노력들이 엿보이는 곳이다. 아쉬운 것은 한국관의 초라함이다. 거의 준비되지 않은 느낌이었다. 아직도 월드컵홍보를 하고 있는 모습에서 씁쓸함을 느꼈다. Sandton은 정상회담장이 있다. 컨벤션센터의 각 회의장에서는 한 가지라도 의견의 일치를 보려는 논쟁과 토론이 활발히 오갔지만 눈에 띄는 이행계획 합의는 없다. 단지 우리는 많은 문제를 안고 있는 직립 보행인이며, 지구라는 한정된 공간에서 살기에 함께 미래를 위해 머리를 맞대야 한다는 것! 이것에 모두 생각을 같이하는 것으로 만족해야 했다.

하루 1달러 미만으로 생활하는 빈곤, 아프리카를 송두리째 위협하는 AIDS, 빈부격차와 흑백갈등, 교육받지 못한 흑인사회, 분명 아프리카는 인류의 의제일 수밖에 없다.

요하네스버그! 그곳은 사람의 마음을 답답하게 한다. 백인 저택의 전기 철조망이 그렇고, 자동차 전용도로를 하염없이 걸어야 하는 흑인의 발걸음이 팍팍하고, 학교에 갈 수 없어 공터에서 하염없이 앉아있는 어린아이들의 나른함이, 슬럼화 되어버린 거대한 다운타운, 정권은 잡았지만 흑인들 스스로 헤쳐 나가기에는 간단치 않은 아프리카가 거기에 놓여 있다.

WSSD 공식일정을 마치고 우리는 남아프리카 최남단의 미항 美港 케이프타운 Cape Town 으로 향했다. 비행기로 두 시간 거리에 있는 곳이다. 이륙한 비행기에서 내려다본 요하네스버그는 더욱 우리의 가슴을 답답하게 했다. 그러나 흑인들에게는 우리가 느끼지 못하는 희망이 싹트고 있으리라 믿는다. 8월말은 요하네스버그가 겨울이 끝나가는 무렵이듯이 말이다.

상공에서 내려다보는 남아공의 황무 荒蕪 는 그 드넓음에서 감탄을! 그 척박함에서 탄식을! 끝없는 지평선에서 아프리카를 실감케 한다.

케이프타운에 가까워오자 높은 산들 위에는 눈이 쌓여 있고 그 아래로는 강이 흐르고, 푸른 초원과 경작지가 펼쳐지면서 아름다운 주거지가 펼쳐진다. 아프리카 속의 유럽이라면 적절한 표현일 것이다.

공항에 내리면서 케이프타운의 아름다운 해변이 눈에 들어온다. 공항으로 착륙하기 직전 양철집의 흑인 빈민가가 대규모로 펼쳐진다. 나중에 들은 얘기로는 350만 시민 중에 100만이 그 양철집에 산다고 한다. 그러나 케이프의 모습은 요하네스버그와는 완전히 다르다. 먼저 풍광이 다르다. 온화한 기후, 수려한 산세, 인도양과 대서양을 끼고 있는 천혜의 미항이다.

케이프타운은 범상치 않은 지세를 가지고 있다. 먼저 주산 主山 인 테이블산 Table Mt. 이 가운데 떡 버티고 있고, 좌로는 Rions head가 작지만 위압적이고, 앞으로는 잔잔한 바다가

연해 있고, 그 만灣 한가운데 로벤 섬 Robben Island 이 있다. 한눈에 보아도 이곳은 사람이 살 만한 곳이고 세계에서 몇 번째 안가는 미항이겠다는 생각이 든다.

인도를 찾아가던 유럽인들이 이곳에 자리를 잡아 아프리카를 경영하고 인도항로의 중간기착지로 가꾸고 또 가꾼 흔적이 역력하다. 케이프 Cape 에는 담장이 없다. 그만큼 흑인들의 힘이 약하다는 말도 될 법하다. 항구는 북유럽의 어느 항구를 연상하게 할 만큼 아름답고 깨끗하다.

주산인 테이블산에 올라 항구를 내려다보며 서울을 생각했다. 아니 자연스럽게 서울이 오버랩 되었다. 우로는 모악산이고 좌로는 낙산을 두었고 앞으로는 안산案山 인 남산을 가진 서울! 모악산에 유수한 대학이 있듯이 악마봉 아래에 케이프타운 대학이, 낙산 밑에 동대문의 저자거리가 있듯이 사자봉 아래도 마찬가지다. 더 기막힌 일치로 남산에 악명 높던 중앙정보부 안기부 지하실과 로벤 Robben 감옥이 겹치지 않은가!

남아공의 정신적 지주인 넬슨 만델라가 18년 동안이나 살았던 그 섬에 가서 그가 살았던 방이며 고난의 흔적들을 만져보았다. 지금은 관광지가 되어 많은 사람들에게 아파르트 헤이트의 아픈 상처를 교육하는 장이지만 숱한 세월 그 섬은 백인들의 흑인 지배를 위한 용도 이상도 이하도 아니었다. 그 섬에 가서 서울의 남산을 떠올리며 우리는 남아공보다도 못한 현대사를 갖고 있음을 깨달았다. 기념촬영을 하고 마치 흑백 갈등이 이해할 수 없는 천박한 일이었다는 기분으로 위선을 부리고 있을 때, 내 머리는 둔기로 맞은 듯하고 얼굴은 화끈거리고 다리는 어디를 향해야 할지 모르게 우왕좌왕했다. 그 감옥에서 9년을 살았다는 안내자가 과거를 추억하듯이 자랑스럽게 설명하는 모습이 나를 주눅 들게 했다. 우리는 무엇이었나? 우리는 그냥 죄인이었나? 남산 지하실에서 숱한 밤을 죽음과 겨루고 온기 하나 없는 겨울을 차디찬 마룻바닥에서 살았던 우리는 진정 죄인이었단 말인가?

28년 동안 만델라가 감옥에 있는 동안 얼마나 많은 흑인들이 죽고 고통을 당하며 살았겠는가? 지척에 있는 로벤 섬의 만델라를 떠올리며 피부가 다르다고 미워하지 않는 세상을 꿈꾸며 싸웠던 그들이 오늘 그 만델라의 감옥을 자랑스럽게 이방인들에게 보여주고 있다! 우리는 무언가? 서대문 형무소가 있다고? 그러나 왠지 빛바랜 사적지에 불과한 느낌이 드는 것은 나만의 무딘 감정일까?

"남산 지하실"을 서둘러 없애버린 연유를 로벤 섬에서 섬광처럼 깨닫게 되었다. 프랑스의 레지스탕스가 나치 협력자를 50만이나 처형하면서 '프랑스의 지조를 위해 그랬노라' 당당히 말하던 장면이 이해가 된다. 만델라는 과거의 잘잘못을 철저히 가리고 그 이후에 함께 살아야 한다고 천명하고 이를 실천하고 있다. 우리는 어떻게 일제를 청산했기에 오늘날까지 이 사회가 본능만을 좇아 헤매는지 안타까울 뿐이다. 자신의 원죄를 감추기 위해 끊임없이 악행을 일삼아야 하는 인간의 불행, 로벤에서도 답답한 마음뿐이었다.

친일파가 그들의 이익을 위해 사회주의자, 공산주의자들의 항일 독립운동을 역사에서 삭제하려고 애쓰는 한 우리의 역사는 언제나 공회전일 수밖에 없다. 레지스탕스는 어떤 사상을 가져도 레지스탕스다. 그러기에 오늘날 프랑스는 좌·우가 프랑스의 이익을 위해, 그러나 프랑스의 이익이 세계인의 보편적 이익에 위배되지 않도록 같이 살지 않는가? 이것이 바로 선진국이다. 그런 의미에서 남아공은 분명 희망이 있다.

그들의 케이프 정상 Cape Point 에 올라 대서양을 바라보면서 이제 이곳은 뭍으로 오르는 희망봉에서 넓은 바다를 헤쳐 나가야 할 아프리카인들의 희망봉이라는 생각을 했다. 거친 바다를 끝내고 달려오던 유러피언의 희망, 그 형용할 수 없는 환희와 흑인 노예의 노동! 바로 그 힘으로 케이프타운은 건설되었다. 그러나 아프리카인들의 희망봉은 그것과 정반대이다. 대서양의 거친 바다가 눈앞에 펼쳐지고 그것을 헤쳐 나가야 하는 것이다.

흑인 정권을 세운 오늘 아프리카의 앞날을 보는 것 같다. 그들은 희망이 있다. 단지 리스본 항을 떠나는 바스코 다가마 Vasco da Gama 가 꿈꾸는 신대륙의 금과 향료가 아닌, 그들에게는 아프리카인 Africans 의 평화를 위한 항해일 것이다. 그리고 아직은 성숙하지 않았지만 악은 미워하되 백인을 미워하지는 않으며 그렇게 살 것이다.

평탄한 테이블 산 좌우에 악마 Devil Peak 와 사자가 버티고 있는 이유를 이제야 알 것 같다. 한쪽은 대학가의 인텔리고 한쪽은 저자거리의 백성들이다. 이들이 평탄한 세상을 만들어야 하지 않는가?

요하네스버그와 케이프타운. 아프리카의 어제와 오늘, 그리고 내일의 의미를 한꺼번에 보여주는 대조적인 도시인 것 같다.

'WEHAB'로 약칭되는 지구적 의제를 멀리서 찾을 필요가 있겠는가? 아프리카에 가보면 인류의 의제가 저절로 떠오른다. 그리고 한국에 돌아와 전쟁과 평화의 담론으로 마무리를 짓자. 전쟁을 공공연히 말해도 그것은 평화의 이름을 얻고, 진정 평화를 외치지만 테러리스트여야만 하는 현실이 우리 속에 있지 아니한가? 아직은 황무한 땅, 그러나 희망의 땅, 흑인과 백인이 담 높이지 않고 아름다운 케이프타운을 만들었으면 하는 간절한 소망을 희망봉에 두고 왔다. 아마도 그것이 만델리즘 Mandelism일 것이다. 나는 아프리카에서 머물던 2주일 동안 흑인들의 따듯한 눈빛과 친절을 잊을 수 없다. 그리고 백인들의 약간은 겁먹은 듯한 경계심 또한 더 깊게 내 마음 속 깊이 각인되어 있다.

아! 대한민국!

우리는 어디로 가야 할 것인가? 수해와 정쟁으로 얼룩진 조국, 남북의 불안한 화해, 지구상의 최대의 의제인 평화의 실험장! 우리는 무엇을 해야 할 것인가? 이것이 감출 수 없는 우리의 의제 아닌가?

■ ■ ■ 6

## 교육부 장관님께

저는 경기도 포천의 작은 초등학교 4학년에 다니는 딸을 둔 아버지입니다. 전교생이 60여 명, 병설 유치원을 포함하여 80여 명 남짓한 작고 예쁜 학교입니다. 우리학교는 30여 년 전 제가 다니던 바로 그 학교이고, 또 우리 삼촌·고모가 다니던 바로 그 학교입니다.

이제는 대학을 나와 고향에서 소박하나마 큰 꿈을 만들고 있습니다. 세상을 두루 보겠노라고, 더 큰 학교를 다니겠노라며 객지를 떠돌 때 그 고생스럽고 외롭던 시절에도 고향의 작은 학교는 언제나 큰 위안이었습니다. 언젠가는 돌아가 고향에 아름다운 삶의 터전을 만들어보리라, 그 속에서 내 아이들을 키워보리라 꿈꾸던 그 고향의 작은 학교입니다.

큰 도시는 큰 학교를 만들고, 작은 마을은 작은 학교를 품는 법. 우리는 언제나 학교를 삶의 중요한 보금자리로, 마음의 고향으로 생각하며 살아왔습니다. 객지에 사는 수많은 사람들은 복잡한 거리, 힘든 일 속에서도 고향의 작지만 아름다운 모교를 생각하며 마음 든든해합니다. 어쩌다 명절 때라도 내려와 멀리 보이는 아스라한 옛 추억의 초등학교가 눈에 들어오면 그때야 비로소 아! 고향에 왔구나, 그러고는 그날 저녁 초등학교 동창 녀석들과 한잔 술을 하며 차곡차곡 쌓아놨던 지난 일을 꺼내어 안주 삼아 밤을 지새우기가 한두 번이 아닌 것입니다.

마을에 사는 부모님들이 학교 운동장에서 들려오는 아이들의 함성소리, 재잘거리는 소리를 들으며 힘든 줄 모르고 일하는 것은 그 속에 미래가 있기 때문입니다.

1960~70년대 그 어렵던 시대를 살았던 우리들은 아직도 그 시절 우리를 키웠던 많은 사연들을 간직하고 그 자양분으로 이 어려운 시대를 살아가고 있는지도 모릅니다. 검정 고무신에 빛바랜 책가방을 메고 점심을 거르기 일쑤였지만 그것은 아련한 아름다움이었습니다. 그렇게 자란 우리가 이제는 경쟁력 있는 이 사회의 중요한 일꾼들이 되어 있습니다.

어떤 시련이 와도 참고 견디며, 공동체를 먼저 생각하고 이웃들을 사랑하며, 자기 맡은 일에 묵묵히 일하는 이름 없는 많은 사람들이 누구인 줄 아십니까?

남 속일 줄 모르고 정직하게 하루하루를 살아가며 이 사회에 밑거름이 되는 사람들이 누구인 줄 아십니까?

눈물 나게 고통스럽지만 편법을 쓸 줄 모르고, 아예 그런 마음조차 먹지 못하지만 남을 원망하지 않으며 살아가는 진짜 애국자들이 누구인지 아십니까?

그런 사람을 붙잡고 당신은 어느 초등학교를 나왔습니까 하고 물어보면 대개는 시골의 이름 없는 초등학교라고 말할 것입니다.

그렇게 40년, 50년을 우리 마을 사람들과 함께 하며 숱한 사연을 만들고, 어디를 가나 이 땅 많은 사람들의 마음속 한가운데 살아 있는 고향의 상징이 되었습니다. 이는 비단 포천 어느 마을만의 자랑이 아닐 것입니다. 이 땅 나지막한 산자락과 작은 개울을 끼고 살포시 마을이 앉은 곳이면 어디나 이런 사연을 간직하고 있을 것이며 그곳에서 자란 아이들이 지금은 대도시를 바쁘게 뛰어다니면서 이 사회를 만들고 있는 것입니다.

그런 고향의 작은 학교에서 언제부터인가 사람들이 떠나기 시작하더니 1980년대 들어 더욱 가속화되어 수많은 학교들이 문을 닫고 말았습니다. 지금도 대도시 주변의 학교들은 과밀화되고 신설학교가 속속 생겨나지만 농촌의 학교들은 점점 학생이 줄어들고 있는 것은 누구나 다 알고 있는 현실입니다. 왜 그들은 고향을 떠났습니까? 무엇이 그들로 하여금 고향을 떠나게 했습니까?

산업구조가 변화하고 농촌경제가 상대적으로 전체 경제에 차지하는 비중이 낮아지는 것이 어쩌면 당연한 일인지 모르지만 그것이 곧 농촌의 붕괴를 의미하지는 않을 것입니다. 1980년대 5공 정부의 관료들에 의해서 입안된 소규모학교 통폐합 정책이 그동안은 부분적으로 시행되어오다가 IMF를 계기로 국민의 정부 하에서 오히려 그 강제성이 농민들을 가슴 아프게 하는 것은 아이러니가 아닐 수 없습니다.

농촌, 도서・벽지교육진흥법이라는 상위법도 엄연하고 지난 대선 SBS토론회에서 김대중 후보의 공약에서도 분명히 약속되었는데, 오직 관권에 의해 밀어붙이기 식의 교육정책이 이루어지는 것은 그동안 어느 정부에서도 없었던 일입니다.

통폐합 대상학교라는 이유 하나만으로 이미 모든 정책성 예산 지원이 중단된 지 오래되었고, 이를 감수하고라도 학교를 지키고 내 아이들을 좀 더 세상에서 뒤떨어지지 않게 하겠다는 농민들의 노력은 경제적 어려움을 더하여 이중고를 짊어지고 있는 것입니다.

지금 전국 농촌에서는 다 같은 마음으로 정부의 교육정책을 원망하고 있습니다. 농어촌 구조 조정사업에는 수십조를 쏟아부으면서 몇 천억의 예산 절감을 위하여 이 땅 소중한 교육의 살아 있는 현장을 없애려 하고 있는 현실에 우리는 가슴이 메어질 것 같습니다.

이 땅 영원한 생명의 원천인 농촌, 그 농촌의 아이들에게 농촌의 풍광만큼이나 아름다운 학교를 만들어줄 수는 없을까 하는 간절한 심정으로 이 글을 쓰고 있습니다.

교육부 장관님!

아이울음 소리가 그친 동네는 이미 망해버린 마을이라고 했습니다. 도시의 아파트 밀집지역의 과밀학교를 보면서, 텅텅 비어가는 농촌학교의 아름다운 학교를 보면서 우리는 20세기 말의 어리석은 문명을 목도하고 있는 것입니다.

우리의 교육은 경제개발 시대의 산업 인력의 육성이라는 현실적 요구와 분단이라는 이념구조의 두 바퀴로 굴러왔다고 해도 과언이 아닙니다. 이런 교육정책은 입시교육과 권위주의라는 현실로 드러나게 되었습니다. 물론 단기간에 이루어낸 효율적인 교육효과를 무시해서는 안 되지만, 국가의 백년지대계라는 관점에서 보면 그런 지난 시기의 교육의 결과가 심각한 사회문제가 이 사회 곳곳에서 병폐로 나타나고 있습니다. 이에 대한 반성으로 1980년대 민주화 운동과 궤를 같이 하며 기존의 교육구조를 개혁하고자 하는 요구들이 이젠 보편화되어 국민의 정부를 탄생시켰고, 장관님도 그 시대에 앞장섰기에 오늘 이 나라 교육을 책임지고 있다고 생각을 합니다.

한 세기를 접으며 새로운 천년을 맞이하는 전환기를 이 시대라고 한다면, 교육이 갖는 중요성이야말로 어떤 사회분야보다 앞선다는 데 토를 달 사람은 없을 것입니다. 교육의 양적인 면에서 질적인 면으로의 발전, 이념 위주의 교육에서 다양성의 조화로, Globalization(세계화)과 Locali- zation(지역화)의 유기적 관계를 더 한층 발전시켜야 할 과제를 안고 있습니다. 새로운 천년을 준비함에 있어서 교육계획은 계획 중의 계획이며 모든 계획을 위한 밑그림이어야 할 것입니다. 그래서 백년지대계라는 말이 나온 것 아니겠습니까.

그러면 어떻게 양에서 질로, 이념에서 다양성의 조화로, Globalization과 Localization의 유기적 관계형성을 가능케 할 것인가. 농촌학교의 학부모 입장에서 말씀드리겠습니다.

한국농촌과 학교교육의 현실은 다른 부문도 마찬가지이지만 언제나 도시중심의 교육정책으로 인하여 변방으로밖에 사고되지 못했습니다. 입시위주의 교육이 갖는 획일성은 농촌교육에서도 예외가 아니었으며 그 입시가 교육열과 맞물려 이농을 부추겨 왔습니다. 이농의 경제 외적 요인 중 교육은 오히려 경제적 요인보다 강하게 작용해왔고, 지금도 여전합니다. 지금도 뚜렷한 이유 없이 그저 아이들의 교육을 위해 농촌을 떠나는 가정을 보기란 어렵지 않습니다. 이곳의 한 초등학교에서는 지난 3, 4월에만 15명의 아이들이 인근의 읍으로 떠났습니다. 단지 통폐합이 될지도 모른다는 이유 하나만으로 말입니다. 가구 전체가 이주하는 것이 아니라 부분 전출로 말입니다.

무엇이 그들로 하여금 농촌을 떠나게 하는가!

단순히 경제적 요인에서만 찾기에는 석연치 않은 점이 많습니다. 농촌교육에 대한 지속적 무관심과 소외가 그들로 하여금 하나둘씩 짐을 싸게 했던 것입니다. 모두 도시로 몰려 경쟁하면 찬란한 21세기가 열려질 지 우리는 누구에게 물어보아야 하겠습니까. 우리 모두는 이제 도시로 가기 위한 이삿짐을 싸야 하는지 묻고 싶습니다.

세계는 하루가 다르게 단일시장으로 통합되고 정보통신의 장에서 점점 하나가 되어가고 있지만, 또 다른 축에서는 자기 삶의 구체적 공간인 지역사회의 중요성을 더 깊이 인식하게 되었습니다. Globalization에 관심 없는 Localiza- tion은 맹

목이고, Localization 없는 Globalization 또한 공허한 노릇이 아닐 수 없습니다. 그만큼 지역사회는 이제 지구화와 함께 생각해야 하는 수레의 두 바퀴가 된 것입니다. 입시와 이념에서 Globalization과 Localization으로 21세기의 교육목표는 확대되어야 한다는 것입니다. 지역사회의 중심은 학교였고, 앞으로도 학교이어야 할 이유는 그곳에 미래가 자라고 있기 때문입니다. Globalization이 가속화될수록 우리는 지역사회의 자기 정체성을 더욱 확고히 찾아야 하고, 21세기 새로운 공동체를 만들기 위한 구체적 장으로서의 지역사회를 모델링 Modeling 해야 하는 것입니다.

21세기의 새로운 공동체를 상상해볼 때 세계는 단일화된 정보의 장으로 움직여 가지만 구체적 삶의 장은 지역사회일 수밖에 없고, 그 지역사회 위에 우리들의 이상을 실현해야 하는 것은 너무나도 당연한 일입니다. 학교는 이런 과정에서 중심에 서야 하고 문화적, 정치적으로 지역 주민의 활동의 장으로 자리매김 되어야 합니다. 이제 학교는 더 이상 학생들만의 교육기관이 아니라 주민 모두의 교육기관이 되어야 하는 시대가 된 것입니다.

지금과 같이 이념과 사상의 혼돈과 비전 부재의 시대를 살 때에는 구체적 삶을 사는 사람들의 새로운 모델링이 가장 의미 있는 일이며, 그 과정들의 귀납적 유추가 곧 새 시대를 이끄는 비전의 실체가 아니겠습니까. 그래서 인류문명사를 보더라도 겉으로 보기에는 혼돈의 시대이지만 어김없이 위대한 사상들이 나온 것은 우연한 일이 아닌 것입니다.

이런 이유에서 지금까지의 교육정책은 소극적이었으며 즉자적 대응방식이었습니다. 경제적 효율성만을 강조하고 계량적 산출만을 잣대로 농촌의 작은 학교의 근거를 빼앗아 왔습니다. 구 정권에서 만들어진 100명 이하 소규모 학교 통폐합 정책을 조금의 변화도 없이 밀어붙이는 것에 대해 심각한 우려를 하지 않을 수 없습니다.

우선 100명이라는 숫자의 근거가 어디서 나왔는지 그 임의성을 지적하지 않을 수 없습니다. 물론 지나치게 작아서 여러 가지 교육적인 측면을 볼 때 통폐합하는 것이 좋은 경우가 있다는 것을 무시하는 것은 아닙니다. 하지만 그때에도 학생과 주민의 의사를 최대한 존중해야 하며 먼 미래까지도 볼 수 있는 여유가 있어야 할 것입니다. 가까운 일본의 예만 보더라도 한 명의 학생만 있더라도 함부로 폐교하지 않고 휴교를 하는 것을 우리는 배워야 할 것입니다.

근대성만을 강조하고 투입과 산출의 계량적 사고에 근거한 모든 교육정책은 이제 구시대의 유물로 남겨야 할 것입니다. 어떻게 교육의 Input과 Output이 시장원리에 의해 계산될 수 있는가. 그리고 지금 교육정책을 입안한 사람들이 그 정책으로 키워진 아이들을 영원히 책임질 수 있는지 우리는 생각을 가다듬어야 할 때입니다.

교육부 장관님!

이제 우리의 아이들이 다니는 포천의 중리 초등학교의 현재 모습과 내일의 꿈을 소개하고자 합니다. 우리 학교의 아름다운 모습과 눈물겨운 학교 가꾸기를 보시고 이 땅 교육의 새로운 모델을 상상해보시기 바랍니다.

우리는 전국적으로 수많은 대안학교의 설립을 보면서 그 취지는 동의하지만 방법은 동의하지 않습니다. 왜냐하면 지금 있는 학교를 '대안학교'로 만들면 되지 왜 새롭게 학교를 만들려 하는가 하는 이유 때문입니다.

중리 초등학교는 포천의 명산 지장산의 아늑한 품에 안겨 있고, 학교 앞뜰은 신석기 유적지가 있을 만큼 오래된 삶의 터전입니다. 지형적으로 다른 지역과 독립된 분지로 되어 있고 1,000여 명의 농민들이 한 가족처럼 살고 있습니다. 모두가 중리 초등학교의 동문이며 선후배인 것입니다. 40여 년 전 선대들이 땅을 내놓고 일일이 손으로 터를 닦고 지켜온 아름다운 학교입니다. 한때는 전교생이 400~500여 명에 분교장까지 있었던 때도 있었으나 이제는 80명 남짓 아이들이 생활하고 있습니다. 그리하여 통폐합 대상학교가 되었고 그 '낙인'으로 인해 수년간 학생 수는 더 감소해왔고 교육여건은 악화되었습니다.

하지만 주민과 학부모들은 그 와중에도 정부의 지원 없이 급식시설을 짓고 어머니들이 교대로 아이들과 선생님들의 점심을 해주고 이곳에서 얻을 수 있는 재료로 각종 시설을 만들어 교육에 활용하고 있습니다. 학교는 교직원과 학생, 주민들의 피땀으로 깨끗하고 그림 같은 모습을 하고 있습니다. 단지 통폐합이라는 걱정만 없다면 너무 이상적인 학교일 것입니다. 저는 지금까지 살면서 현재 중리 초등학교의 윤성식 교장선생님처럼 아름다운 사표師表를 본 적이 없습니다. 광주교대를 나오시고 30여 년을 아이들과 함께 하시고 이제 마지막 교육의 열정을 농촌의 작은 학교 – 당신이 어린 시절을 보냈던 학교와 똑같은 – 를 위해 불태우시는 모습은 감동 그 자체입니다. 일일이 필설로 표현하기에는 너무도 아름답고 헌신적입니다. 새벽부터 밤늦게까지 오직 아이들만을 위해 애쓰시는 모습을 우리 학교의 아름다운 풍경, 순박한 아이들의 모습과 함께 장관님께 꼭 한 번 보여드리고 싶습니다.

새벽부터 아이들 화장실, 교실 청소를 시작하시면 밤늦게 선생님들을 다 보내고서야 하루를 털고 일어서십니다. 아이들이 필요한 것이라면 사비를 들여서라도 구해오시고, 물건을 싸게 구입하기 위해 이리저리 뛰어다니시는 모습을 한 번 상상해보십시오. 컨테이너를 예쁘게 개조하여 영화감상실, 영어회화실, 서예실, 재봉틀 방, 탁구장, 원두막 등 이루 헤아릴 수 없이 만드셨습니다. 우리 학교의 컴퓨터 교실은 16대의 최신형의 기종으로 채워져 있고, 우리들이 초빙한 선생님과 아이들이 21세기 정보화 사회를 이끌어갈 준비를 하고 있습니다.

아이들은 새벽 6시 30분이면 논밭에 나가는 아빠를 따라나섭니다. 이유는 컴퓨터를 서로 먼저 차지하기 위해서입니다. 그 아이들은 어김없이 교장선생님이 맞이하십니다. 이렇게 하루가 열리고 저녁까지 아이들이 자연 속에서 뛰어놀고 21세기의 주역이 되기 위해 노력하고 있습니다. 한 푼의 예산도 주지 않기 때문에 바이올린 강사도 우리들이 초빙하고 그 어떤 행사도 우리들 스스로 해냅니다. 월요일, 목요일은 아이들의 바이올린 강습의 날인데 학과시간 전에 하는 것이기에 일찍 등교를 해야 합니다. 교장선생님은 손수 차를 가지고 아이들을 태우러 오십니다. 우리는 한 사람의 사랑과 열정이 한 지역을 어떻게 살 만한 세상으로 만드는지 몸으로 배우고 있는 것입니다. 다리 아픈 승호(선천성 근육위축증)를 널찍한 등에 업어주시며 못내 그 치료비를 구하지 못함에 가슴 아파하는 못생긴(?) 교장선생님을 보면서 우리는 참교육이 무언지 새롭게 알게 되었습니다.

요즘 농촌은 도시에서 밀려온 무능한 아빠 때문에 점심뿐만 아니라 다른 교육비도 못내는 일이 많습니다. 하지만 우리 학교는 모두 자체적으로 해결합니다. 서울의 한 은행과 자매결연으로 결식아동의 점심을 주고 있고, 자매 부대는 여러 가지 학교 공사를 해주고, 지역에 사는 모두가 애지중지하는 학교가 바로 중리 초등학교입니다.

우리들은 이번 가을 지금까지 졸업한 동문들의 큰 잔치를 계획하고 있습니다. 아마 신석기 이래로 이 마을이 서고 가장 큰 잔치가 될 것입니다. 아이들과 주민들이 어우러지는 가을 운동회도 있고, 여기저기서 동창이라고 모이는 졸업생들, 오늘도 학교에서 울려나오는 확성기 소리를 들으며 힘든 줄 모르고 일하는 순박한 우리 학부모들, 이 아름다운 학교를 누가 빼앗으렵니까.

100명 이하 통폐합, 분교화의 일방적 추진은 지게를 지고 힘겹게 일어서려는 우리들에게 쓸데없는 돌덩이 하나를 얹어 주는 것입니다. 이번 봄에는 아이들과 선생님들이 일 년 동안 먹을 고추장, 된장, 간장을 담갔습니다. 가을에는 매년 그랬듯이 김장을 맛깔스럽게 담글 것입니다. 그 장들은 다 어디로 메고 가야합니까.

단지 100명이 되지 않는다는 이유만으로 분교가 되고, 몇 년이 안 가 폐교가 되어야 합니까. 이는 지역주민의 이기주의도 아니고, 반대를 위한 반대도 아니고, 감성적인 반대도 아닙니다. 돌아오는 농촌을 만들겠다면서 돌아오는 아이들은 어떻게 하려고 하십니까? 진정 21세기 교육이 어떤 방향으로 가야 하며, 교육이야말로 21세기 우리 민족의 운명을 결정짓는 가장 중요한 일이라고 새삼스런 강조를 하고 싶습니다.

우리네 가정은 아무리 어려워도 아이들 교육에는 돈을 아끼지 않습니다. 그렇다고 흥청망청 쓰지도 않습니다. 검소하게 사는 방법을 가르치는 것도 교육이니 말입니다.

교육부 장관님!

우리 중리초등학교 운영위원회에서는 장관님을 저희 학교로 정중히 초대하고 싶습니다. 무딘 필설로 어떻게 우리들의 아름다움을 보여드릴 수 있겠습니까. 직접 오셔서 우리 아이들의 초롱초롱한 눈망울과 빼어난 산천경개, 그 속에 깃들어 있는

21세기 교육의 한 전형을 보십시오. 어려운 경제여건 속에서 전환기의 교육을 책임져 노심초사하시는 장관님의 건승을 기원합니다.

1999년 5월 10일

7

## 금강산에서 생일을 맞다

–금강산은 연천, 포천을 거쳐 가야 진정한 육로관광이다

1. 지난 대선 경기북부 강원북부의 휴전선을 맞댄 접경 지역에서 파주를 제외하고 모두 노무현 후보가 승리했다. 그것도 전국평균 2.3%의 우세보다 거의 두 배인 5.5% 앞서는 놀라운 승리였다. 이 현상은 대선 평가에서 가장 이변으로, 그리고 새로운 변화로 인식되었다. 그렇다면 이런 현상이 일어난 이유는 어디에 있는가? 그것을 살펴보면 남북통일의 코드를 발견할 수 있을 것이다.

2. 김대중 정부의 역사적 의미는 바로 남북문제를 질적으로 다르게 바라보는 사람들의 정권이라는 데 있다. 그리고 지난한 투쟁과정에 동참한 민주개혁세력이라는 데 있다. 내외의 수많은 도전에도 불구하고 김대중 정부는 일관되게 남북화해와 평화통일정책을 밀고 나갔고, 이는 6·15선언과 금강산 사업으로 대표되는 남북경협으로 귀결되었다.

3. 김대중 정부 5년의 남북화해정책과 평화통일정책이 극우적이고 군사문화가 압도적이었던 접경지역에 미친 영향은 한 마디로 혁명적이었다. 햇볕정책이라는 수사가 어울리는 지역이 바로 접경지역이었고 이는 시사하는 바가 크다고 할 수 있다. 접경지역 주민들은 지난 50년간 묵묵히 안보현실에 순응하며 살아왔다. 남북통일이 되기까지 그들의 미래는 유보해놓고 있었다. 아니 안보가 남북긴장의 볼모라는 표현이 정확할 것이다. 그러나 소떼 방북과 금강산 사업은 철원사람들에게 엄청난 충격으로 다가왔고, 구 철원역 앞 민통선 지역에 투기 열풍이 부는 등 희대의 사건이 벌어지게 된 것이다. 이 사건은 이 지역 주민들에게 50년간의 침묵을 깨어버리는 계기가 되었다.

4. 당장 통일이 되는 것은 기대하지 않더라도 남북경협과 평화시스템의 구축은 자신들의 유보된 미래를 현재 진행형으로 만드는 기대와 희망을 보장해줄 것이라 믿게 되었다. 냉전과 대치의 긴장이 더 이상 접경지역을 지켜줄 수 없다는 변화된 시대 조류를 자연스럽게 받아들이게 되었고 평화와 교류만이 접경지역의 숨겨진 역동성을 발휘하게 할 것이라고 믿기 시작했다. 이는 남북통일정책이 실질적으로 대중화되는 터닝 포인트turning point가 된 것이다. 남북교류와 통일에 있어 접경지역 주민들의 중요성이 최초로 부각되었다는 점에서 더욱 의미심장한 사건인 것이다.

5. 통일의 로드맵road map을 어떻게 그릴 것인가? 그 작도법이 바로 접경지역 주민들 속에 있다. 한국의 인문지리적 환경상 남북의 네트워크는 동서해안과 중부내륙의 추가령 구조대(열곡대)였다. 경의선·경원선·동해선, 1번·3번 등은 파주·철원·고성으로 대표되는 지역이다. 그 외의 지역은 산악지형이기에 예로부터 이 세관문은 남북을 잇는 중요한 통로였던 것이다. 이제 두 관문이 열리고 마지막 남은 내륙 관문인 경원선과 금강산 내륙 육로 43번 국도의 복원이 남았다. 이는 단순히 금강산 가는 길이 아니라 접경지역을 송두리째 바꾸는 역사가 될 것이다. 이러한 기대가 접경지역 주민들의 50년 짓눌린 사고를 해방시켰던 것이다.

6. 접경지역을 바라보는 몇 가지 관점의 통일을 제안해본다. 이는 남북교류의 기초를 튼튼히 하기 위해서이다.

첫째, DMZ. 이는 분단의 유산이기도 하지만 인류역사의 한 시대를 단적으로 보여주는 유산이다. 또 DMZ는 비무장지대가 아니라 엄청난 지뢰와 무기들이 산재한 중무장지대다. 이 지역은 좀 역설적으로 표현하면 세계최대의 완충지대이고 그 설치물들은 인류최대의 설치미술인 것이다. 파라오의 피라미드를 쌓던 희생보다, 진시황의 만리장성을 축성한 피땀보다 더 큰 대가를 치르고 만들어진 평화(전쟁)의 상징적 설치미술이다. 이를 잘 간직하고 보호하고 이용하여야 할 것이다. 이를 위해 DMZ위원회를 남북이 함께 만드는 것을 제안해본다.

둘째, 임진강, 북한강은 두 개의 나라를 흐르는 다국적 하천이다. 국제법상 그렇다는 것이다. 우리는 북한강의 해프닝 '평화의 댐'을 생생히 기억하고 있다. 남북 공유하천을 이제는 평화와 협력의 도구로 써야 한다. 북한강의 오류를 다시는 임진강에서 되풀이하지 말아야 한다. 강은 인간의 의지 이전의 네트워크다. 그러므로 남북은 임진강에서 강물이 하나이듯이 공유하천을 평화적으로 사용하는 길을 찾는 과정에서 통일의 해법을 발견해야 할 것이다.

셋째, 경원선 복원과 금강산 철도 연결, 그리고 금강산 내륙 육로의 개통이다. 이는 접경지역 중 최대의 인구를 가지고 있는 경기북부, 강원 북부 주민들의 숙원이다. 이제 영호남의 시대에서 중심축이 접경지역으로 이동하는 것을 의미한다. 접경지역 주민들은 믿고 있는 것이다.

이상 거칠게나마 접경지역 주민들의 눈으로 본 남북경협과 평화통일에 대한 생각을 정리해보았다.

내외적으로 미국의 이해와 수구세력의 정략적 흔들기가 여러 가지로 난관이 되겠지만 역사의 대세는 이미 반환점을 지났다. 그것이 접경지역 주민들의 변화를 계기로 입증이 되었다. 남북통일의 열쇠는 바로 접경지역 주민들을 통일의 주체로 세우고 접경지역을 통일의 전진기지로 나아가서는 접경지역을 통일 조국의 평화구역으로 만드는 데 있다.

2003년 9월 6일

# 한 탄 강

이철우 작사
이근도 작곡

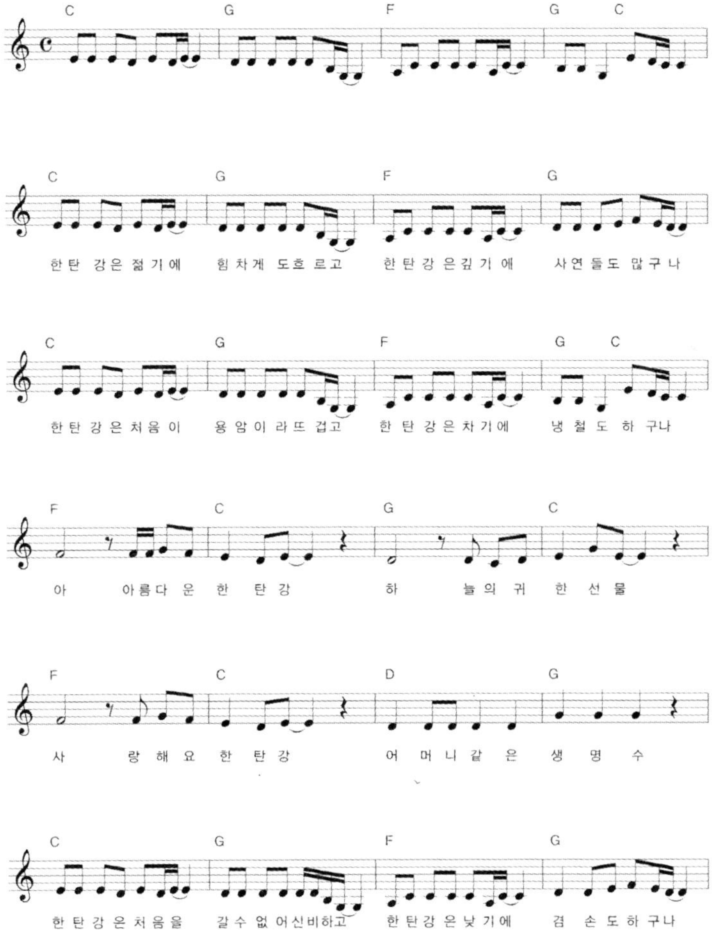

C G F G
한 탄 강 은 여 럿 이 모 여 서 하 나 되 고 하 나 된 그 여 울 이 우 리 들 의 한 탄 강
C G F G
C G F G C
F C G C
아 아 름 다 운 한 탄 강 하 늘 의 귀 한 선 물
F C 1. D G
사 랑 해 요 한 탄 강 어 머 니 같 은 생 명 수
2.
Fine
어 머 니 같 은 한 탄 강